Estudios de sátira hispanoamericana colonial & Estudos da sátira do Brasil Colônia

De "estranhos casos, que jamais pintaram" a "despoblados extensos"

DEXTER ZAVALZA HOUGH-SNEE
EDUARDO VIANA DA SILVA
(EDS.)

Iberoamericana • Vervuert / 2015

PARECOS Y AUSTRALES
Ensayos de cultura de la Colonia

«Parecos de nosotros los españoles son los de la Nueva España, que viven en Síbola y por aquellas partes» dice Francisco López de Gómara, porque «no moramos en contraria como antípodas», sino en el mismo hemisferio. «Austral» es el término que adoptaron los habitantes de los virreinatos del Perú para publicarse. Bajo esas dos nomenclaturas con las que las gentes de indias son llamadas en la época, la colección de «Ensayos de cultura de la colonia» acogerá ediciones cuidadas de textos coloniales que deben recuperarse, así como estudios que, desde una intención interdisciplinar, desde perspectivas abiertas, desde un diálogo intergenérico e intercultural traen de la América descubierta y de su proyección en los virreinatos.

Consejo editorial de la colección

ROLENA ADORNO
Yale University

MARGO GLANTZ
Universidad Nacional Autónoma de México

ROBERTO GONZÁLEZ-ECHEVARRÍA
Yale University

ESPERANZA LÓPEZ PARADA
Universidad Complutense de Madrid

JOSÉ ANTONIO MAZZOTTI
Tufts University

LUIS MILLONES
Colby College

CARMEN DE MORA
Universidad de Sevilla

ALBERTO PÉREZ-AMADOR ADAM
Universidad Autónoma Metropolitana-Iztapalapa

MARÍA JOSÉ RODILLA LEÓN
Universidad Autónoma Metropolitana-Iztapalapa

Estudios de sátira hispanoamericana colonial & Estudos da sátira do Brasil Colônia

De "estranhos casos, que jamais pintaram"
a "despoblados extensos"

DEXTER ZAVALZA HOUGH-SNEE
EDUARDO VIANA DA SILVA
(EDS.)

IBEROAMERICANA • VERVUERT / 2015

Agradecemos a The Doreen B. Townsend Center for the Humanities (UC Berkeley), The Department of Spanish and Portuguese de la Universidad de California en Berkeley, The Department of Spanish and Portuguese de la Universidad de California en Santa Barbara y la Fundación Creativa Los Garbage (California y Perú) por haber subvencionado la publicación del libro.

Cualquier forma de reproducción, distribución, comunicación pública o transformación de esta obra solo puede ser realizada con la autorización de sus titulares, salvo excepción prevista por la ley. Diríjase a CEDRO (Centro Español de Derechos Reprográficos) si necesita fotocopiar o escanear algún fragmento de esta obra (www.conlicencia.com; 91 702 19 70 / 93 272 04 47).

© Iberoamericana, 2015
Amor de Dios, 1 – E-28014 Madrid
Tel.: +34 91 429 35 22 - Fax: +34 91 429 53 97

© Vervuert, 2015
Elisabethenstr. 3-9 - D-60594 Frankfurt am Main
Tel.: +49 69 597 46 17 - Fax: +49 69 597 87 43

info@iberoamericanalibros.com
www.ibero-americana.net

ISBN 978-84-8489-868-9 (Iberoamericana)
ISBN 978-3-95487-407-1 (Vervuert)

Depósito legal: M-4281-2015
Diseño de cubierta: Carlos Zamora
Diseño de interiores: Carlos del Castillo

The paper on which this book is printed meets the requirements of ISO 9706

Este libro está impreso íntegramente en papel ecológico sin cloro

Impreso en España

Índice

Dexter Zavalza Hough-Snee/Eduardo Viana da Silva
Introducción/Introdução 7
Agradecim(i)entos 13

PARTE I: HISPANOAMÉRICA

Pedro Lasarte
Una confrontación satírica: Ataques y defensas hacia Mateo
Rosas de Oquendo 17

Hugo García
Suciedad, ciudad y sociedad en *Lima por dentro y fuera*
de Esteban Terralla y Landa 31

Félix S. Vásquez
Visión de la Lima colonial en *Lima por dentro y fuera* 51

María Soledad Barbón
Lima por dentro y fuera y la voracidad del hombre y
del discurso 69

Dexter Zavalza Hough-Snee
Ilustrando la república a través de la sátira colonial:
Ignacio Merino y la reconfiguración de *Lima por dentro
y fuera* 87

José Francisco Robles
Sobre los gauchos: un discurso de recolonización en
El Lazarillo de ciegos caminantes 121

PARTE II: BRASIL-COLÔNIA

Élide Valarini Oliver
Autoria, pseudo-autoria e tradução. As formas de sátira em
Gonzaga e Gregório de Matos e Guerra.. 141

João Adolfo Hansen
Códigos bibliográficos e linguísticos da sátira luso-brasileira
atribuída ao poeta colonial Gregório de Matos e Guerra
(1633-1696) 153

Marcello Moreira
Os "poetas maldizentes" na *Primeira Lição* de Benedetto
Varchi sobre a poética: subsídios para a diferenciação de sátira
e jambo no corpus poético atribuído a Gregório de Matos
e Guerra.. 189

Ricardo Martins Valle
Instituições da maledicência poética: o elogio da monarquia
católica nas *Cartas Chilenas* (1787-1789)... 223

Eduardo Viana da Silva
A sátira e a intertextualidade em *Cartas Chilenas*
e *Cartas Persas* 271

Bibliografía - Hispanoamérica.. 291
Bibliografia - Brasil 301

Sobre los autores/Sobre os autores 307

Introducción/Introdução

Dexter Zavalza Hough-Snee
Eduardo Viana da Silva

Los trabajos reunidos en este libro son el producto de la colaboración valiosa de una red internacional de consagrados especialistas en las literaturas satíricas iberoamericanas que siguen dedicados a la evolución, el avance y la difusión de los estudios críticos sobre este subgénero literario que, de cierta forma, sigue relegado a un estatus marginal dentro de las letras coloniales. Los colaboradores de este volumen provienen de diversos países e igualmente diversas instituciones académicas. Las investigaciones publicadas en este volumen indican un amplio interés en el corpus satírico por varias generaciones de investigadores que indagan en esta tradición literaria de la época colonial desde perspectivas originales.

A pesar de la publicación anterior de volúmenes monográficos realizados con el positivo fin de privilegiar al subgénero satírico en la época colonial y expandir los horizontes de su estudio, identificamos una atención mínima a varias vertientes de la tradición satírica durante la época colonial. En principio, en las monografías anteriores reconocemos un énfasis temporal en los textos que circulaban durante los primeros siglos de las colonias iberoamericanas, con una atención desmedida a los textos producidos a finales del siglo XVI y principios del siglo XVII. A pesar de una aparente producción textual menor durante el siglo XVIII, los textos satíricos escritos en la América Latina del último siglo completo de la colonización iberoamericana son todavía numerosos, y estos textos señalan la evolución de la sátira frente a las cambiantes coordenadas políticas del siglo. Además de una proliferación impresionante de textos satíricos en el Brasil colonial, en especial la producción atribuida a Gregório de Matos e Guerra, observamos una relativa carencia de estudios críticos que tomen como objeto los textos satíricos generados en Brasil después del siglo XVII. Frente a las investigaciones del corpus satírico hispanoamericano, admitimos una escasez de estudios centrados en la sátira brasilera de la colonia tardía en idioma portugués.

Como consecuencia de estas observaciones del campo, dirigimos nuestra atención principalmente a los textos satíricos producidos en los vastos territorios coloniales americanos —tanto Brasil como Hispanoamérica— con el propósito de aportar nuevas perspectivas a los estudios de la sátira colonial tardía y señalar la circulación continua de la sátira a lo largo de la época colonial hasta las últimas décadas de las colonias y los principios de las repúblicas. Reconocemos que los textos dieciochescos demuestran lazos con sus predecesores, demostrando puntos de contacto con autores como Mateo Rosas de Oquendo, Sor Juana Inés de la Cruz, Juan Rodríguez Freyle, Gregório de Matos y Juan del Valle y Caviedes entre otros. Pero también aceptamos que las condiciones materiales e intelectuales del siglo XVIII posibilitan el desarrollo de un carácter único del subgénero hacia el siglo XIX evidenciado por la producción textual de autores como Alonso Carrió de la Vandera (Concolorcorvo), Esteban de Terralla y Landa, Tomás Antônio Gonzaga y Cláudio Manuel da Costa. Estos autores forman el núcleo textual de este volumen.

Anunciando nuestras intenciones de explorar estos autores, el título de este libro se funda sobre dos citas: la primera de las *Cartas chilenas* de Gonzaga y la segunda de *Lima por dentro y fuera* por Terralla y Landa. Al privilegiar estos autores, proponemos un proyecto cuyos artículos se radican entre los *"estranhos casos, que jamais pintaram"* (Gonzaga, vv. 32) y los *"despoblados extensos"* (Terralla y Landa, vv. 94) de la crítica literaria de la sátira colonial. Esperamos que estas novedosas intervenciones pinten e inhabiten espacios críticos anteriormente no explorados y que este volumen demuestre las muchas posibilidades críticas que quedan por explorar. El lector nos dirá si logramos tal fin.

Parte I: Hispanoamérica

Comienza el volumen con la ponencia de Pedro Lasarte, "Una confrontación satírica: Ataques y defensas hacia Mateo Rosas de Oquendo", ensayo único sobre el poeta satírico Mateo Rosas de Oquendo, español que escribe del Perú de los siglos XVI y XVII. Destacando los diálogos prominentes entre detractores y el autor mismo a lo largo de las primeras décadas del siglo XVII, este artículo apunta hacia la crítica y la censura de textos satíricos dentro de las comunidades letradas coloniales, práctica que afectó a autores desde Rosas de Oquendo hasta Terralla y Landa.

Anunciando el fuerte énfasis de este volumen en la obra de este último autor, el artículo de Hugo García, "Suciedad, ciudad y sociedad en *Lima por dentro y fuera* de Esteban Terralla y Landa", analiza los tres territorios relacionados de la ciudad, la casa criolla y el cuerpo del sujeto colonial. El autor sugiere que el texto construye un viaje en descenso del exterior de la ciudad al interior de la casa y luego a la interioridad del cuerpo humano, en el cual los conceptos de la higiene y la suciedad sirven como el eje de la crítica burlesca del sujeto poético.

Félix Vásquez, en su ensayo "Visión de la Lima colonial en *Lima por dentro y fuera*", realiza un análisis de la imagen de Lima a fines del siglo XVIII a través de la obra de Terralla y Landa. El autor se enfoca en las vertientes críticas de la sátira para explorar la realidad social de la Ciudad de los Reyes en vísperas de la independencia peruana y las ramificaciones que tiene esta percibida realidad sobre el desarrollo de la república.

María Soledad Barbón, investigadora responsable del descubrimiento y el análisis de los documentos del Archivo Histórico de la Municipalidad de Lima y el Archivo General de Indias (Sevilla) que revelan la censura oficial de *Lima por dentro y fuera*, analiza cómo el canibalismo gobierna no sólo la temática de la sátira, sino también su discurso. Su ensayo, "*Lima por dentro y fuera* y la voracidad del hombre y del discurso", destaca cómo el canibalismo, tropo dominante de la sátira, se convierte en una práctica discursiva, demostrando cómo el locutor satírico no se libera de su propia metáfora del canibalismo, sino demuestra su complicidad discursiva en la antropofagia metafórica que denuncia.

El último ensayo sobre la sátira de Terralla y Landa, "Ilustrando la república a través de la sátira colonial: Ignacio Merino y la reconfiguración de *Lima por dentro y fuera*", es de autoría mía, y en él propongo explorar los motivos del célebre pintor republicano Ignacio Merino al agregarle 92 láminas a la sátira dieciochesca a mediados del siglo XIX. Explorando el cruce paradójico del texto satírico de Terralla y Landa y el corpus pictórico de Merino, sugiero que Merino ilustra el texto no sólo para lograr un fin moralizante, sino también para comentar la situación política del Perú decimonónico y su relación a las condiciones políticas de Francia, país donde se formó como pintor y vivía más de tres décadas.

El ensayo de José Francisco Robles cierra la agrupación de estudios sobre la sátira hispanoamericana. "Sobre los gauchos: Un discurso de recolonización en *El Lazarillo de ciegos caminantes*" explora la visión negativa de los gauchos que manifiesta Alonso Carrió de la Vandera para sugerir una recolonización interna de los espacios transitados por los gauderios en la provincia de Tucumán. Señalando el discurso moralizante de Carrió de la Vandera, elemento que también prevalece en los textos de Rosas de Oquendo y Terralla y Landa, Robles da fin a los textos sobre Hispanoamérica por plantear conexiones entre la empresa colonial, los movimientos independentistas y la construcción de la nación hacia que la sátira colonial dieciochesca apunta en sus diversas manifestaciones textuales.

— D.Z.H.S

Parte II: Brasil-Colônia

Do poeta baiano seiscentista Gregório de Matos e Guerra aos escritores da Escola Mineira setecentista, a sátira é o fio condutor de muitas obras que retratam o Brasil-colônia. Ainda que este gênero tenha sido de grande importância na literatura colonial, há uma escassez de publicações que abranjam a temática da sátira durante este período. O presente livro tem como objetivo ajudar a preencher esta lacuna nos estudos literários coloniais do Brasil e também da América Espanhola. Os artigos reunidos na secção sobre o Brasil oferecem diversas perspectivas sobre a sátira. Tivemos o privilégio de contar com a colaboração de acadêmicos reconhecidos internacionalmente por sua contribuição em diversos estudos sobre a literatura brasileira e também com um grupo de pesquisadores que tem seguido os passos de seus mentores. Apesar da diversidade de tratamentos de textos, os artigos deste livro se comunicam entre si e em conjunto formam um quadro sobre a sátira na literatura colonial brasileira. Os artigos foram organizados em ordem temática e temporária.

Em "Autoria, pseudo-autoria e tradução. As formas de sátira em Gonzaga e Gregório de Matos e Guerra", Élide Valarini Oliver oferece uma introdução ao tema da sátira, centrando-se na poesia de dois autores fundamentais para uma melhor compreensão deste gênero na literatura colonial brasileira. Seu artigo explora a relação entre o anonimato e a sátira, destacando também o papel da tradução como artefato literário, como no caso de *Cartas Chilenas* de Gonzaga. A autora realiza várias comparações com a literatura universal: Rabelais e Montesquieu na França e Swift na Inglaterra, apenas para citar alguns exemplos. Em sua análise, Élide Valarini Oliver esclarece as relações complicadas de autoria e pseudo-autoria, e suas implicações na sátira de Gonzaga e de Gregório de Matos e Guerra.

Em seguida, o artigo de João Adolfo Hansen, "Códigos bibliográficos e linguísticos da sátira luso-brasileira atribuída ao poeta colonial Gregório de Matos e Guerra (1633-1696)", apresenta uma análise detalhada da literatura satírica do poeta baiano seiscentista conhecido como "Boca do Inferno". Hansen resume neste artigo aquilo que tem sido um de seus maiores objetos de estudo e que é tema central de seu livro, *A Sátira e o Engenho: Gregório de Matos e a Bahia do século* XVII, publicado pela primeira vez em 1989 e reeditado em 2000 e 2004. No presente artigo, o autor contextualiza a sátira do escritor baiano, esclarecendo enganos interpretativos e enquadrando a sátira gregoriana de acordo com os subgêneros aristotélicos do ridículo e da maledicência, os quais seguem os modelos da sátira de Horácio, de Juvenal e da poesia galaico-portuguesa de escárnio e maldizer.

No terceiro artigo desta coletânea, "Os "Poetas Maldizentes" na *Primeira Lição* de Benedetto Varchi sobre a poética: Subsídios para a diferenciação de sátira e jambo no *corpus* poético atribuído a Gregório de Matos e Guerra", Marcello Moreira realiza uma leitura da poesia gregoriana sob a lente das teorias do renascentista italiano Benedetto Varchi em seu livro *Lezzioni di M. Benedetto*

Varchi [...] sopra Materie Poetiche e Filosofiche (1590). O autor aponta a diferenciação entre maldizentes e satiristas proposta pelo teorista italiano e aplica tal diferenciação à poesia de Gregório de Matos, levando também em consideração as cartas de maldizer e suas implicações nas *Ordenações Afonsinas* (1692) e nas *Ordenações Manuelinas* (1797), além de analisar vários outros elementos intertextuais. Marcello Moreira associa a poesia de Gregório de Matos ao jambo - o que o autor denomina como um gênero vitupério distinto da sátira.

Os dois artigos seguintes desta seção se dedicam ao estudo da sátira no poema *Cartas Chilenas*. Ricardo Martins Valle em "Instituições da maledicência poética: O elogio da monarquia católica nas *Cartas Chilenas* (1787-1789)" aprofunda os estudos de *Cartas Chilenas* através de uma análise minuciosa de implicantes históricos e de retórica poética presentes neste poema. O autor evidencia a característica ficcional do poema enquanto obra literária e criação histórica, mas não como documento histórico. Ricardo Valle conduz o leitor através das diferentes nuances da sátira em *Cartas Chilenas,* demonstrando a defesa da instituição monárquica e católica portuguesa realizada pelo poeta.

O último artigo desta seção e de autoria minha, "A sátira e a intertextualidade em *Cartas Chilenas* e *Cartas Persas*", tem como objeto de estudo uma análise comparada entre o poema colonial brasileiro e *Cartas Persas* (1721) de Montesquieu, obra esta que possivelmente serviu de modelo para Gonzaga. Este estudo identifica elementos intertextuais a partir de dois aspectos: a sátira política e as características dos observadores-narradores (Critilo, Usbek e Rica) em suas respectivas narrativas.

— E.V.D.S.

Agradecim(i)entos

Los reconocidos especialistas de las literaturas iberoamericanas coloniales que publican sus investigaciones en este volumen han demostrado un entusiasmo incomparable por el proyecto a lo largo de su elaboración, enriqueciendo con sus intervenciones y estudios el contenido de este volumen. A todos los colaboradores les debemos las más sinceras gracias por sus contribuciones y, sobre todo, su paciencia con la realización de este volumen. Además, es necesario anunciar nuestros agradecimientos a la Dra. Ivonne Del Valle, el Dr. William Acree, y Juan Carlos Moraga Vidal por sus consejos y apoyo en diversas fases de la realización de este proyecto. Vale señalar también nuestros agradecimientos a la Dra. Teresa Stojkov, Directora Asociada del Townsend Center for the Humanities en la Universidad de California en Berkeley, el Dr. Ignacio Navarrete y the Department of Spanish and Portuguese de la Universidad de California en Berkeley.

***

Este volume não teria sido possível sem o apoio de todos os colaboradores. Somos especialmente gratos a João Adolfo Hansen e a Élide Valarini Oliver pelo incentivo e participação no desenvolvimento deste livro. Esta coletânea de artigos representa um esforço conjunto e interdisciplinar em reunir em uma única edição artigos escritos nas duas línguas irmãs: português e espanhol. Nosso objetivo é que o leitor possa realizar uma leitura paralela sobre a sátira na literatura colonial da América Latina, com ênfase na literatura brasileira e peruana.

PARTE I:

HISPANOAMÉRICA

Una confrontación satírica: Ataques y defensas hacia Mateo Rosas de Oquendo

Pedro Lasarte
Boston University

Es bien conocido que la preceptiva poética de los Siglos de Oro, por ejemplo Alonso López Pinciano, hacía hincapié en que la sátira no debería llevarse a cabo en un sentido *ad hominen,* declarándose o haciéndose público el nombre del blanco de la diatriba. El Pinciano sugiere que un poema satírico "reprehenda vicios generales, y no a personas particulares, porque el que enseña virtud no conuiene sea malo en manera alguna" (1973: 3, 238). Y más adelante, "las personas sean de tal manera disfraçadas, q[ue] de nadie sean entendidas y solamente lo sepa[n] aq[ue]llas a quien vos lo quisiéredes reuelar" (480). La realidad de la época, sin embargo, nos muestra algo diferente: sólo hay que pensar, como ejemplo, en los intercambios, entre muchos otros, de Quevedo y Góngora, o Quevedo y Lope, o también los conocidos ataques personales del Conde de Villamediana.

El asunto es controvertido. Un ejemplo de apego a la prescripción es la de Antonio Chacón, quien

> recogió las obras de Góngora en un manuscrito —que hoy se conoce por su nombre— que regaló al Conde-Duque de Olivares. En los preliminares, al tratar de los poemas satíricos advierte que —se han dexado de poner todos aquellos que— han ofendido a personas determinadas para no mancillar la memoria del autor cordobés (Chivita Tortosa 2010: 10).

Por otro lado, como nos recuerda Ignacio Arellano,

> contra Góngora usa Quevedo dos tipos de sátiras: las propiamente personales, y los ataques al estilo gongorino, que adoptan la forma de parodias del lenguaje culterano. Las acusaciones más frecuentes (judío, viejo loco, tahúr, bujarrón, poeta ridículo...) suelen coincidir en su mayoría con las dirigidas a otros personajes, ya que pertenecen a un sistema convencional del que no escapa tampoco el mismo Quevedo, atacado por el autor del soneto "Si quieres ver la cara de Mahoma", donde se llama a Quevedo cojo, desvergonzado, pícaro, ladrón, moro y judío, ignorante, ateo, cornudo, puto y borracho entre otros cumplidos. En la técnica de la parodia integra insultos personales con la burla del estilo poético del rival (2013: s/p).

Y Góngora califica de

> "...turba pigmea de pedantones" a los que critican su *Polifemo y Galatea*; a Lope de Vega le llama "insolente poeta tagarote", "necio zote", y lo asimila a dos famosos tontilocos de la época, Juan de Leganés y Vinorre (en el soneto "Por tu vida, Lopillo, que me borres"); trata a Quevedo de borracho, cojo, e ignorante, y le pide sus traducciones del griego para mirarlas con su ojo ciego, es decir, para limpiarse con ellas el trasero (soneto "Anacreonte español, no hay quien os tope".) (2013: s/p).

Estas invectivas, entonces, se referían no sólo a la persona sino que, al tratarse de un poeta o escritor, un asunto también preferido era difamar su habilidad literaria. En este ensayo me voy a aproximar a lo que podríamos llamar un diálogo poético entre dos romances, anónimos, que acuden tanto a la acusación como a la defensa de un satírico ya algo conocido de principios del siglo XVII en los Virreinatos del Perú y México, Mateo Rosas de Oquendo, sobre todo por su largo romance, de 2120 versos, *Sátira a las cosas que pasan en el Perú, año de 1598*, del cual existen dos versiones variantes, una de ellas en el manuscrito 19381 de la Biblioteca Nacional de Madrid y otro que hallamos en la biblioteca de la Universidad de Filadelfia (Rosas de Oquendo vii, xciii-xcviii).

Estos dos romances sólo se hallan en el mencionado "cartapacio" de Madrid, lo que indica que el compilador de ese cancionero tenía en mente contestar la crítica jocosa y vituperadora de la larga *Sátira al Perú*. Esto porque el primero de los dos poemas, que le siguen inmediatamente (folio 25r), lleva el título de "Romance contra *esta* sátira de Oquendo hecha por un estudiante" (énfasis del autor). Se trataría, entonces, de una respuesta a la larga y multifacética obra carnavalesca de Rosas; de allí que leamos el "esta sátira", aunque como bien sabemos los cancioneros siempre dejan lugar a toda suerte de dudas sobre sus composiciones[1]. Cabe señalar, curiosamente, que su obra más conocida no se burla directamente de ninguna persona específica. Sólo hay una breve mención, y no necesariamente crítica, de un personaje histórico, el Virrey Hurtado de Mendoza, de quien en cierto momento Rosas habría gozado del privilegio de ser su criado. Se trata más bien de un ejemplo de la vituperación de ciudades, que incluye las típicas referencias burlescas a diversas profesiones y actividades urbanas, en este caso bajo una elaboración carnavalescamente jocoseria construida a base de una muy barroca composición de múltiples referencias tanto históricas como genéricas, y todo bajo un lenguaje de alta complejidad anfibológica. En fin, es un texto complicado, heterogéneo, cuya calidad múltiple, tanto en su abrazo de diversos géneros como referencias a todo tipo de partícipes de la vida cotidiana de Lima, halla apoyo en el sentido etimológico de la palabra con la cual se viene denominando el género, *satura* u "olla podrida de manjares varios", según Corominas (1954).

Ahora, los poemas que le siguen, a los que aquí nos aproximamos, sí llevan como blanco a una persona específica. En los dos romances, a diferencia de la *Sátira al Perú*, se critican tanto a la persona como su habilidad, pero curiosamente ambos autores, como los blancos mutuos, quedan anónimos. Entonces, ¿quién es el "estudiante" que vitupera a Rosas? Conociendo la complejidad del sujeto narrativo de este último, quien a ratos usa el seudónimo de Juan Sánchez, se ha pensado que podría ser obra del poeta mismo, jugando con sus múltiples subjetividades; es decir, denigrando su propia habilidad literaria, y luego, en el siguiente poema, donde se ataca la difamación, se respondería a sí mismo —asuntos bien usados en la época— (Lasarte

---

1. Véase Rosas de Oquendo (1990: ci, nota 5). Los romanceros fueron inicialmente transcritos, con algunos errores, por Paz y Melia (1907) y Vargas Ugarte (1955). Ambos, al transcribir el primero de ellos ponen "la sátira" en vez de "esta sátira", error importante porque evita mostrar su respuesta al que le precede, es decir, *la Sátira al Perú de 1598*.

2006: 147-178). Sólo hay que pensar en las múltiples máscaras y subjetividades que asumía Lope de Vega, recordando que la creación de heterónimos era una práctica favorita en el barroco (véase Juan Manuel Rozas). Por otro lado, ya que cualquier cosa cabe en los múltiples juegos autoriales y genéricos de Rosas, en cuya sátira, como he analizado en varios lugares, se entrelazan una docena de géneros de la época, en este momento de risa burlesca hecha por un "estudiante" podríamos pensar en una suerte de anti-vejamen, en el cual el graduado, inversamente, es el francotirador de invectivas jocosas —así, convirtiéndose el diálogo en otra muestra típica del uso de Rosas de Oquendo del tópico del mundo al revés—. Esto no quiere decir que el poema sea de Rosas, pero los puntos de contacto están presentes. En su *Sátira al Perú*, por ejemplo, "cuántos habladores, mudos, / y cuántos mudos, hablantes; / cuántos cobardes, valientes, / cuántos valientes, cobardes" (vv. 171-174 y *pássim*).

Sin duda sería interesante imaginarse una vida activa de intercambios de poetas y sus versos en los primeros siglos del siglo XVII en nuestros virreinatos del Perú y de la Nueva España, algo que circulaba por lo general en pliegos sueltos y que luego se copiaba a cartapacios, como nos ha mostrado Rodríguez Moñino (1968: 39)[2]. Nos imaginamos, aun más, que quizás podrían ser productos de algún concurso o academia, de lo cual, en el Perú, con la excepción de la conocida *Academia Antártica*, poco se sabe, o más bien poco se ha estudiado, tema que pide ser explorado. Sin duda, había de ser una práctica usual, como lo fue en la península.

El anonimato autorial en la sátira era común, aunque muchas veces no era difícil reconocer la identidad del escritor que se escondía tras un pseudónimo. El caso de Rosas de Oquendo es ejemplar porque juega con el asunto. No tiene ningún reparo en poner su nombre en el encabezamiento de su obra principal, y a la vez mofarse de su propio uso de un pseudónimo, el de Juan Sánchez: "Sepan cuántos esta carta / de declaraciones graves / y descargos de conciencia vieren, / cómo el otorgante, / Mateo Rosas de Oquendo, / que otro tiempo fue Juan Sánchez" (vv. 1-6).

Ahora, en vista de la incertidumbre en torno a los romances que queremos estudiar aquí, más bien trataremos de sacarle provecho

---

2. Véase también Rosas de Oquendo (1990: ci, nota 5).

a sus juegos satírico-literarios y lingüísticos. El primero de ellos, de cien versos, parece haber sido escrito en México, al hacerse referencia a sus volcanes, algo que en varios lugares se ve asociado a los "Parnasos mexicanos." En sus primeros versos resuenan algunos ecos lejanos de una invocatoria: "Humana mi musa un poco, / deidad de aquestos volcanes, / para que pueda entender / mi estilo el señor Juan Sánchez" (vv. 1-4).

Al pedirle a la musa que se "humane", o humanice, acude a atacar lo que podría ser el poco entendimiento intelectual del blanco satírico del poema, el conocido Rosas de Oquendo, quizás con una referencia a que baje de los altos olimpos donde habitan los poetas, y donde cree residir. Así los versos entran en una suerte de autoelogio típico en torno a lo que será la respuesta a este poema, algo de interés para el intercambio de ataque y defensa entre los dos textos.

Un asunto que llama la atención y que quizás merezca ser observado es que el romance que ataca a Rosas de Oquendo se enfoca principalmente en sus pocas habilidades poéticas, mientras que el segundo, el escrito en defensa, por el "amigo de Rosas", más bien lo elude, aunque no totalmente, y se enfoca más en la persona que habría compuesto el primer poema. Es interesante notar que al tratar la habilidad literaria de Rosas, el estudiante, en su ataque acude a un lenguaje bélico, asunto algo trillado, pero que en el caso de Rosas de Oquendo conlleva un suplemento referencial ya que él había sido un soldado conquistador que llegó a ser premiado con algunas encomiendas por sus actividades en la región del Tucumán, donde participó en la fundación de la ciudad de la Rioja. Esto adquiere una referencia más directa y quizás más invectiva: "Poeta de munición / repare con su romance / que según su dureza / no hay pelota que le pase" (vv. 9-12), para luego añadir que "si pudiere mi modo / al torpe suyo aplicarse, / que quiero darle de agudo / y no con estilo grave" (vv. 13-16).

Aquí el juego de palabras que abraza el lenguaje bélico con el literario recae sobre el vocablo "agudo", que remite tanto a la invención o habilidad literaria con el atacar con la punta de una espada.

De inmediato el poema pasa a otro tópico importante de la época, utilizado reiteradamente, el del plagio de otros poetas, cosa curiosa ya que el género satírico, con sus juegos y calambures, asumía más bien lugares comunes fácilmente pasados de mano en mano. Nos dice:

"qué puntos calza una copla / hurtada de otro romance, / que le quita las xervillas / para ponerle alpargates" (vv. 21-24).

Aquí el juego se lleva a cabo con el rebajamiento de lo que puede ser un buen poema como zapatilla elegante a una alpargata usada por el pobre. La metaforización de la ropa es de interés ya que nos remonta a muchos lugares comunes de la falsa apariencia usados y reiterados por Rosas de Oquendo mismo en su *Sátira al Perú*, como, por ejemplo, su mofa de un caballero bien vestido, pero que en último caso resulta ser una aparatosa falsificación pretenciosa. He aquí solo un fragmento: Yo vide en cierta ocasión / un hombre de muy buen talle, / con una cadena de oro / y término de hombre grave, / que cierto lo parecía / en aparato y semblante: / jubón negro, calza y cuera, / y una camisa de encaje, / y bordada de abalorio / la pretina y talabarte; / bohemio de raso negro / sembrado de unos cristales (vv. 1445-1456).

Cabe notar que en su espíritu carnavalesco, en su *Sátira al Perú*, el narrador proteico, aunque irónicamente, a ratos se auto-elogiaba de que él también podía competir con las ricas vestimentas de los presumidos: "también he yo servido / y se me deben mis gajes / y tengo mis pretensiones / con mis puntas y collares" (vv. 1663-1666).

Estos pasajes sobre la ropa abren un espacio algo desconocido sobre la obra de Rosas de Oquendo. Es bien sabido que la poesía de su descendiente, Valle y Caviedes, trató tanto temas burlescos como serios —amatorios y morales—. Siempre he sospechado que lo mismo ocurrió con Rosas de Oquendo. Hay unos versos en el romance del estudiante que parecen aludir a este lado serio de Rosas: "¿De qué frior deprendió / el manflotesco donaire, / y como si fueran suyas, / a tratar de cosas graves?" (vv. 25-28).

Si fuese así, quizás tanto Antonio Paz y Melia, el primer transcriptor de la obra de Rosas, como Alfonso Reyes, en un ensayo que le sigue los pasos habrían tenido algo de razón al atribuir a Rosas de Oquendo algunos otros poemas del manuscrito de Madrid. Nos dice Reyes:

> Además de lo que transcribe Paz y Melia, considero atribuible a Oquendo alguna otra obra... Así, por ejemplo, entre las poesías... que... no publicó se encuentra en los folios 42-45 un romance en "Respuesta

de una carta que un amigo escribió a otro (Felisio tu carta vide)," en el que si lo hemos de atribuir al poeta y darle completo crédito, tenemos el relato de su venida a América (Reyes 1917: 344).

Es posible que Rosas haya sido el autor de este y otros textos, pero en realidad no hay ninguna evidencia que lo sustente y Reyes no ofrece ninguna justificación para expresar esa opinión. Mi escepticismo sobre autorías no me ha permitido aceptar esas conjeturas, en espera de que en algún momento se halle otro cancionero u otra prueba de que estos poemas sean de la pluma de Rosas. Se puede mostrar, sin embargo, como lo hago en mi edición de próxima aparición (Lasarte en prensa), que de la pluma de Rosas sí salieron versos serios. No es por nada que se le hubiera pedido en México que escribiera un poema para las exequias por la muerte del Rey Felipe II, preparadas por Dionisio Ribera Florez, texto cuyo encabezamiento dice, "A propósito de la despedida dentro de la misma tarja se puso esa Octava de Mateo de Oquendo, secretario del Marqués de Cañete" (Lasarte 1988: 88).

En ese contexto podríamos mencionar también otro poema, muy interesante, la *Conversión de Mateo Rosas de Oquendo* (ff. 101v-107v del manuscrito 19381 de Madrid), obra que parece ser no paródica del género, sino más bien seria, y que se halla tanto en ese manuscrito como en el de Filadelfia[3]. Sus primeros versos son:

> Miradores ojos míos,
> libres censores del pueblo,
> si sois de lince en el mal
> ¿cómo en la virtud sois ciegos?
> Todo lo malo mirasteis
> y no visteis nada bueno:
> señal evidente y clara
> que sois del bien extranjeros (vv. 1-8).

---

3. La versión del manuscrito de Madrid la transcribe Paz y Melia (1917: 162 y ss.). Este texto pertenece a una larga tradición de conversiones que se remonta a, entre otros, San Agustín, Petrarca y, curiosamente, se hallan algunas semejanzas con la "conversión" de Boscán (Lasarte en prensa: 455-467). Ha de verse, también dentro de la tradición del socratismo cristiano español, sobre "el conocerse a sí mismo" (véase Ricard 1964: 22-147).

Es interesante notar, aunque sean lugares comunes, que la referencia ya vista sobre el uso de la ropa de la cual se mofa el estudiante y se auto-elogia el narrador (Rosas) en la *Sátira al Perú*, aparece como tópico importante en la *Conversión*, tópico que acude al materialismo que abandona a favor de la espiritualidad. Por ejemplo, leemos:

> En el vestido está el daño;
> quiero desnudarle presto
> para arrojarme desnudo,
> desembarazado y suelto
> [...].
> Quedaos mis galas aquí,
> que es vuestro traje grosero,
> y en la justa que me aguarda
> he de entrar al uso nuevo.
> Tú, mi gorra aderezada,
> porque goces tu elemento
> te dejo al aire colgada,
> sobre tu vano cimiento.
> Tú, doméstico enemigo,
> tieso almidonado cuello,
> que he dejado de acostarme
> porque anduvieses compuesto,
> quedarás en la ribera
> donde tuvo los rodeznos
> mi piedra desatinada (vv. 301-323).

Al regresar a los romances que más nos conciernen vemos que el poema crítico del estudiante toma un giro acusativo en el que hace uso de las mismas burlas que llevaba a cabo Rosas en su *Sátira*. El poema expresa quejas sobre la facilidad de los advenedizos para asumir falsos linajes o situaciones sociales que no tenían en el Viejo Mundo, como, entre otros

> Bien halla la tierra adonde
> 'quien acá es muncho no es nadie,'
> y 'donde hay otro mayor
> pared y medio de un grande' (vv. 49-52).

Estas quejas eran comunes entre los historiadores, como por ejemplo —entre muchos otros— el Inca Garcilaso. Dice éste, por ejemplo,

> Francisco Pizarro, a quien de aquí adelante llamaremos don Francisco Pizarro, porque en las provisiones de su majestad le añadieron el pronombre don, no tan usado entonces por los hombres nobles como ahora, que se ha hecho común a todos; tanto que los indios de mi tierra nobles y no nobles, entendiendo que los españoles se le ponen por calidad, se lo ponen también ellos y se salen con ello (Garcilaso de la Vega 1960: parte II, libro I, cap. xiv, 34).

De inmediato, la queja directa hacia Rosas, burlescamente, hace eco de su práctica denigratoria hacia Lima:

> Para que luzcan los bienes
> son necesarios los males,
> los pobres para los ricos,
> humildes para los graves;
> para las hermosas feas,
> pescado para la carne,
> y para que luzca yo
> poetas como Juan Sánchez (vv. 61-68).

Es interesante notar las coincidencias entre los dos poemas, la *Sátira al Perú* de Rosas y estos romances pero, como hemos dicho, se trata de lugares comunes y aunque es una tentación, no se puede concluir que sean de la pluma del mismo autor, que sean otra expresión de sus multifacéticos juegos con su identidad.

Luego, en los folios 26r a 28r se halla el "Romance en respuesta / deste hecho por un ami- / go de Oquendo", texto de 116 versos, del cual ahora haremos un breve repaso crítico. Primero, es notorio que en el manuscrito aparece directamente después del ataque por el estudiante ya visto. El compilador estaría muy consciente de esto ya que el título que le pone es el de "Romance en respuesta *deste*". El uso de "este" sólo se puede entender como nexo entre los dos poemas, es decir que el colector del cancionero los tenía a la mano y conocía muy bien la obra de Rosas, razón por la cual algunos han pensado que el manuscrito habría sido preparado por el mismo

Rosas de Oquendo. Esto, sin embargo, como ya he establecido, por razones ecdóticas, no tiene mayor validez[4].

A diferencia del otro poema, éste mas bien se acopla a la vituperación agresiva de la persona del poeta, y como el que lo lea podría notarlo, por lo general son lugares comunes sobre la difamación del ser judío, judío converso, pero a diferencia, digamos, de los ya vistos ataques que le habría hecho Quevedo a Góngora, veremos que aquí la difamación parece entrar en un interesante diálogo con el mundo americano. Por otro lado, es también interesante notar que es un texto que por su vituperación del estudiante, por su alabanza de Rosas de Oquendo y sus múltiples referencias mitológicas cultas, en convivencia con las burlas bastas, crea un tipo de ambivalencia genérica que subraya el hecho de que el poema se apega a la heterogeneidad típica de la sátira, a la mencionada *satura*. Así, por ejemplo, empieza con una denuncia de la pobreza literaria del satírico: "Échase muy bien de ver, / mordaz poeta podrido, / que tus versos son de alforja" (vv. 1-4), donde "podrido" era, en la época, un delincuente; y "versos de alforja" serían, según Covarrubias, los mal escritos. Luego, "No quiero para ensalzarte / llamar las ninfas del Pindo, / sino las del bajo Averno, / donde siempre estás metido" (vv. 9-12), condenando sus versos a los bajos fondos, al Averno, o la entrada al inframundo y no al Parnaso donde habitaban las musas del Píndaro (o Pindo) y lugar donde corría la Fuente Castalia.

Es decir, el romance empieza con la crítica de la escritura, pero de inmediato pasa al ataque *ad hominem*, que domina el poema: "¿Quién te metió con Juan Sánchez, / majadero desconocido / [...] ciudadano celestino?", es decir, "alcahuete" (vv. 17-20). Luego salta a la crítica del judaizante o converso, al acusarlo de no comer tocino y al llamar a su madre "obispo", vocablo que en la germanía aludía al reo condenado por hechicero: "No sabes que tus abuelos / jamás comieron tocino / y que tu madre obispo / porque en el valle de Quito / le toparon una noche / chupando sangre de niños" (vv. 21-28). Esta última acusación es típica para el mundo de la brujería, y tópico hallado, por ejemplo, en Quevedo (*Gran enciclopedia*

---

4. Paz y Melia (1907: 154) conjetura que la letra es autógrafa de Rosas. Nosotros, en Rosas de Oquendo comprobamos que se trata de la transcripción de un copista (xciv y ss.).

cervantina 2005: III, 2530). Por otro lado, sin embargo esto último podría ser de especial interés, ya que la acusación podría acudir a las prácticas indígenas. Hay que recordar que Quito era conocida por sus comarcas de indios (Lizárraga 1987: 23), algo que podría entrar en contacto con ciertas alusiones a la idolatría natural, tanto en el Perú como en México[5].

A continuación, algo que no habría de faltar, se añaden referencias tópicas al hereje protestante, diciendo que el estudiante tuvo por maestro a Calvino y rezó con San Bruno, para cerrar el tema con una jocosa alusión a una práctica que se llevaba a cabo para esconder la práctica judaizante, y que incluso persistió hasta mucho más tarde: "y por un sabio alemán / te circuncidaron chico" (vv. 35-36). Es decir, el deseo o práctica de una circuncisión "a medias" era ya algo utilizado para esconder las raíces judías. Hay que ver que el *Fuero juzgo* desde el año 663 prohibía la circuncisión de los hijos de conversos (Costa García s/f: 62). Curiosamente, Posse (1995: 45), en su *Los perros del paraíso*, hace una referencia jocosa sobre este asunto. Asimismo, sobre los "retajados" véase también Pardo (2003).

Después el poema pasa revista a otros insultos tópicos, como, por ejemplo, la adopción de falsos apellidos. Con ironía, nos dice: "tus padres [...] / fingieron ser caballeros / de la casa de Quirinos" (vv. 49-52). Y esto es algo que nuevamente nos recuerda algunos versos de la *Sátira* de Rosas: "qué de Hurtados y Pachecos, / qué de Enriques y Guzmanes, / qué de Mendozas y Leivas, / [...] / todos son hidalgos finos / de conocidos solares! / No viene acá Juan Muñoz, / Diego Gil, / ni Pero Sánchez" (vv. 535-544). Y, claro, también es un espacio serio-cómico en el que jocosamente se sitúa el

---

5. Véanse, por ejemplo, los versos 1545 y siguientes de la *Sátira al Perú*, donde se alude a Copacabana, en el santuario de la Peña de Francia, lugar cercano a Lima. Dávalos y Figueroa se acerca a la posible idolatría indígena en esos lugares. Dice Delio que allí "fue celebrado el pueblo que oy lo es de nosotros, llamado Copacauana... donde aquella benditisima Imagen de Nuestra Señora, a hecho tantos milagros" (ff. 140v). Y luego Cilena contesta: "Considerado he muchas vezes por misterioso caso, que donde fue la suma de la ydolatria, y el assiento de los ydolos y sacrificios de sangre humana, quisiesse nuestro Redemptor primero, y mas que en otras partes de este Reyno, obrar milagros" (ff. 140v-141r). Para el caso de México, por ejemplo, está documentado como parte de la medicina tradicional (véase "chupada de bruja" en *Diccionario digital de la medicina tradicional mexicana*).

mismo poeta, Rosas de Oquendo. Recordemos los versos ya citados del principio de su poema, cuando se presenta ante el lector y oyente: "Mateo Rosas de Oquendo, / que otro tiempo fue Juan Sánchez / vecino de Tucumán" (vv. 5-7).

Luego la defensa se hace más concreta al pasar al elogio del autor de la *Sátira al Perú* por medio de la vituperación del estudiante y versos con los cuales concluye el poema:

> Yo sé si estuviera aquí
> Miguel de Oquendo el divino
> que tu llevaras la paga
> [...].
> no merece que le den
> otro nombre ni apellido
> sino de infame, cobarde,
> cornudo, puto ratiño
> porque versos de Juan Sánchez
> bien sabes que son más lindos
> que *La Aquileia* de Homero
> y *La Eneida* de Virgilio,
> [...]
> y no hable más, le digo,
> de Mateo Rosas de Oquendo
> ni de sus versos divinos.
> [...]
> y no procure saber
> quién este romance hizo,
> [...]
> pero séase quien fuere,
> que si replica sin tino
> sin tino replicará
> diciendo Juan Sánchez, ¡vítor! (vv. 65-116).

Además de la hiperbólica alabanza de Rosas de Oquendo, aquí el autor esconde su "identidad", y le advierte que si se atreve a seguir con sus denuncias, su poca habilidad sólo serviría para alabar a la de Juan Sánchez.

Me parece que siempre quedará la duda sobre si todo esto es parte de un juego del llamado "pícaro" Rosas de Oquendo. Su *Sátira al*

Perú, con sus múltiples máscaras, sirve de munición para adelantar tales conjeturas, pero reiteramos, que en este caso, la cautela es preferible a una apresurada atribución. Sólo el futuro y la investigación documental, que lamentablemente pasa por cierto grado de letargia, podría llegar a rescatarnos de la incertidumbre, incertidumbre que, por ahora, ha de quedar abierta.

Suciedad, ciudad y sociedad en *Lima por dentro y fuera* de Esteban Terralla y Landa[1]

Hugo García
Western Washington University

En 1797, bajo el seudónimo de Simón de Ayanque, usado por Esteban Terralla y Landa, aparece *Lima por dentro y fuera*, último de los textos satíricos conocidos de la Hispanoamérica colonial. Este poemario constituido por dieciocho romances, un testamento y un epitafio, critica de manera especialmente mordaz la realidad encontrada en Lima.

Al hurgar en las particularidades de la entonces capital del Virreinato del Perú, el texto de Terralla aparece como heredero de dos tradiciones esenciales relacionadas a la conquista y la colonización de los territorios americanos: la primera conformada por la literatura de viajes y los amagos de textos antropológicos por los cuales religiosos y laicos por igual intentaban describir y explicar los fenómenos relacionados a las culturas autóctonas de América. Por otro lado, aparece un discurso cáustico de otros textos satíricos precedentes que aparecieran como conspiraciones discursivas que exponían los males coloniales. Es en la intersección de estas dos influencias esenciales donde

---

1. El presente trabajo tiene su origen en una ponencia homónima leída en el *VII Spanish Matters Colloquium*, celebrado en University of Puget Sound los días 12 y 13 de abril de 2012. (Nota del editor: las citas de *Lima por dentro y fuera* en este ensayo corresponden a la versificación de la edición de Hugo García, Terralla y Landa (2011).

surge *Lima por dentro y fuera* como ambicioso proyecto que parece proponerse la creación de un bestiario colonial —intento dieciochesco de catalogación que pudiera juzgarse influido por las corrientes ilustradas que daban nueva fuerza al estudio de la naturaleza americana—. Por virtud de la reconstrucción del viaje, Lima es el final de un desplazamiento hacia lo desconocido; la inferioridad americana ha pasado a ser peruana y, especialmente, limeña. Nos interesa en especial la exposición de la sociedad criolla a través de un movimiento, no geográfico sino de la gnosis y de los sentidos, y que propone una exploración paralela en tres territorios parangonados que son la ciudad, la casa criolla y el cuerpo del sujeto colonial. Tres recorridos que van paralelos, desde lo visible a lo invisible; desde lo evidente a lo sutil. Este viaje del exterior al interior no remeda al trabajo del perlero ni es un proceso alquímico; por el contrario es una caída; una indagación cultural —viaje en descenso— que interpreta la realidad circundante a partir de una escala de la higiene, donde el concepto preconcebido de la suciedad será el eje de la crítica y de la ocurrencia burlesca para la voz poética determinar el nivel de lo inadmisible.

Primera geografía de la suciedad: La ciudad

El traslado de Nueva España al Perú es, curiosamente, un movimiento de norte a sur y ello es aprovechado por este poemario que sugiere disímiles interpretaciones: caída física (la gravedad), descenso ideológico (de lo elevado a lo bajo); escarpa religiosa (de lo divino a lo humano) etc., pero es también, ya de manera más literal, la llegada a una geografía insana —anunciada desde el Romance I— con insoportable sol, mosquitos y arenales que son el marco de un desarreglo higiénico que incluye hasta enfermedades venéreas que reciben al visitante a su encuentro con el virreinato. Este remedo de viaje de descubrimiento y exploración se mueve desde la geografía del 'yo' a la del 'otro'. En este tránsito la ciudad de México no solamente representa la familiaridad, también se instaura como modelo de civilización. México ya no será espacio colonial sino "[l]a madre de los ingenios, / [l]a escuela de la pintura, / [d]e la academia los metros" (Terralla y Landa 1797: vv. 22-24), es decir el modelo de humanismo europeo cuya reproducción le ofrecía a México la posibilidad de participar del centro metropolitano. Esta loa que intenta integrar —forzadamente— a México como parte del centro metropolitano es un recurso discursivo encaminado a la creación de un ordenamiento intra-imperial en el cual México quedará enlazado al centro metropolitano, mientras el Perú —Lima con mucho más énfasis— será aquello que, según este orden, quedará como la negación. Esta diferenciación extrema es una ficción textual, una polarización en la que la entonces llamada Ciudad de los Reyes conformará la 'no pertenencia'; sus condicionantes físicas y morales, contrapuestas a las mexicanas, quedarán condensadas en la existencia de "lo que en México no vemos" (vv. 2686).

En varias ocasiones apreciamos el intento de resumir la ciudad en pocas palabras, en una de estas generalizaciones Lima queda reducida a

> [...] un asqueroso suelo,
> de inmundas putrefacciones,
> y de corrupciones lleno.
>   Hay acequias apestadas,
> caños rotos, basureros,
> muladares y cloacas,
> con mil montones de cieno (vv. 354-360).

Esta aseveración nos indica que en el poemario se establecerá una correlación entre dos características que tienen en común el ocupar el escaño más bajo de la escala a la que cada una pertenece: en lo moral es la corrupción mientras en lo físico es la podredumbre.

La voz poética que nos habla en el poemario de Terralla y Landa explora, nombra, compara y mapea, como si quisiera seguir los pasos de los textos elaborados por los cronistas del primer siglo de la conquista. Pero, al contrario de los muchos textos de exploración y conquista que intentaban incorporar los nuevos espacios al orden de lo conocido, el esfuerzo más visible en este poemario va encaminado a la exclusión y el alejamiento. La descalificación de Lima cual ciudad sucia, antihigiénica e irreverente se muestra como un intento de separarla del imperio, lo que a su vez nos lleva a pensar en Mary Douglas cuando dice que "there is not such a thing as dirt; no single item is dirty apart from a particular system of classification in which it does not fit" (2009: xvii). Entre las cabeceras virreinales y la asignación de la suciedad a Lima, no nos resulta difícil deducir que, al marcar la disensión cultural entre estos dos puntos virreinales —México y Lima— se establece una comparación que sirve como medida de clasificación. El territorio colonial americano queda estructurado en dos zonas codificadas culturalmente; una distinción ideológica que permitirá la asociación de Lima con el no-lugar de la suciedad, allende al imperio al que no pertenece.

El hablante dice al supuesto receptor de sus consejos "[q]ue llegas por fin a Lima; / [p]or fin dije, y no te miento, / [p]orque vas a ver tu fin / [c]omo otros muchos lo vieron" (vv. 161-164). Justo a las puertas de la ciudad hay "[...] mucho polvo / [m]uchos burros alfalferos, / [y] mucha gente ordinaria / [q]ue en la ciudad no cupieron" (vv. 177-180). Es decir que donde debió existir aristocracia y orden —que en el mundo físico podrían haber sido asociados a la limpieza— se encuentra esta masa de polvo, animales y pueblo. Esta experiencia, por contraria, es articulada a través de la suciedad, que es la marca de lo residual, de lo que el sistema de clasificación rechaza (Douglas 2009: 45). Es decir, a través de la suciedad Lima es convertida en residuo territorial ajeno al imperio español. Para la voz poética el territorio imperial debía funcionar como un sistema íntegro cuyo centro metropolitano debía ser replicado en toda la extensión de sus dominios americanos. Éste es el caso de México, que se había merecido el pertenecer al imperio por virtud del ejercicio del calco cultural. Allí donde el duplicado sociocultural no se produce, la voz poética se detiene para marcar el rompimiento del sistema de propagación de la cultura imperial.

Una vez que el hilo anecdótico indica la entrada literal en la ciudad, el hablante parece querer dejar sentado que no por el hecho de haber accedido físicamente a la urbe se puede decir que se conocen sus interiores; lo que alcanza el caminante a simple vista es la suciedad física, donde los "[...] lodazales grandes / [s]on de andar impedimento" (Terralla y Landa 1797: vv. 371-372) y la posibilidad del contagio por las moscas (vv. 365-368) y pulgas (vv. 381-384). Dicho de otra manera, la voz poética reconviene la relación fuera-dentro, donde la primera pasa a ser la suciedad, que es la envoltura de la ciudad, lo que cubre sus espacios físicos, y el interior serán los enigmas que el forastero no logra fácilmente descifrar, como secretos de una geografía cultural nunca antes transitada. Estas incógnitas que esconden las calles parecen convertirse en una preocupación para el hablante que se empeña en descifrar. El testificar la suciedad de tipo físico de las calles de Lima es la herramienta discursiva que prologa el encuentro de otras dimensiones de lo inmundo. Es decir que el estado físico de la ciudad, cubierta de "[...] polvo en abundancia / [q]ue aquellos lodos trajeron (vv. 393-394), viene a ser reflejo de la sociedad que se mueve en su interior.

En Lima casi todo es móvil. Los sujetos entran y salen, aparecen y desaparecen, corren, suben, bajan... con ellos sus pertenencias, y con éstas una moralidad de dudoso basamento. Desde las puertas de la ciudad hay "[...] muchas niñas corriendo / [m]uchos perdidos que entraron / [y] otros muchos que salieron" (vv. 193-196). Esta movilidad constante, donde no existe el inmueble sino una vida nómada, es presentada como ausencia de civilización de tipo occidental, a modo de experiencia cultural inferior. Los materiales de construcción no generan la existencia de arquitectura sino que van y vienen a lomo de "[b]orricos cargando harina, / [p]iedra, cal, ladrillo y yeso" (vv. 399-400), como manera de enfatizar la falta de estabilidad. A la limpieza de la obra terminada, se opone un dudoso proceso de creación que solamente parece intoxicar la ciudad; a la permanencia y la eternidad de la edificación de tipo europea se opone la inestabilidad y el carácter endeble de la urgencia momentánea. Estas condicionantes son el medio propicio para el desarrollo de males morales que, en buena medida, recaen sobre el sujeto femenino: las llamadas "mutaciones de Venus" (vv. 426). Pero también los hombres están relacionados a esta existencia ambulante de inferior estado de desarrollo cultural. Éstos son los que se ocupan de los negocios relacionados a la muerte y que son llamados "[l]os que viven con los muertos" (vv. 1189), quienes cobran pero no hacen los servicios por los que se les paga y aparentan mucha severidad y decoro. Esta evocación obliuca a la necrofagia donde el sustento de la vida está sentado sobre el trono de lo inmundo por excelencia, que es la violación de la frontera entre la vida y la muerte, se reafirma cuando la voz explicita que, tras los procederes fraudulentos de estos hombres, "[...] muchas veces sucede / [q]ue se está insepulto el cuerpo, / [p]orque si se come el fondo / [s]uele originarse el pleito" (vv. 1201-1204). El cadáver, como representación máxima de la suciedad, tampoco tiene una localización estable, sino que viene a convivir con los sujetos coloniales; estos últimos viven, cuales aves carroñeras, de esos mismos cadáveres que no sepultan. Esa marca universal de la corrupción como suciedad intangible viene a tomar cuerpo en el cadáver que es prueba que atestigua la existencia de otros niveles de lo sucio colonial.

Junto al negocio de la muerte, las mantequerías (vv. 1217-1220), las "[...] velerías pestilenciales de cebo" (vv. 1233-1234) y panaderías (vv. 1221-1224) añaden al Romance 6° un carácter sensorial especial. Por un lado resulta esencial para la voz hablante el trasmitir la impresión táctil de lo pegajoso y la referencia olfativa al olor nauseabundo del cebo de las velerías, dos elementos contaminantes del ambiente colonial limeño. La referencia a las panaderías es, empero, aún más elocuente, pues en ellas se explicita un entorno impregnado de sudoraciones superpuestas al que se une una nueva y más grave dimensión de lo sucio, que es la pérdida de la integridad física del cuerpo de los esclavos que "[...] a fuerza de puro azote / [s]uelen mudar el pellejo" (vv. 1225-1226). La advertencia del trabajo esclavo sugiere en el receptor los derramamientos de líquidos corporales —incluyendo la sangre— y la exposición de las interioridades del cuerpo en desintegración por virtud de la violencia.

Un momento especial en el recorrido por la ciudad es la asistencia al teatro o coliseo donde la voz poética explota el nexo lingüístico que le permite el vocablo 'corral' con sus dos acepciones fundamentales. Así el teatro es "[...] el lugar donde habitan / [m]uchos sin entendimiento, / [c]orral se puede llamar, / [y] corral muy sucio y puerco" (vv. 2705-2708) pues allí se encuentra "[...] gente / [q]ue sentada en sus asientos / [l]a mayor parte no sabe / [q]ue es decoración ni verso" (vv. 2709-2712) y simplemente lo que hacen es crear "[u]n murmullo estupendo" (vv. 2740). Nuevamente la voz recaba la experiencia sensorial del receptor, ahora a través del oído. El teatro es para el hablante la simulación que esconde relaciones sociales que no son sino sexuales por parte de las damas que "[...] todo su afán / [e]s mirar a los mancebos / [h]aciendo continuas señas / [p]ara juntarse en saliendo" (vv. 2717-2720). El teatro es donde más condesada y explícita queda la desconexión cultural de Lima con respecto al imperio español, pues critica el hablante que tienen "[...] por carnestolendas / [c]omedias de santos nuevos / [y] en días de besamanos / [l]o jocoso y lo burlesco" (vv. 2765-2768), o que se puede apreciar "[...] cuando entra un virrey

/ [e]scena de luto y muerto / [q]ue acaba en danza de diablos / [q]ue salen de los infiernos" (vv. 2773-2776). La institución barroca que en la cultura europea es el teatro es tomada como la medida más eficaz para determinar el profundo nivel de incongruencia de Lima con su centro imperial; una desconexión que va desde las tradiciones sociales hasta la inversión de los estamentos morales. Lima es convertida en lo extraño, aquello que habita los exteriores del imperio, porque su imitación de teatro es una amenaza al orden cultural según el molde dieciochesco europeo.

La indagación en las interioridades del emporio colonial que es Lima, propone el parangón de lo físico y lo moral, hurgando en las trastiendas de las apariencias del oropel y los comportamientos. Es en este descubrir las interioridades coloniales donde aparece una escala de valores, cual nervadura del discurso, que tendrá dos características fundamentales: la primera es la ubicación espacial de la indagación en tres territorios parangonados, que son la ciudad, la casa y el cuerpo del sujeto colonial. La segunda particularidad es la articulación de una escala de valores que asocia lo moral con lo físico, donde el concepto de la suciedad viene a prevalecer como característica colonial esencial al centro de los desencuentros culturales entre el Perú y el centro imperial. Es precisamente el uso de la suciedad como determinante cultural lo que engrana el discurso crítico de Lima.

La casa, laberinto de la inmundicia

La vivienda es siempre un eslabón esencial en la sociedad porque es donde comulgan lo social y lo privado. En la casa se accede a la intimidad del sujeto colonial pues es tras sus paredes que se esconden las claves esenciales de la intimidad, que son la desnudez, la sexualidad y las necesidades fisiológicas del individuo. *Lima por dentro y fuera* nos presenta el conocimiento de la casa criolla y los sujetos que las habitan como vía de decodificación de los enigmas del funcionamiento social. Para llegar al descifrar la importancia del tropo de la suciedad como caracterizador de Lima, la casa es un elemento nuclear pues es donde logran explicarse mejor los resortes que activan las relaciones sociales coloniales. Para decodificar la sociedad el hablante estructura la casa limeña en tres espacios esenciales: Aparece primero "[l]a sala muy aseada, / [y] que la cuadra es lo mesmo" (vv. 2914-2915) y a esto le sigue toda una descripción (hasta el verso 2936) de elementos decorativos que parecen disponerse a manera de fachada en correspondencia con los requerimientos del fausto social. Acto seguido, en el mismo fragmento la voz poética pasa a otro espacio que es descrito por las

>Colgaduras en la cama
>de las cuelgas que han hecho,
>buena colcha de damasco
>almohadas de muchos flecos.
>　Muchos encajes en ellas
>de los encajes que hicieron,
>y muchos lazos de cintas
>de los lazos con que han preso (vv. 2937-2944).

En esta segunda área del hogar limeño aparece una superposición del lujo y los procederes morales que la voz hablante encuentra recriminables. El lujo que fuera altamente considerado como expresión material en la escala de los valores simbólicos de la sociedad, en Lima —según se nos dice— resulta lo contrario. Los aderezos con los que se engalana la residencia del limeño son presentados como oropel procedente de una moralidad contaminante. El embellecimiento de la casa no está emparentado a una concepción de pulcritud; por el contrario, los objetos suntuarios son la prueba material del comportamiento inmundo que se le adjudica muy en especial a la criolla limeña.

Finalmente la voz poética nos lleva a una última sección de la casa colonial donde encontramos "[...] un esqueleto / [d]e una mula calesera, [...] que sólo se alimenta / [c]omiendo flores de estiércol" (vv. 2974-2980). En lo más íntimo de la casa el oropel no existe; en su lugar se instaura la suciedad porque en estos espacios se mantienen los secretos de la familia criolla. El esconder la suciedad física a lo más profundo de la casa es tomado como evidencia de otros males igualmente guardados de la vista pública y que la voz poética insiste en exponer. La casa pasa a ser en el poemario el espacio unívoco donde los desarreglos morales y la suciedad física, representada esta última en sus símbolos mejor anclados —la muerte y el estiércol—

y en la comunión de los opuestos —el comer y el defecar— que vienen a tener una correspondencia esencial con las observaciones de la moralidad colonial. En la intimidad de los sujetos coloniales se puede descubrir que "[s]u casa toda son sombras, / [t]odo nublados muy negros, / [t]odas puertas de artificio, / [d]esvanes y recovecos" (vv. 1621-1624); en otras palabras, la casa tiene poco para estar y mucho para pasar, correr, salir y escapar. En la casa como en la ciudad se vive en continuo trasiego, en una constante huida y el sentido laberíntico de la circulación es la expresión física de los contubernios que se le adjudican a los sujetos femeninos. La dificultad del tránsito a través de los espacios de la vivienda de las criollas es la prueba ineludible de las subversiones de las reglas morales que tanto critica el hablante a lo largo del poemario.

Uno de los espacios esenciales es el comedor porque allí es donde la naturaleza del criollo puede ser deconstruida. La alimentación en *Lima por dentro y fuera* es uno de los elementos discursivos más precisos para articular la no pertenencia del Virreinato a la geografía cultural imperial. Los alimentos en Lima son presentados en dos grupos esenciales: los comestibles y los no comestibles. En el primer grupo la voz poética no hace mucho hincapié; de ellos solamente una violación se destaca, y es la alteración de su denominación, pues aparecen "[...] con otros nombres / [l]os guisos que conocemos" (vv. 1249-1250), como refiriendo con cierta molestia al proceso de transculturación que siempre ocurre en la cocina en los procesos de colonización. Los alimentos no comestibles, sin embargo, ocupan la atención del hablante, quien reacciona como si se tratara de alguna violación de las regulaciones nutritivas bíblicas. Son estos los que le permitirán distinguir entre el 'yo' imperial y el 'otro' colonial y salvaje, pues "un alimento sólo se vuelve abyecto cuando es un borde entre dos entidades o territorios distintos. Frontera entre la naturaleza y la cultura, entre lo humano y lo no humano" (Kristeva 1972: 101), o bien, cual es el caso de *Lima por dentro y fuera*, una línea de separación entre la limpieza y la suciedad. Pero las líneas separadoras son un elemento de contacto de opuestos colindantes que en la pequeña área de la línea se superponen, se mezclan y se confunden. Opuestos que se dan cita en el salón comedor de los limeños.

El pasaje del banquete es esencial en la elaboración de la crítica porque, especialmente por medio de estos alimentos no comestibles, se determina el grado de rudeza que el discurso quiere adjudicar al medio colonial. Los limeños consumen lo que nadie consume, la antítesis de la alimentación y el sustento corporal, por ello "[...] ponen por primer plato / [u]n manjar muy estupendo, / [q]ue es la sopa de mondongo / [q]ue a veces viene relleno" (Terralla y Landa 1797: vv. 1057-1060). La comida, que entra dentro del cuerpo y lo recorre, es el mejor elemento para demostrar el desconocimiento total de las leyes más elementales de la higiene, ello justifica el énfasis y la longitud del pasaje de la cena, que continúa con otras equivalencias a deyecciones corporales que son:

> Que la calapulcra y lagua,
> luego después van trayendo,
> dos manjares que parecen
> vomitaduras de perro,
>   O rala disposición
> de niño que está cursiento
> con desenfrenada bilis,
> de amarillo, verde y negro (vv. 1063-1068).

En un sentido menos nauseabundo, pero abyecto por indigerible, la voz poética continúa la cena con la referencia a "ciertas largas raíces, / [q]ue aunque a Yucatán no fueron, / [y]ucas llaman, y tan yucas / [q]ue es comida del desierto" (vv. 1073-1076), y continúa con "[c]harquicán, que es como estopa / [p]ara algún calafateo" (vv. 1083-1084). El festín de la inmundicia vuelve a las expulsiones corporales cuando "[...] por postre han puesto / [u]nos frijoles colados, / [q]ue son el vómito prieto" (vv. 1094-1096). Este regreso a lo asqueroso parece insistir en un recorrido circular del alimento-excremento de los limeños que desconocen de las segregaciones higiénicas de sus propios cuerpos.

En el comedor criollo la cena pierde todo simbolismo religioso y social de tipo europeo y católico para convertirse en un festín de la podredumbre que tiene que ver con la pérdida de añorados valores imperiales que el forastero se empeña en reclamar. En el banquete es donde el discurso crítico perfila una relación de analogía entre la fisiología y la moral colonial. La intención es determinar que los criollos no reconocen entre lo comestible y lo no que no lo es, ni entre alimento y excremento, es decir que no logran distinguir diferenciaciones ni siquiera del orden más instintivo e irracional, por tanto tampoco podrán reconocer delimitaciones en el orden de lo moral. La suciedad física de lo ingerido estará en correspondencia con la proyección descompuesta a nivel social.

El comedor de la vivienda criolla, espacio en que esto ocurre, es presentado como mitad física de esa casa habitada por los sujetos coloniales; evocación estomacal de la vida de los limeños donde el forastero nos permite atestiguar un *performance* social tan atroz como el alimento mismo o la laxitud moral que tanto critica, y a la que haremos referencia más adelante. Estos sujetos,

> [...] para comer se meten
> hasta el gaznate los dedos,
> todos untados de grasa
> y de ají que es el pimiento.
>   Que al acabar la comida
> (donde el vino es sacrilegio)
> los dedos todos se limpian,
> en el pan que están comiendo.
>   Que lo arrojan en la mesa,
> en la que se mira un cerro
> de pelotones de pan
> asqueroso, sucio y puerco.
>   Que allí empiezan los cariños
> y los amantes afectos,
> tirándote las pelotas
> del pan pintado y grasiento (vv. 1117-1132).

Nuevamente la experiencia sensorial del lector es el requisito requerido por el texto para determinar el grado de descomposición de las relaciones sociofamiliares que se establecen en el interior de las casas, lo que tiene mucho que ver con las condiciones de los alimentos que antes se habían presentado. Los sujetos coloniales se mueven dentro de un espacio que es laberíntico y oscuro, lo que parece ser una referencia intestinal para referir a los conductos de la casa. Además, se relacionan entre ellos por medio de la grasa y las migajas de pan, como mismo lo pudieran hacer los descompuestos alimentos que ellos engullen. La casa es esencial a la crítica del poemario porque es el espacio de un engranaje de circulaciones excrementicias en el que los criollos interactúan al compás de un caos digestivo. La mula y los sujetos, el patio y el comedor, todo está invadido por la familiaridad del excremento, una identificación que practica el hablante para establecer afinidad entre las actitudes que reprende y la suciedad física.

Los sujetos coloniales o la inmundicia hecha carne

Con toda intencionalidad hemos dejado para el final el sujeto colonial limeño, que quizás debió ser lo primero, teniendo en cuenta que parece haber sido el blanco esencial de la crítica satírica. El llegar al sujeto justo al final armoniza estos pocos pasos que damos para revelar la importancia del tropo de la suciedad con el recorrido de la voz poética a través de la Lima dieciochesca. Para esta voz poética que se presenta cual forastero, el llegar al sujeto es acceder a un meollo social marcado por la existencia de la anomalía de "[...] figuras tan raras / [q]ue en el mundo no se vieron" (vv. 1031-1032). Esa rareza tendrá que ver, fundamentalmente, con el rompimiento de patrones de comportamiento que el hablante no encuentra establecidos de la manera que esperaba. Douglas (2009: 117) afirma que el desorden rompe los patrones y a la vez se presenta ilimitado; en el caso de *Lima por dentro y fuera* el rompimiento de patrones es lo que el hablante coloca como génesis del desorden. Es decir, que los modelos sociales —en sus variantes fundamentales de raza, sexo y clase—, los económicos y hasta los políticos con los que funciona el hablante han sido alterados. Y esto es desorden que no puede sino ser enunciado como lo inmundo.

En Lima, por ejemplo,

> [...] no distinguen
> de personas ni sujetos,
> de cultura, de crianza,
> de lustre ni nacimiento.
>   Que le llaman don Fulano
> al hidalgo y caballero,
> pero señor don Fulano
> a un ordinario plebeyo (vv. 2173-2180).

El intercambio entre el simple "don" y el más complejo "señor don", es decir la asignación de cada uno a los opuestos, es el rompimiento de un patrón aparentemente inamovible, y su alteración es la que crea el desorden social que a la vez pone a la voz hablante en situación de inseguridad expresa. La asociación de la complejidad del título con la simpleza del nacimiento es una de las variantes del sistema simbólico-social criticado en repetidas ocasiones. El ascenso social en la colonia desequilibra al hablante que recuerda el origen incierto de

>   quien se juzgaba basura
>   antes de verse en empleo.
>   De éstos verás a millares
>   porque como nada fueron,
>   el algo tienen por mucho
>   los que de nada ascendieron.
>   De aquello *ex Limo fer*
>   dos veces nada en el suelo,
>   primero porque Dios dijo
>   *ex nihilo fecit eum.*
>   Y después porque en el mundo
>   tan nada en el todo fueron,
>   que en el caos de su origen
>   confunden su nacimiento (vv. 1859-1872).

Al buscar apoyatura en la creación bíblica la voz está encontrando evidencias, no sólo textuales sino también del orden de lo sagrado, de la estrecha conexión de los criollos limeños con la suciedad. El recabar en la Biblia y hundir al sujeto limeño en el caos del origen de los tiempos le permite al hablante hacer de su discurso una verdad tan indiscutible como las mismas escrituras sagradas. Al mismo tiempo aparece la influencia del discurso naturalista europeo del siglo XVIII que, con la figura del francés Georges-Louis Leclerc, Conde de Buffon (1707-1788) como voz más reconocida, daba nueva vida al mito de la inferioridad americana, ahora desde nuevas apoyaturas y métodos de observación de usanza en la época. Es precisamente el examen físico el instrumento del que se vale el hablante y el ejercicio que incita al recipiente de sus consejos para descubrir los focos de esa inferioridad criolla. El constante aviso a su interlocutor con el verbo "verás" nos habla de la importancia de la observación. Pero también se avisa de que la colonia tiene disímiles capas, pues "[l]os vulgares y plebeyos, / [s]uelen andar bien vestidos / [p]or encubrir sus defectos" (vv. 3802-3804), es decir que la voz poética desconfía de la infalibilidad de la inspección física.

Uno de las grandes problemáticas de la indefinición que el hablante encuentra en Lima es la mezcla racial: por un lado todas las razas y castas comparten los mismos espacios, pues hay "[...] por las calles / [g]rande multitud de pelos, / [i]ndias, zambas y mulatas, / [c]hinos, mestizos y negros" (vv. 457-460). Una violación de las márgenes espaciales de lo simbólico social, la respuesta del hablante es bestializar a los criollos desconocedores de las limitaciones de raza y clase. Así ubica a "muchas cocineras, / [m]uchas negras, muchos negros, / [m]uchas indias recauderas, / [m]uchas vacas y carneros" (vv. 229-232), todos en un plano y compartiendo el mismo espacio. De manera idéntica, los sujetos coloniales y los animales son identificados por medio de la suciedad corralera. Sin embargo, la preocupación va más allá de la simple presencia de los no españoles en los espacios sociales coloniales. Hay un desvelo mayor por la indefinición racial proveniente de la mezcla entre las diferentes etnias. Al referirse a "[q]ue vas viendo por la calle / [p]ocos blancos, muchos prietos, / [s]iendo los prietos el blanco / [d]e la estimación y aprecio" (vv. 965-968), se está refiriendo a dos aspectos esenciales que resultan preocupantes desde el punto de vista del observador europeo: primero, la pérdida evidente de la supremacía y las ventajas que el ser de clase española conllevaba; segundo, la contaminación racial que ha 'ensuciado' étnicamente la sociedad. Ante esta situación de "[q]ue los negros son los blancos / [y] los blancos son los negros" solamente puede conllevar a la premonición de "[...] que habrá de llegar el día / [q]ue sean esclavos aquellos" (vv. 969-972) como inversión total de los estamentos sociales basados en la coloración de la piel.

En este sistema de desorden generalizado que se nos explica en el poemario la mujer limeña viene a ocupar un lugar primordial. La criolla limeña es traída al texto encadenada a una condición de pecadora patológica y el hablante, como interesado en exorcizar la sociedad colonial plagada de estos sujetos femeninos irreverentes, arremete contra la mujer con toda la fuerza que le permite el discurso socarrón. Así tenemos que, si bien por mucho tiempo embellecimiento, limpieza y salud eran conceptos imbricados entre ellos y por eso los cosméticos y preparados médicos quedaron compartiendo la misma lista (Smith 2008: 51-53), en *Lima por dentro y fuera* la voz poética asevera el rompimiento de esta antigua usanza y renueva las connotaciones de las prácticas femeninas que en otros tiempos fueran higiénicos afeites. El proceso de embellecimiento de la criolla no es símbolo de un cuerpo saludable sino de una suciedad intrínseca que quiere disimular. El rosario de males de la criolla está especialmente marcado por procederes colindantes con la prostitución que intenta ser enmascarado bajo la falsedad del comportamiento camaleónico de la criolla que

> muda de traje y de cuerpo,
> cambean de faldellín,
> con el mismo al revés puesto.
> Pues metida en un zaguán
> va en un instante saliendo
> con todo el traje mudado
> con la brevedad que el genio (vv. 2646-2652).

Los procedimientos aplicados sobre el cuerpo, por tanto, no pueden ser entendidos —como en los viejos tiempos— como higiene ni sinónimo de salud, sino como posibilidad de movilidad que permite la difusión de desarreglos morales asociados a la suciedad. Ante la agencia adquirida por el sujeto femenino, el hablante —que es evidentemente masculino— siente perdida una superioridad que pensaba encontrar inamovible. Esta inquietud no es nueva en el siglo XVIII ni es privativa de los discursos hispanoamericanos o satíricos; Kristeva nos advierte que es común "ver proliferar los ritos de polución en sociedades donde el poder patrilineal no está suficientemente garantizado, como si buscara un sostén en su lucha contra una matrilinealidad abusiva a través de la purificación" (1972: 103-104). Ante el crecimiento del sujeto femenino, la respuesta de la voz poética es la deconstrucción de esa negociación social que son los afeites y la vestimenta femenina. Así es que desviste a la mujer de sus aseos, la obliga a mostrarse desnuda e invierte el proceso de maquillaje y adorno, y muestra con vehemencia la miseria del hambre en su cuerpo desnudo, cuando

> [...] a medianoche
> llama por el agujero,
> una madama de fondos,
> tisúes y terciopelos.
>   Quién después de desnudarse
> de trajes, ramos y aseos,
> pide por la ventanilla
> cuatro cosas con un medio.
>   Pide una mitad de pan,
> pide otra mitad de queso,
> pide otra mitad de plátanos,
> y de guarapo va el resto.
>   Verás como queda llena
> si no de cena, de viento,
> hallándose por templada
> más sonora que un salterio (vv. 525-540).

La voluptuosidad y el atractivo de las formas quedaron en la indumentaria; la mujer se ha convertido en una alegoría del hambre, mientras sus flatulencias son ridiculización y aseveración de una vida malsana. Los afeites dirigidos a generar placer sensorial son convertidos en el poemario en ritual ridículo y, sobre todo, sucio que quiere esconder estas realidades. El hablante, ya descreído e interesado en hurgar en la apariencia, nos hace cómplices del momento en que las mujeres son invisibles a la sociedad, así podemos los lectores asomarnos al texto y observarlas en el momento en que son más endebles porque han perdido el andamiaje que negocia el ser social. Las mujeres son expuestas en la miseria de su intimidad sin que ellas sepan que son observadas cuando "[...] amanecen, / [q]ue parecen esqueletos, / [r]etratos de cera virgen, / [o] carozas con pellejo" (vv. 557-560). Un retrato que nos lleva de regreso a la mula que habíamos visto, como expresión de indigencia y suciedad, en el espacio más recóndito e inmundo de la vivienda criolla que tiene su paralelo en el cuerpo femenino.

El avasallar a la criolla limeña en el texto apela, en repetidas ocasiones, a la experiencia sensorial del lector; así el maquillaje se convierte en masa pegajosa que, lejos de embellecer, ensucia. El hablante intenta detener el avance de la mujer decretando la suciedad sobre el cuerpo femenino y parangonando esta condición física a una condición del orden moral. Así anuncia los

> [...] muchos albayaldes,
> dientes postizos y pelos,
> cejas de aceite de moscas,
> y de tizne de un caldero.
>   Pantorrillas de algodón,
> de la misma especie pechos,
> los zapatos embutidos,
> y los carrillos rellenos.
>   Algodón bajo la hebilla
> en las espaldas y el cuello,
> y en la cadera un postizo
> de lienzo y de junco seco.
>   Verás los labios teñidos,
> el sombrerito bien puesto,
> y para salir de noche
> más abultado el culero (vv. 2629-2644).

La criolla es transformada, no para bien sino para mal: la belleza y sinuosa sensualidad femeninas son deconstruidas. En su lugar encontramos la grosera falsedad de materiales de relleno como si se tratara de un cuerpo de espantapájaros que ya no engaña porque se deshace. Al convertir el maquillaje en grotesco embadurnado de sustancias residuales, la voz poética está intentando equiparar los códigos físicos y morales a través de la existencia de la suciedad. El acto simbólico del arreglo femenino —el maquillaje conjunto con el vestuario— va encaminado a cubrir la inmoralidad de una usanza que permite ver que "[...] algunas madres / [a]spiran con más empeño / [a]l deshonor de sus hijas / [q]ue a tratarlas casamiento" (vv. 2097-3000). Lo que sería moda y hermoseamiento en cualquier otra latitud, en el Perú es traducido como revestimiento de la inmoralidad que se expresa en mujeres "[c]on las almas de leones / [y] las pieles de cordero" (vv. 645-646). Entre la belleza sublime y la repugnante fealdad solamente hay unos pocos versos, como entre la apariencia y la esencia hay para el hablante solamente unos pocos aderezos.

Bajo la crítica, el hablante convierte el cuerpo de la mujer en campo de batalla en el que se dirime la superioridad de un sexo sobre el otro. El apreciar "[...] un gran predominio / [e]n el femenino sexo, / [p]orque todo lo gobiernan / [s]in que ellas tengan gobierno" (vv. 1713-1716) es la muestra de la inseguridad del hablante ante la agencia femenina. La reacción de la voz poética es emplazarse en el cuerpo de la mujer como territorio en que se defiende una superioridad que, considera, le ha sido arrebatada. En el cuerpo se superponen los males coloniales del Perú, es decir que a la inmundicia moral se le añade una envoltura, que si bien intenta disimular la primera, simplemente adiciona el ritual del disimulo como costra física que no engaña sino expone. Este juego de engaños puede llegar a la profanación de lo religioso en aquella que va "[h]aciéndose de las monjas / [l]a que fue de otros conventos" (vv. 641-642). El usar vestimentas religiosas para tramitar encuentros sexuales callejeros viene a enlodar uno de los símbolos de la fe. El sujeto femenino que contamina debe ser desvestido y mostrado con el peligro que representa, y ello se logra en el poemario a través de la suciedad física.

Junto a la mujer aparecen, en un escaño de violaciones también imperdonables para el hablante, unos sujetos masculinos cuyas actitudes caen fuera de los terrenos de la masculinidad. Éstos, que son los que el hablante llama "[...] maricones / [p]laga del clima limeño / [c]on voces afeminadas, / [c]otillas y barbiquejos" (vv. 1693-1696). Éstos otros sujetos, se nos dice, "[...] lavan, planchean, / [a]lmidonan con esmero, / [y] estiran; cuando debieran / [e]star estirados ellos" (vv. 1697-1700). Es decir que la homosexualidad se presenta primero como un *performance* que desvanece la enetereza de la masculinidad; estos sujetos transgresores, que realizan labores sociales que debieron haber caído fuera de sus límites, contaminan el mundo masculino. Las diferencias hombre-mujer han sido violadas en el espacio corporal y ello provoca el rechazo que se logra a través del código de la suciedad: los homosexuales ofrecen servicios directamente relacionados con la higiene —lo cual es el caso del lavar y planchar—. Sin embargo, es a través de ese mismo limpiar que ellos se ensucian en tanto que sujetos masculinos. El contacto con la suciedad física que implica el ocuparse de labores de limpieza que son entendidas por la voz poética como ocupaciones únicamente femeninas, por tanto el contacto con la suciedad, ensucia. Además, la descompostura que se señala en las voces y el uso de accesorios femeninos es parangonada con las arrugas. A falta de mejores modos de sancionar los comportamientos de los criollos, la voz poética hace coincidir lo que considera irregularidades morales con quebrantamientos higiénicos, procedimiento repetitivo que le ayuda a anclar sus criterios en el mundo de la verdad física.

Conclusiones

Al analizar el discurso de la impureza que nos ofrece el Levítico, Kristeva asevera que "lo impuro no será sólo un elemento fascinante (que connota el asesinato y la vida: la sangre) sino toda infracción a una *conformidad lógica*" (1972: 131). "Infracciones" es el término clave para el análisis de *Lima por dentro y fuera* pues son infracciones que el hablante alega encontrar a cada paso. Es debido a un constante rompimiento de las reglas que los consejos al amigo supuesto son el no abandonar un virreinato para pasar al otro. Es precisamente el desencuentro cultural lo que permite que el recorrido por la ciudad aparezca como un descendimiento a los infiernos de la descomposición. El hablante escudriña la existencia de un código moral propio y, al no encontrarlo, marca las violaciones con la suciedad del plano físico. Es la suciedad el código que mejor se presta para ventilar tales quebrantamientos; es un recurso que funciona a nivel del intelecto, con la asociación negativa que conlleva, pero a la vez también se dirige al campo de la comprensión sensorial, especialmente con la eficaz descripción de imágenes feas, pegajosas y/o malolientes que refieren a la infracción de los códigos morales.

Muy a pesar de sus tres diferentes escalas, la ciudad, la vivienda y el cuerpo son comparables. Los tres son presentados como compuestos en los que se requiere atravesar la corteza de la superficie para llegar a la verdad. La analogía establecida entre estas tres entidades portadoras de la suciedad física parte de la ciudad; en la urbe tenemos que de la suciedad física se llega a otras manifestaciones de lo sucio. Esta estructura de lo visible como premonición es replicada en la casa criolla y luego en el cuerpo de la limeña. La afinidad con la suciedad es la manera de recriminar actitudes no aprobadas; así la suciedad viene a instaurarse al centro de la economía de lo representativo colonial virreinal. La suciedad es una determinante discursiva de los designios de la colonia desde el punto de vista del observador imperial.

Visión de la Lima colonial en *Lima por dentro y fuera*

Félix S. Vásquez
College of Charleston

Esteban Terralla y Landa, poeta español que radicó en México antes de mudarse al Virreinato del Perú en 1787, fijó residencia en Lima donde el virrey Teodoro Francisco de Croix lo favoreció y se convirtió en su protector, suerte que no le duró mucho ya que su Mecenas tuvo que regresar a España en 1790. Al cambiar su suerte se le cerraron las puertas del palacio virreinal y de las familias acomodadas debido en gran parte a la fama de jugador y don Juan, por lo que terminó en una total pobreza y murió de sífilis en el hospital de caridad de los Padres Betlemitas. Bajo el pseudónimo de "Simón Ayanque" compuso un extenso poema satírico y burlesco compuesto por dieciocho romances o descansos y un testamento que tituló *Lima por dentro y fuera* (1797). Esta se publicó por primera vez en Madrid en 1798, causando indignación entre el público lector limeño a tal punto que se presentó una moción ante el Cabildo Metropolitano en el que se solicitaba la confiscación de los ejemplares que estaban en circulación[1].

El objetivo de este ensayo es realizar un análisis de la imagen de Lima a través de la obra *Lima por dentro y fuera,* revelando cómo el poeta convierte a la ciudad en la protagonista de su obra,

---

1. Nota del editor: las citas de *Lima por dentro y fuera* en este ensayo corresponden a la versificación de la edición de Hugo García, Terralla y Landa (2011).

representando a su gente, calles, plazas y actividades diarias, así como revelando sus defectos, condenando su desorden urbano y criticando la decadencia moral de sus habitantes; eventos que responden fielmente a las escenas de la vida real limeña de la época. El poeta pasea al lector por una ciudad viva, caótica y agresiva, que cambia según la hora del día y de la noche, la calle o barrio por la cual transita, los transeúntes con quienes se encuentra; logra captar el entorno limeño y se sirve de él como fuente de inspiración para crear sus versos. La visión que tiene de la ciudad es real, el poeta a través de sus romances evoca los espacios más recónditos de la ciudad para hacerlos presentes, darles vida y convertirlos en protagonistas. Da una descripción más o menos pormenorizada que devela la ciudad en toda su complejidad, y esta puede ser corroborada a través de documentos oficiales y testimonios de personas que vivieron o visitaron Lima durante aquella época.

Lima durante el siglo XVIII fue una ciudad multiétnica, y en ella convivían diferentes grupos étnicos, culturales y socioeconómicos que se entremezclaban para compartir calles, plazas, iglesias y mercados. Urbanísticamente estaba divida en tres partes para acomodar a los tres grupos étnicos más numerosos que vivían en ella, el Cercado para los indios, San Lázaro para los negros y castas y Lima "del damero"[2] para los españoles. A través de los Romances de *Lima por dentro y fuera*, el poeta describe a la población limeña desde diversos aspectos, como raciales, sociales, laborales y morales. En el Romance II, "Lo que se ve por las calles, y otras cosas triviales", presenta un detallado inventario racial de la población limeña:

> Verás después por las calles
> grande multitud de pelos,
> indias, zambas y mulatas,
> chinos, mestizos y negros.
> Verás varios españoles
> armados y peripuestos,

---

2. Lima fue organizada por los conquistadores bajo las disposiciones urbanísticas del damero, que consistía en trazar la ciudad como un tablero de ajedrez, donde los lotes o "cuadras" se distribuían alrededor de una plaza central llamada la Plaza Mayor. Véase Panfichi (2009).

> con ricas capas de grana,
> relox, y grandes sombreros.
> [...]
> Verás allí despachando
> andaluces y gallegos,
> montañeses y criollos,
> aunque muy pocos de éstos.
> Verás que su común trato
> es con negras y con negros,
> y esclavos de casas grandes,
> que van por el surtimiento
> (vv. 457-464; 501-508).

Lima, durante su último siglo de colonización, estaba habitaba por gente de diversas naciones europeas, criollos, mestizos, mulatos, zambos, indígenas y negros —esclavos y libertos— procedentes de África, así como de otras regiones de Hispanoamérica. Según el censo de 1790, realizado por el Virrey Gil de Taboada y Lemos, la población total de Lima era de 49.443 habitantes, descomponiéndose de acuerdo a la terminología racial de la época de la siguiente manera: 18.862 españoles (38%); 8.960 negros (18%); 3.912 indios (8%); 2.383 cuarterones (5%); 4.631 mestizos (9%), 3.384 zambos (7%), 1.120 chinos (2%) y 5.972 mulatos (12%) (Solís 2007: 18).

A través de sus versos, Terralla y Landa expresa que estaba de acuerdo con la política separatista del gobierno español, la cual proponía que no hubiera mezcla de razas, que el español se casara con española, el indio con india y el negro con negra. Sin embargo, esta política separatista sólo se cumplió en las uniones matrimoniales a base de los ritos eclesiásticos; en la vida cotidiana de Lima no había quien detuviera la unión entre hombres y mujeres de diferentes razas. De esta manera la sociedad limeña quedó organizada como una sociedad estructurada por grupos sociales de condiciones legales distintas, y el mestizaje biológico y cultural fue intenso desde la fundación de la ciudad. Terralla y Landa, a través del Romance VI, hace eco a su desacuerdo de la mezcla de razas manifestando lo siguiente:

> Verás con muy ricos trajes
> los de bajo nacimiento,
> sin distinción de personas,
> de estado, de edad ni sexo.

> Verás una mujer blanca
> a quien enamora un negro,
> y un blanco que en una negra,
> tiene embebido su afecto.
> Verás a un título grande,
> y al más alto caballero,
> poner en una mulata
> su particular esmero (vv. 1277-1288).

En *Lima por dentro y fuera* se representa ampliamente una de las características más sobresalientes de la Lima colonial, el persistente clasismo y racismo que existía entre sus habitantes. Era una sociedad clasista debido a las diferencias sociales que había dentro de una jerarquía rígida, en la cual existía una minoría conformada por la clase alta y dominante, y por otro lado estaba la mayoría de la población conformada por españoles pobres, mestizos, indígenas y negros —esclavos y libertos— quienes eran considerados como la clase baja. Partiendo de las ideologías de la península ibérica, este sistema correspondía a un racismo institucional: estuvo integrada por diversas razas, castas y colores, que a su vez se subdividieron en clases y estamentos, ubicando a la raza blanca como la más importante sobre los otros grupos raciales.

Desde los inicios de la colonización, la corona española fomentó esta división en la formación de clases y el racismo e intentó por todos los medios provocar y aumentar la estratificación de las sociedades coloniales. De esta manera el Virreinato del Perú quedó como un territorio desintegrado humanamente debido a las profundas contradicciones y divisiones entre sus diversos grupos raciales; la minoría española y criolla discriminaba a la mayoría indígena, mestiza, negra, mulata, zamba y chola.

Desde una situación privilegiada como blanco español que se sentía superior a las personas de otras razas y etnias, Terralla y Landa va a hacer uso de la raza como un arma lingüística para atacar, ridiculizar y degradar a individuos de raza no blanca. Esta fue una de las característica de los satíricos coloniales que hacían uso de diversos términos que tenían el propósito de degradar a las personas no blancas. Para referirse a los habitantes de raza negra usaron palabras como: Congo, Guinea, Matamandinga, bozal, hollín, chorizo, morcilla, pasudo, cocobolo, chocolate, acanelado, brea, chimenea, tinte, carbón, cimarrón, moreno, oscura, prieto y nigricio. Para los habitantes de raza india utilizaron vocablos como: cholo, indio, taita, serrano, malandrín, alcahueta, chusma, chuchumeca y huachafa, por citar algunos. Para el autor de *Lima por dentro y fuera*, la claridad de su piel y su origen español le otorgaron un sentido de superioridad hacia los demás y para él las personas criollas y de raza no blanca eran peligrosas y las representa como malas compañías, falsos amigos, amores fingidos y seres maleducados, de apariencias engañosas.

El poeta crea un estereotipo de la mujer no española como una persona fingida, sucia, mentirosa, ladrona, prostituta, infiel, alcahueta, vividora, virgen falsa y madre de hijos ilegítimos. A lo largo de sus Romances aconseja a los hombres de tener cuidado de "las mañas tan suyas como propias que tienen, y de que hacen gala" (García 2011: 111). En el Romance III, "Almuerzo del café", al hacer referencia de las mujeres que transitaban por las calles de Lima, estas son representadas como personas de poca confianza por el simple hecho de tener la piel oscura:

> Que te pones a observar,
> que ves bellísimos cuerpos
> con las almas de leones
> y las pieles de corderos.
> Que son ángeles con uñas
> todo remilgos y quiebros,
> todo cotufos y dengues,
> todo quites y arremuecos.
> Todo artificio y ficción,
> todo cautela y enredos,
> todo mentira y trapaza;
> todo embuste y fingimiento.
> [...]
> La otra va de canela,
> y más de canela oliendo,
> siendo del mismo color
> lo que va del manto adentro.
> Jamás las manos descubre,
> ni enseña tan sólo un dedo,
> por no mostrar de que es
> acanelado el pellejo.
> Pasa otra muy melindrosa
> de bello garbo, buen cuerpo,

que parece cada brazo
mano de chocolatero (vv. 645-656; 677-688).

La animalización de los personajes fue una de las técnicas con las cuales Terralla y Landa demuestra su desprecio hacia las personas de raza no blanca. En el Romance primero insinúa que en la Plaza Mayor es difícil distinguir entre las bestias de carga y los dueños de estas: "que divisas mucha gente / y muchas bestias en cerco / de las que no se distinguen / a veces sus propios dueños" (vv. 225-228).

Terralla y Landa también pone en manifiesto la rivalidad, discriminación y odio que existía entre los propios blancos; es decir entre los españoles nacidos en Europa y los hijos de españoles nacidos en América, a quienes se les llamaba criollos. Flores Galindo (1991) explica que el término criollo fue una importación lingüística procedente de las Antillas, donde bajo este nombre se designaba a los vástagos de negros y metropolitanos. Añade que José de la Riva Agüero y Sánchez Boquete, un aristócrata peruano de la colonia que estaba a favor de la independencia, consideraba el término criollo como una ofensa debido a que era un vocablo empleado por los "chapetones" para herir a los indianos ya que significaba "negros nacidos en América" (Flores Galindo 1991: 133).

La permanente tensión étnica en la sociedad colonial acentuó en gran forma la fragmentación de intereses y conflictos entre españoles y criollos; el constante favoritismo que la corona daba a los europeos en detrimento de los criollos al asignar puestos importantes en la administración colonial fue uno de los factores que alimentó que existiera este odio. Además, los europeos se sentían superiores a los criollos por el solo hecho de haber nacido en España. Según Amédée-François Frézier, ingeniero francés enviado por el rey Luis XV, por su parte los criollos también

> [...] se creen mucho más que los españoles europeos a quienes tratan de caballos, es decir de animales; tal vez sea efecto de la antipatía que reina entre ellos, aunque sean súbditos del mismo monarca. Creo que una de las principales razones de esta aversión es la de ver siempre a esos extranjeros ocupar los primeros cargos del Estado, u obtener mucho provecho de su comercio [...] (Descola 1974: 29).

Jorge Juan y Antonio de Ulloa, expedicionarios enviados por la corona española a recorrer los territorios americanos durante la primera mitad del siglo XVIII, informaron al rey a través de su obra *Noticias secretas de América* (1748), de que la situación entre europeos y criollos

> no deja de parecer cosa impropia, por más ejemplos que se hayan visto de esta naturaleza, que entre gentes de una nación, de una misma religión, y aun de una misma sangre, haya tanta enemistad, encono y odio como se observa en el Perú, donde las ciudades y poblaciones grandes son un teatro de discordias y de continua oposición entre españoles y criollos [...]. Basta ser europeo o chapetón, como le llaman en el Perú, para declararse inmediatamente contrario a los criollos; y es suficiente el haber nacido en las Indias para aborrecer a los europeos (Juan y Santacilia/de Ulloa 1953: 319)[3].

Terralla y Landa representa este odio entre blancos en el Romance XI, manifiesta que el odio de los criollos hacia los españoles es tan grande que estos están dispuestos a cortarse las venas para desangrarse de la herencia española que corría por sus cuerpos:

> La propiedad más laudable
> que saca el niño en efecto,
> es ser mortal enemigo
> de cualquier europeo.
> Con tal implacable odio,
> y tanto aborrecimiento
> que le brota la ojeriza
> el rencor, encono y tedio.
> De forma que no exime
> de aquel rencoroso afecto,
> ni el mismo que le dio el ser
> ni tampoco sus abuelos.
> Pues a cada instante dice:
> Si yo supiera de cierto
> la vena por donde corre
> sangre de españoles, luego.

---

3. Nota del editor: Censurado por la corona española desde su composición en 1748 por dar testimonio de las tensiones sociales y raciales del virreinato, el texto de Juan y Santacilia/Ulloa sólo llegó a publicarse en Londres en 1826, más de dos décadas después de la publicación del texto de Terralla y Landa.

> Sin duda me la sacara
> por no tener sangre de ellos,
> pues me afrenta el descender
> de un indigno europeo (vv. 2241-2260).

Pero al mismo tiempo expone la hipocresía de los criollos que no valoraban la sangre de sus progenitores españoles, pero sí el apellido, ya que por intermedio de él se les adjudicaba identidad y lustre social como miembros de la clase dominante. Desde que se fundó Lima, los apellidos han sido un factor crítico para adjudicarse la identidad y se los han usado como indicadores de la descendencia étnica, linaje y situación social de las personas, razón por la cual los apellidos de origen español siempre han sido denominados como de "buen apellido" y determina hasta cierto punto el origen étnico de la persona en el territorio peruano. En el Romance XI, "Lo que ocurre en los matrimonios, y dotes que se contratan", Terralla y Landa expone sobre este tema de la siguiente manera:

> Mas si se ofrece alegar
> sobre lustre y nacimiento,
> no se le escucha otra cosa
> que mi padre fue gallego.
> Mi madre nació en España,
> fue andaluz mi bisabuelo,
> mi abuela de las montañas,
> de Asturias mi entroncamiento.
> Mi tío está en Zaragoza,
> en Barcelona mis deudos,
> mi ascendencia está en Madrid
> y mucha parte en Toledo.
> [...]
> No tengo más de criollo,
> que haber nacido en el Reino,
> pero soy más español
> que los mismos europeos (vv. 2261-2280).

Terralla y Landa, desde su posición como miembro de la clase dominante, pretende denunciar la existencia de un "racismo al revés", en donde los blancos españoles se sienten ser víctimas de discriminación, actitudes y comportamientos agresivos por parte de los otros ciudadanos. A través de sus romances denuncia la pérdida de privilegios, insultos y desprecios que tenían que soportar los españoles de parte de la mujer criolla, especialmente si no poseían fortuna:

> Verás el ningún amor,
> y aquel fatal tratamiento,
> pues no saben más palabras
> que el chapetón pezuñento.
> El indigno, el hediondo,
> desfonda cubiertas, perro,
> el puerco, culiembreado,
> el traposo y el hambriento.
> Verás cómo no distinguen
> de personas ni sujetos,
> de cultura, de crianza,
> de lustre ni nacimiento.
> Que le llaman don Fulano
> al hidalgo y caballero,
> pero señor don Fulano
> a un ordinario plebeyo (vv. 2165-2180).

Lima por dentro y fuera presenta una oportunidad excepcional para explorar los espacios urbanos de la ciudad de Lima durante sus últimos años como colonia española, especialmente de los lugares marginales ocultados o ignorados por el discurso oficial debido a que estos eran considerados sucios y no deseados, pero que sin embargo a un nivel suboficial se reconocía que existían. Terralla y Landa nos ofrece la imagen de una ciudad corrupta y enferma, muy distinta a la de los discursos apologéticos de otros poetas de la época o viajeros que pasaron por Lima[4], quienes la describieron como una ciudad bella y pomposa. En *Lima por dentro y fuera* la descripción de la ciudad comienza con un relato donde la suciedad es protagonista; Lima es simplemente una ciudad sucia, fea y llena de defectos, la critica con acritud dejando al descubierto una visión bastante negativa. En el Romance II, "[l]o que se ve por las calles, y otras cosas triviales", expresa lo siguiente:

---

4. Pedro de Peralta Barnuevo Rocha y Benavides fue uno de los autores criollos más importantes para quien la ciudad de Lima fue una fuente de inspiración. Entre sus obras figuran: *Lima triunfante* (1708), *Jubilos de Lima y fiestas reales que hizo esta noble y real ciudad* (1723), *Lima fundada o conquista del Perú* (1732) y *Lima inexpugnable* (1740).

> Verás una gran ciudad
> (por lo que mira a terreno)
> que vista por fuera es,
> lo mismo que por adentro.
>   Lo primero que verás
> será un asqueroso suelo,
> de inmundas putrefacciones,
> y de corrupciones lleno.
>   Hay acequias apestadas,
> caños rotos, basureros,
> muladares y cloacas,
> con mil montones de cieno.
> [...]
>   Verás diluvios de moscas
> si de verano es el tiempo,
> y un sol para quien la Siria
> son de nieve sus desiertos.
>   Verás muchos nubarrones
> y garúas en invierno,
> cuyos lodazales grandes
> son de andar impedimento
>   (vv.349-360; 365-372).

Durante la segunda mitad del siglo XVIII, Lima ya había entrado a un periodo de crisis: las reformas políticas y económicas implantadas por los Borbones habían minado su dominio y monopolio sobre el comercio que la había enriquecido durante los siglos pasados. La falta de acciones concretas por parte de las autoridades había convertido a Lima en una ciudad insana, desordenada e insegura. Era una ciudad de contrastes: por un lado estaba la ostentación y riqueza de la élite, y por el otro la plebe que vivía en una situación deplorable debido a las precarias condiciones sanitarias de los barrios pobres. En estos lugares marginados las calles estaban sin pavimentar o empedrado, llenas de basura, polvo y con acequias abiertas por donde corrían aguas negras que causaban constantes epidemias de enfermedades gastrointestinales. Según el memorial enviado por el procurador general de Lima al Cabildo de la Ciudad de los Reyes a fines del siglo XVIII, la situación era vergonzosa:

> Se adbierten [que] las calles de la ciudad [están] en mucho desaceo y desorden. Algunas se hallan de todo punto intransitables, rotas

las acequias, deshechos los empedrado[s], y agolpadas las inmundicias cuyo prospecto y álitos pestíferos incomodan al vecindario, y exponen a mucho riesgo las vidas de sus habitantes [...] causan muchas enfermedades agudas y peligrosas [...] y ymporta pues, remediar este abuso, y también el de que se hechen cuerpos estraños, y aún pexxos muextos en las mismas acequias [...] (Morán Ramos 2007: 55).

Siguiendo las indicaciones de los Libros de Indias y la tradición grecorromana, el 18 de enero de 1535 Francisco Pizarro fundó Lima, plantando la picota de ajusticiamiento en el centro del solar asignado como la Plaza Mayor. A partir de ahí se trazó y diseñó el resto de la ciudad, y con el tiempo se transformó en un lugar importante que sirvió de escenario para los eventos más importantes de la colonia: recibimientos de los virreyes, paradas militares, ejecuciones y autos de fe o juicios del Santo Oficio de la Inquisición. Pero ya en el siglo XVIII la imagen de la Plaza Mayor que Terralla y Landa nos deja a través de sus versos está muy distante al de una bella y pomposa plaza de una gran ciudad virreinal:

> Que sigues después la calle,
> que de calle la vas viendo,
> y que la plaza mayor
> miras al primer encuentro.
> Que ves una fuente hermosa,
> cuyos cañones y hierros,
> van denotando el que harás
> si dejas aqueste Reino.
> Que ves la plaza abundante
> de carnes, de vivanderos,
> de verduras, de primores,
> y frutas en todo tiempo.
> Que divisas mucha gente,
> y muchas bestias en cerco
> de las que no se distinguen
> a veces sus propios dueños.
> Que ves muchas cocineras,
> muchas negras, muchos negros,
> muchas indias recauderas,
> muchas vacas y carneros (vv. 213-232).

Al igual que en la actualidad, en el periodo colonial los comerciantes ambulantes ya eran un problema que la Ciudad de los Reyes tenía que soportar. La Plaza Mayor se había convertido en un mercadillo en el cual se vendían al menudeo todo tipo de alimentos y mercancías, señalando que el problema no era nuevo para la época ya que en las Actas de Cabildos de 1535 a 1539 se encuentran las primeras multas y sanciones contra los ambulantes (Iwasaki 1989: 125). Más de dos siglos después, en la época del autor satírico se puede imaginar fácilmente el desorden de la Plaza Mayor descrita en *Lima por dentro y fuera* al leer la opinión que dejó el capitán de la marina rusa Vasili Mikhaivicht Golovnin, quien estuvo en la capital virreinal en 1818 y registró en su diario lo siguiente:

> [...] Pensaba yo hallar en Lima una ciudad hermosa, pero grande fue mi desengaño al ver que no hay en todo el mundo una gran ciudad que tenga tan pobre apariencia. [...] Después de pasar por tres calles llegamos a una plaza grande muy sucia y llena de comestible. ¡Pero quién pudiera imaginar que este sitio tan desaseado fuera la plaza principal de la ciudad! (citado en Núñez 1971: I, 153-154).

Además de la suciedad atribuida a la falta de planificación urbana, la documentación histórica indica que la vida cotidiana de la ciudad de Lima a fines del siglo XVIII se había vuelto muy peligrosa debido al crimen y la violencia. Sobre este tema Rubén Vargas Ugarte anotaba que "[e]stos habían llegado a tal punto que muchos vecinos atemorizados hubieron de recurrir al virrey y al visitador. Si en la ciudad y dentro de sus muros los robos y aun atentados contra la vida eran frecuentes, mayor era todavía la necesidad en los campos y sitios despoblados" (1966: 94). Las reformas borbónicas habían originado cambios económicos que favorecían la península sobre sus colonias y como consecuencia se incrementó el desempleo urbano y se aumentó la vagancia y la delincuencia: los robos que entre 1710 y 1730 representaban el 3% de los delitos, pasaron a constituir entre 1770 y 1790, el 47% de estos hechos punibles (Lazo García et al 2000: 52). Terralla y Landa describe a Lima en el Romance I como una ciudad sumamente peligrosa: "[q]ue llegas por fin a Lima; / por fin, dije, y no te miento, / porque vas a ver tu fin / como otros muchos lo vieron" (vv. 161-4), luego destacando "[q]ue a las mixtureras ves / en la calle de más riego, / porque es calle de peligro / a donde muchos cayeron (vv. 245-8).

Fray Francisco del Castillo, otro poeta satírico del siglo XVIII, también había descrito las calles de los barrios étnicos de negros (San Lázaro, Pachacamilla y Malambo), indios (Cercado) y algunas zonas del damero donde ya habían surgido las viviendas multifamiliares conocidas como "callejones", muchas de estas habitadas por españoles recién llegados y los que habían caído en desgracia. A estos "callejones" se les consideraba como lugares peligrosos porque ahí también habitaban ladrones y meretrices, justamente dos de las categorías de personajes satirizados por Terralla y Landa.

Otra de las críticas que Terralla y Landa hace de la ciudad de Lima es sobre su caótico tráfico de carrozas, calesas y animales de carga. Descola (1974) expresa que entre los inconvenientes que las calles de Lima ofrecían, el tráfico era uno de los mayores. Por su parte Jorge Juan y Ulloa revelaba que:

> [...] el tráfico constante de recuas cargadas de mercancías terminaba por cubrir las calles de estiércol que el sol y el viento secaban y transformaban en polvo desagradable. Media ciudad andaba en coche, ya en lujosas carrozas, ya en calesas apenas menos lujosas, con sus dos ruedas que arrastraba una mula, y capaces para cuatro personas, amén del cochero que iba montado. [...] había en Lima de cinco a seis mil, sin contar miles de carrozas de mucho más lujo (Descola 1974: 87).

En el Romance II, "Lo que se ve por las calles, y otras cosas triviales", el poeta expresa su desagrado por la cantidad de animales de carga que hay por las calles de Lima, causando desorden y suciedad en la ciudad:

> Verás polvo en abundancia
> que aquellos lodos trajeron,
> y de muy grandes borricos
> muchos atropellamientos.
>   Verás borricos de alfalfa,
> y borricos capacheros,
> borricos cargado harina,
> piedra, cal, ladrillo y yeso.
>   Verás borricos volar
> al són del látigo huyendo,

> sin que al más encopetado
> le quieran guardar respeto.
>   Verás pues que los arrean
> unos forajidos negros,
> que a un solo golpe te tumban
> tratándote de jumento.
>   Uno atropella a una vieja,
> otro arrolla a un caballero,
> otro a una niña le arranca
> el postizo de un encuentro (vv. 393-412).

Pero el tráfico, el polvo, el ruido y el excremento de los animales no fueron las únicas molestias que tenían que esquivar los peatones de las calles limeñas, sino que también tenían que hacer frente a la insistencia de mendigos y vagabundos que pedían una limosna, dementes que deambulaban sin que ningún familiar o autoridad se preocupara de ellos y esclavos que eran echados a las calles por ser viejos y considerados como una carga económica; en muchos casos estas personas estaban ligadas al robo y al engaño. La mendicidad aumentó tanto que según el visitador Jorge de Escovedo y Alarcón "muchos tomen este ejercicio por entregarse a la holgazanería" engañando al público que los imaginaba que tenían cédula de mendigo otorgada por el cura de la parroquia (Moreno Cebrián 1981: 107). En el Romance IV, "La variedad de almuerzos que usan, por donde empieza el desgreño y la enajenación de las alhajas", el poeta expresa lo siguiente sobre la mendicidad en Lima:

>   Después saldrás a la calle,
> donde verás luego luego,
> gente que va hablando sola
> mil soliloquios haciendo.
>   Verás de avanzada edad
> a muchos bozales negros,
> que al público pensionando
> están después que sirvieron.
>   Verás a muchas señoras
> con sayas y mantos viejos,
> que hará veinticinco años
> que en sus coches anduvieron.
>   Veráslas en tal estado
> por su indecible desgreño;

siendo de Lima el ludibrio,
el escarnio y el desprecio (vv. 837-852).

Los juegos de azar también van a ser denunciados por Terralla y Landa como una lacra que golpeaba a la Lima colonial. Los testimonios de viajeros y documentos de la época registraron el vicio y pasión que sentían hombres, mujeres e incluso niños, de todas las clases y condiciones, por los juegos de azar. En *Descripción del Perú*, de Tadeo Haenke[5], se manifiesta que los limeños "[s]on dados a los placeres, al juego y a una vida regalada y ociosa" (1901: 24). El 10 de febrero de 1791, el *Mercurio Peruano* publicó la crónica titulada "Rasgo histórico y filosófico sobre los cafés de Lima" en donde se manifestaba que "[e]n todos estos seis Cafés hay mesas de Villar ó de Truco (en Bodegones, San Agustín, y Ánimas hay uno y otro) cuyo juego sería menos crítico si no se admitiesen a él los hijos de familia, y jóvenes que empiezan el curso de sus estudios" (1964: 110). Los juegos de azar eran alimentados por la ociosidad y vida fácil de los vagabundos, quienes, para mantener esa vida fácil y satisfacer sus vicios muchas veces cometían actos delictivos. En diversas partes de la ciudad existían casas de juegos clandestinas en donde los limeños jugaban y apostaban dinero ilegalmente; aparte estaban los cafés en donde la aristocracia se reunía a platicar y discutir de la política. Pero como lo mencionaba el *Mercurio Peruano*, también había ambientes donde los parroquianos podían encontrar "mesas de truco o de billar" (110), incluso en algunos de ellos se realizaban tratos con mujeres que practicaban la prostitución. Terralla y Landa, en el Romance I, sugiere que no se debe tener fe ni en los hombres, ni mujeres que frecuentan estos cafés: "Que pasas por un café / y dices: ¿Aca fe? niego, / porque acá fe no se halla / ni en uno ni en otro sexo" (vv. 253-256).

El juego fue causante de la ruina económica de muchas familias, no sólo de la élite sino de toda la población capitalina, por lo cual las autoridades coloniales trataron a través de diversas legislaciones

---

5. Thaddeus Peregrinus Haenke (1761-1817) fue botánico y naturalista nacido en la Bohemia Septentrional, hoy República Checa. Estuvo al servicio de España en la expedición de Alessandro Malaspina di Mulazzo en 1789, y permaneció en América estudiando la flora de los Andes. Se lo considera el primer botánico activo en el territorio de Alto Perú, actualmente Bolivia. Murió en Cochabamba en 1817.

erradicarla, pero sin mayor éxito. Mientras la élite podía reunirse en los cafés para jugar, la plebe lo hacía en los alrededores de la Plaza de Armas o en el atrio de la Catedral donde jugaban a las cartas y los dados (Chuhue Huamán 2011: 130-5). El poeta describe este ambiente, lleno de pícaros y vagabundos, de la siguiente manera:

>Verás hipócritas muchos
mil santidades fingiendo,
para que los habiliten,
pues quebraron por entero.
　Verás zánganos sinfín
y los más de ellos drogueros
sin oficio, sin destino,
y sin más vida que el juego.
　Verás muchos hombres pobres
que su caudal consumieron
sin saber en qué, y andan
una limosna pidiendo.
　Mesas de billar y trucos,
las veras, amigo, a cientos,
donde van muchos ociosos
a perder la plata y tiempo.
　Verás en las mismas casas
de diversión otros juegos;
mas otros no los verás,
por ser de ocultos encierros.
　Donde se pierden las onzas
a millares, no por cientos,
y si una limosna pides
en no tomarla no hay medio.
　Verás a los dados, dados
hombres de grandes empleos
que destruyen los caudales
insensiblemente en esto (vv. 1737-1764).

La prostitución fue otro de los grandes problemas que tuvo la ciudad de Lima durante el periodo colonial, tema al cual el poeta le dedica varios versos de su obra, denunciando el comercio sexual y las enfermedades venéreas que esta causaba en la población limeña. Este tema fue ampliamente mencionado a través de la sátira colonial peruana por otros autores. Entre ellos encontramos a Mateo Rosas de Oquendo durante el siglo xvi, Juan del Valle y Caviedes en el xvii y Fray Francisco del Castillo en el xviii. Terralla y Landa en el prólogo de su obra advierte al lector que "Aunque refiero en parte las corrompidas costumbres de las verdaderas meretrices —y de otras que no parecen— omito tratar de varios ocurridos por no divulgar demasiado las mañas tan suyas como propias que tienen, y de que hacen gala. Sin embargo, verás lo que para que des razón como si fueras uno de sus bien experimentados moradores" (García 2011: 111). Posteriormente en el Romance primero, "Navegación y camino desde Méjico y la entrada en Lima hasta llegar a la posada", describe lo que va a encontrar el viajero al entrar a la Plaza Mayor de Lima:

> Que ves la plaza abundante
> de carnes, de vivanderos,
> de verduras, de primores,
> y de frutas en todo tiempo (vv. 221-224).
> [...]
> Que ves a muchas mulatas
> destinadas al comercio,
> las unas al de la carne,
> las otras al de lo mesmo.
> Que ves indias pescadoras
> pescando mucho dinero,
> pues a veces pescan más
> que la pesca que trajeron (vv.233-240).

Terralla y Landa revela que la Plaza Mayor era un lugar donde las prostitutas se congregaban en busca de sus clientes. Fueron diversos los virreyes que intentaron erradicar la prostitución de la ciudad de Lima, pero pocos los que lograron obtener algún resultado positivo. Chuhue Huamán (2011) manifiesta que la prostitución se había iniciado desde muchos años atrás; ya en el año de 1575 las autoridades se habían quejado de la llegada de un número demasiado grande de prostitutas, que hacían peligrar la necesaria armonía conyugal de las familias de la colonia. En 1681, el virrey Melchor de Liñan y Cisneros recomendó a su sucesor el virrey Melchor de Navarra y Rocafull "remediar los escándalos y pecados públicos que suelen ocasionar algunas mujeres de licenciosa y desenvuelta vida, especialmente mulatas de que abunda esta ciudad" (citado en Chuhue

Huamán 2011: 129). Años más tarde, en 1690 el Virrey don Melchor Portocarrero, Conde de la Moncloa, ordenó la construcción de una cárcel en La Casa de las Amparadas de La Concepción para así tratar de erradicar de la vida pública a prostitutas y concubinas escandalosas. La Casa de las Amparadas se fundó, a inicios del siglo XVII, como un hospital público para mujeres españolas pobres que habían sido abusadas o abandonadas por sus esposos; sin embargo, el uso que más se le dio fue como el de un albergue para reformar a prostitutas y concubinas que iban ahí, ya sea por voluntad propia o a la fuerza (Martín 1968: 165). En la última década del siglo XVIII, el ya mencionado botánico germanohablante Tadeo Haenke, quien fuera miembro de la expedición científica de Alejandro Malaspina, manifestaba que "en Lima es crecido el número de mujeres prostitutas, cuyo lujo y riqueza prueban los muchos hombres acomodados que con ellas viven y las mantienen, hasta que se arruinan y sacrifican sus caudales" (citado en Chuhue Huamán 2011: 131). Como se puede apreciar, la prostitución en la Lima virreinal fue un problema sobre el que la gran mayoría de las autoridades hicieron la vista gorda y no le prestaron la debida atención.

Como conclusión se puede decir que a pesar del retrato grotesco que se ofrece de la ciudad de Lima, no se puede negar que *Lima por dentro y fuera* nos ofrece una visión cargada de imágenes que evoca a sus habitantes, espacios urbanos y costumbres, los cuales se convertirán en los protagonistas de la obra. A pesar de que Terralla y Landa vio a la Ciudad de los Reyes como un lugar repugnante, tóxico y poblado de bárbaros, por lo cual Ricardo Palma lo calificó como un "maldiciente poeta" que pintó a Lima en venganza como una sociedad "sin virtudes y sin ilustración" (Palma 1961: 712), no se puede negar que la representación textual que crea de la urbe, tanto física, psicológica y estética, hace que *Lima por dentro y fuera* se convierta en un documento que permite reconstruir la capital del virreinato del Perú cuando el siglo XVIII ya llegaba a su fin y el sistema colonial hispanoamericano había entrado en franca crisis política, económica y moral.

Lima por dentro y fuera y la voracidad del hombre y del discurso[1]

María Soledad Barbón
University of Massachusetts at Amherst

Lima por dentro y fuera de Esteban Terralla y Landa, texto publicado inicialmente como anónimo en 1797, es sin duda una de las sátiras más viscerales publicadas durante el periodo colonial. No es sorprendente entonces que, poco después de la publicación de una segunda edición en Madrid al año siguiente, las autoridades peruanas, tanto de España como de Lima, dieran la orden de confiscar todos los ejemplares existentes, incluyendo los que ya habían sido vendidos al público[2]. En esta sátira, el narrador le describe a un amigo, un español recién llegado ("chapetón") como él, las maldades

---

1. Traducido del inglés por Dexter Zavalza Hough-Snee.
2. Véase el expediente contra la sátira y su autor de Tadeo Bravo de Zavala, diputado general del cabildo en la corte de Madrid: "Expediente duplicado de memoriales, autos y diligencias por la prohibición de la circulación y venta del libro 'Lima por dentro y por fuera'" (Archivo Histórico de la Municipalidad de Lima. Sección documental 'Expedientes y Particulares', doc. 3); y las actas del cabildo de Lima del 1 de marzo de 1799 (Archivo Histórico de la Municipalidad de Lima, Libros de Cabildo, Vol. 39, fols. 138v-139r). De acuerdo a Bravo y Zavala, más de 2000 copias de *Lima por dentro y por fuera* fueron impresas en Madrid, de las cuales todas menos 39 fueron confiscadas. Lamentablemente, no sabemos cuántas copias fueron impresas en Lima en 1797, ni tampoco por qué las autoridades limeñas no reaccionaron contra la primera edición del texto. Sobre la reacción coetánea a las obras de Terralla y Landa, véase Barbón (2010).

y la mala fortuna que ha sufrido después de trasladarse del virreinato de Nueva España a Lima, e intenta disuadirlo de que cometa el mismo error. Uno de los objetivos principales del narrador al mudarse a la Ciudad de los Reyes consistía en convertirse en un miembro distinguido de su sociedad, meta que logra, pero no de la manera que había previsto. Su destino final no sería una posición destacada dentro de la élite de la ciudad sino la tumba desde la que supuestamente relata sus adversidades, cerrando la serie de diecinueve romances presentes en *Lima por dentro y fuera* con su propia muerte. En la Lima de la colonia tardía, él se enfrenta a una sociedad en apariencia ostentosa y acogedora, pero *de facto* empobrecida y cerrada, que no admite forasteros en sus filas. La única forma de iniciarse en la sociedad es permitir que los limeños vivan a su costa, despojándole de todos sus medios y alimentándose de él como parásitos. Ejemplos de este consumo metafórico son recurrentes a lo largo del texto, siempre que la voz satírica narra sus encuentros con la población local, particularmente las mujeres.

Algunos investigadores han observado repetidamente que el canibalismo (literal y metafórico) es un tropo constitutivo del discurso colonial que enmascara su propio deseo de devorar proyectando este mismo impulso sobre el Otro (Arens 1979, Barker et al 1998, Lestringant 1997). Esta ambigüedad también informa la sátira de Terralla y Landa, un texto —y no es una casualidad— escrito durante un período de renovado imperialismo español[3]. De este modo, el tropo del canibalismo en *Lima por dentro y fuera* no gobierna el texto sólo al nivel temático previamente descrito, sino también al nivel discursivo: el antagonismo de los limeños tiene su par en la agresividad del propio narrador satírico. Como intento demostrar, el narrador busca a nivel discursivo la misma asimilación brutal de la que acusa de practicar a los limeños en sus vidas cotidianas. El narrador logra tal fin combinando los significados literales y metafóricos de conceptos claves, eligiendo la forma de lo que Bakhtin (1989) ha denominado "sátira retórica", e incorporando discursos de diversa procedencia y a veces conflictos de intereses sin revelar su peculiaridad, diluyendo así

---

3. Este "nuevo imperialismo", como Lynch (1986) lo ha denominado, fue causado por las reformas borbónicas bajo Carlos III y describe los esfuerzos de la corona española por aumentar la dependencia de sus colonias y los ingresos económicos.

sus límites. Todos estos discursos se unen al discurso del "yo" satírico, convirtiéndose en una sola voz tendenciosa, autoritaria y homogénea, centrada en denigrar a la población local y en afirmar su propia superioridad. Los habitantes ingieren al forastero, y él, a su vez, intenta canibalizarlos por medio de un discurso monológico. En otras palabras, el locutor satírico no se libera de su propia metáfora dominante; su violenta *performance* textual demuestra su complicidad con lo que realmente está denunciando.

En su ya clásico estudio sobre las metáforas de incorporación, Maggie Kilgour ha destacado que el dualismo convencional de interioridad y exterioridad yace en el corazón de la mayoría de las oposiciones binarias (1990: 4). A pesar de que el canibalismo es sin duda una de las expresiones más radicales y totalizantes de esta dualidad, es sólo una de las muchas maneras en las que se manifiesta. De hecho, en *Lima por dentro y fuera*, la metáfora espacial de interioridad/exterioridad funciona claramente como el principio estructural de la sátira, como se indica desde el título "Lima por dentro," tropo que se presenta en varias situaciones y contextos. La voz satírica narra un viaje a espacios cada vez más cerrados y sus 'aventuras' apuntan a un constante movimiento hacia la incorporación. Al inicio de su relato viaja —como los conquistadores originales— desde el extremo norte del virreinato del Perú a su capital, y después, desde los espacios exteriores de las plazas y las calles a los espacios interiores de las casas de juego, la iglesia, el teatro, las casas particulares y los cafés, de allí a los 'estómagos' de los limeños y finalmente, a la tumba. Nada en Lima es lo que parece. El tropo barroco del desengaño —igualmente construido sobre la oposición binaria de dentro (esencia) / fuera (apariencia)— informa la descripción que arma el narrador de la ciudad y sus habitantes: los velos de las admiradas, a primera vista atractivas "tapadas", esconden una desagradable verdad: miembros de las muy despreciadas "castas" (Terralla y Landa 1978: 15); personas aparentemente adineradas, son, en realidad, pobres; la exagerada demostración de pesadumbre por el fallecimiento de un amigo o familiar resulta ser falsa (47-48); un maquillaje excesivo oculta feas señoras viejas (48-49); las salas interiores de las casas aristocráticas revelan la verdadera pobreza de sus dueños (54), etc. Y también está, por su puesto, el acto de ingerir todo tipo de 'comida'.

La relación entre la comida y la sátira tiene una larga tradición y esta relación es, como observa Dustin Griffin, inherente a varios conceptos relacionados con la escritura satírica:

> As etymology suggests, the links are ancient. The *lanx satura* is a platter of mixed fruits; the *farrago* (or "mishmash"), originally a term for the mash or fodder fed to cattle; the *symposium*, a drinking or dinner party; the lampoon (from French lampoons, "let us drink"), a drinking song. Satire is sometimes compared to cookery by its practitioners: Dryden speaks of Horace's "nourishing meat" and Juvenal's "exquisite cookery", and Pope of a "Satyrical Cooke" who can make a hash even out of a stale cold Fool (1994: 190).

Esta estrecha asociación muestra temáticamente la predilección de muchos satíricos por las descripciones detalladas de los platos locales y de los repulsivos hábitos culinarios, una preferencia que Terralla y Landa comparte con muchos de sus ilustres predecesores, particularmente Juvenal. Se trata de una estrategia convencional empleada para denigrar al Otro, y Terralla y Landa, consecuentemente, se enfoca en comidas que considera particularmente repugnantes, como en el Romance V donde representa un banquete en que le sirven al extranjero las exquisiteces locales que evocan vómito, diarrea y tripas rellenas de excrementos:

> Que ponen por primer plato
> un manjar muy estupendo
> que es la sopa de mondongo,
> que a veces viene relleno;
>   que la calapulcra [sic.] y lagua
> luego después van trayendo:
> dos manjares que parecen
> vomitaduras de perro
> o rala deposición
> de niño que está cursiento
> con desenfrenada bilis
> de amarillo, verde y negro;
>   que después sacan cecina
> como unos látigos secos,
> que pueden por remojados
> amarrar varios maderos

>   de ciertas largas raíces
>   que, aunque a Yucatán no fueron,
>   yucas llaman, y tan yucas
>   que es comida del desierto.
>   [...]
>   que tú probastes de todo
>   entre visajes y gestos,
>   pero sale tu barriga
>   como flauta de gaitero;
>   que para comer se meten
>   hasta el gaznate los dedos
>   todos untados de grasa
>   y de ají, que es el pimiento;
>   que al acabar la comida,
>   donde el vino es sacrilegio,
>   los dedos todos se limpian
>   en el pan que están comiendo;
>   que lo arrojan en la mesa,
>   en la que se mira un cerro
>   de pelotones de pan
>   asqueroso, sucio y puerco
>   (Terralla y Landa 1978: 22-23)[4].

En el romance siguiente (Romance VI), ofrece la descripción de otro banquete. Sin embargo, en esta ocasión el narrador no es un invitado, sino el auspiciador de una cena en un café para una mujer que anda cortejando y sus supuestos "familiares"[5]. En esta ocasión, los limeños no se contentan con platos 'ordinarios' y la reunión termina con la ingestión metafórica del narrador:

>   De esta manera caminan
>   llevándote al matadero,
>   y antes de salir de casa
>   ya va ajustado tu entierro
>   y aunque seas gentilhombre
>   vas sólo el pagano hecho
>   pues has de pagar las culpas

---

4. Las citas del texto se hacen por la edición de Alan Soons, Terralla y Landa (1978).

5. "verás que si las convidas / a cenar te aceptan luego / llevando más comitiva / que el ejército de Creso- / que sales aquella noche / con los parientes supuestos / sin que puedas alcanzar / de dónde viene tanto parentesco" (26-7).

> que los otros cometieron [...]
> 	después que de mancomún
> te cenaron, te comieron,
> te almorzaron, merendaron
> y luego te digirieron
> 	tú quedarás tan asombrado
> viendo estómagos tan recios,
> con más calor que los buitres
> en quien toman tanto fresco (27-28).

Esta es solamente una de las muchas instancias en las que el texto comenta el apetito insaciable de los limeños. De acuerdo a Julie Greer Johnson, descripciones como las de la última cita construyen la imagen de una "deteriorating society forced to feed upon itself" (1993: 138). No obstante, es importante indicar que en ésta y otras ocasiones a lo largo de la sátira, es el extranjero, y no los limeños, el que se morirá de varias muertes metafóricas, porque el objetivo principal de los habitantes es robarle su dinero y sus bienes de todas las formas imaginables. Se describen todas estas muertes en términos canibalísticos. El campo semántico de la antropofagia se convierte, entonces, en la metáfora central de la sátira, como los siguientes ejemplos demuestran:

> Supongo que al otro día
> de la cena, y del codeo,
> vas a saber cómo está
> la de tantos parentescos
> [...]
> la encuentras robusta y sana
> y rodeada de cortejos,
> 	de viejas, de camaradas,
> a quienes está diciendo
> la buena noche que tuvo
> con un señor forastero
> 	que se llama don Aquél,
> que es muy cándido en extremo,
> que todas le codearon
> hasta quitarle el pellejo (29).
> [...]
> hasta dejarte en la espina
> siendo del mundo esqueleto (30)
> [...]

> Y si también la segunda [mujer]
> tocó contigo a degüello,
> entre las dos hacen burla,
> que entre las dos te comieron.
> Si te dejaron desnudo
> y alguna te encuentra luego,
> le dice a una amiga suya
> "A aquél lo dejé yo en cueros.
> por mí se mira fundido,
> y lo dejé sin un medio" (32).
> [...]
> Pero a muy pocas instancias,
> y con cortísimo esfuerzo,
> son capaces de comerse
> la fonda y el posadero,
> con mesas, sillas, escaños,
> con sartenes, con calderos,
> con cacerolas, torteras,
> cucharones y morteros (33).
> [...]
> verás que en estas decurias
> son decuriones aquellos,
> que por más hábiles tienen
> para buscar forasteros,
> y unidos de mancomún
> no se escapa el más maestro,
> de salir de aquellas juntas
> al hombro con el pellejo,
> pues con los atravesados,
> los cargados y compuestos,
> como son huesos sabrosos
> suelen dejarlo en los huesos (46).
> [...]
> que van comiéndote vivo
> y les vas dando aquello
> que sin duda tú gastastes
> para que mormuren luego (55).

Como he destacado más detalladamente en otro estudio, la metáfora caníbal en este texto no es sólo un tropo satírico convencional empleado desde la antigüedad clásica para desacreditar a un grupo hostil de personas, sino que también está vinculado estrechamente al contexto específico de las colonias latinoamericanas (Barbón 2001).

Es un hecho bien conocido que las supuestas prácticas caníbales de los indígenas en las Américas fueron usadas como uno de los pilares legales para la justificación de la conquista española. En una época de renovado imperialismo bajo la dinastía borbónica, casi trescientos años después de la conquista inicial, *Lima por dentro y fuera* reproduce, de algún modo, el encuentro primordial entre españoles y nativos, haciéndose eco de las ansiedades originales de los conquistadores: sus deseos y su hostilidad hacia la población nativa, particularmente las mujeres y, por supuesto, su miedo a ser devorado[6]. La demografía, sin embargo, había cambiado. Hacia el final del siglo XVIII, la población local ya no sólo consistía en indígenas, sino también en criollos, afro-peruanos y miembros de un número infinito de castas. De este modo, para plantear la analogía entre el texto dieciochesco y el contexto de la colonia temprana, el narrador reduce la compleja composición étnica de Lima al par binario del primer encuentro entre españoles e indios, un fin que logra al homogeneizar la población limeña. Desde el punto de vista del "forastero", la sociedad limeña dieciochesca no se presenta como un agregado heterogéneo de una gran variedad de castas diferentes (mulatos, chinos, zambos, etc.) —a pesar de que los nombra individualmente— sino como un solo grupo, inmenso, racialmente indistinguible y amenazante, que opera al unísono. Claramente, su estrategia consiste en controlar su miedo a la diversidad a través de la homogeneización. Los principales culpables en eliminar las diferencias étnicas y sociales son naturalmente las mujeres, que a través de su promiscuidad —otra de las obsesiones del narrador— crean lazos familiares entre los diferentes grupos, como se evidencia en el banquete anteriormente citado, en el que todos los supuestos "familiares" que la mujer cortejada trae a la cena pertenecen a las tan despreciadas castas.

Pero Terralla y Landa no se limita sólo a esta confusión de diferencias entre las castas, incluyendo a los criollos. Avanza un paso más allá, y convierte a todos los limeños en descendientes de los indios:

---

6. *La carta a Piero Soderini* de Amerigo Vespucci aporta uno de los ejemplos más llamativos de la imagen que los exploradores y conquistadores de la época crearon del caníbal femenino. Para un excelente estudio de género y el canibalismo en el discurso colonial de la temprana modernidad, véase Montrose (1993).

> Verás mulatas muy blancas,
> y otras de cutis chinesco,
> pero todas señoritas
> que descienden del Imperio.
> Y no mienten, porque son
> chinas por sus nacimientos,
> y en el imperio que tienen
> emperatrices del sexto (44).

En la cita anterior, Terralla y Landa activa los dos significados de (1) "china," es decir, "mestiza" y "prostituta," y de (2) "Imperio/imperio", que en minúsculas significa "reino" o "imperio", mientras que en mayúsculas se puede leer como una referencia al "Imperio Incaico." Al hacer esto, transforma a todas las mujeres en mestizas promiscuas. En último término, todas las limeñas descienden de los Incas, y consecuentemente, también el resto de los limeños, incluyendo los criollos, ya que es la promiscuidad de las mujeres ("emperatrices del sexto," una alusión a la no observación del sexto mandamiento) lo que causa la eliminación de la estratificación racial de la sociedad. Curiosamente, el narrador critica después a los limeños por no respetar las diferencias raciales con respecto a los españoles:

> Verás después cómo a todos
> aunque sean europeos,
> los reputan por serranos
> sin distinción de sujetos.
> Son serranos los vallinos,
> serranos los europeos,
> serranos los de la costa,
> y serranos los porteños,
> de forma que no hay persona
> que no sea para ellos
> "serrano" que siempre sacan
> por baldón y vituperio (45).

Esta crítica, sin embargo, como hemos visto, no le impide al narrador practicar lo mismo. Como resultado, Lima se presenta desde dos perspectivas antagónicas como una sociedad racial y socialmente indistinguible que posiciona al indio como su origen y su centro. Terralla y Landa ha preparado así los cimientos para la transferencia de sus supuestos "vicios", como el canibalismo, hacia el resto de la población.

La noción de que los vicios, los defectos, y otros rasgos negativos de la población indígena, así como los de la tierra y el clima donde habitaban, podrían transmitirse a su progenie mestiza y hasta criolla, fue una vertiente integral de los debates sobre la naturaleza de los americanos, polémica que seguía activamente disputada desde el siglo XVII. Por ejemplo, a comienzos del siglo XVII, fray Reginaldo de Lizárraga criticó la costumbre de amamantar a niños criollos con nodrizas indígenas. A causa de la leche de las indias, Lizárraga sostenía que los niños criollos se contaminaban con los defectos de sus nodrizas:

> Nacido el pobre muchacho, lo entregan a una india o negra, borracha, que le críe, sucia, mentirosa, con las demás buenas inclinaciones que habemos dicho, y críase, ya grandecillo, con indiezuelos, ¿cuál ha de salir este muchacho? Sacará las inclinaciones que mamó en la leche, y hará lo que hace aquel con quien pace, como cada día lo experimentamos. El que mama leche mentirosa, mentiroso; el que borracha, borracho; el que ladrona, ladrón, etc. (1987: 253).

La costumbre de alimentar y criar a niños criollos con nodrizas que pertenecían a las castas seguía siendo un asunto de preocupación a lo largo del siglo XVIII. *El Mercurio Peruano*, un periódico publicado por destacados intelectuales criollos, imprimió varios artículos sobre este mismo tema[7]. Pero a diferencia de sus predecesores del siglo XVII, los criollos rechazaron la idea de una contaminación biológica. Más bien, temían la nivelación de las jerarquías sociales que podría resultar de esa práctica.

Relacionada a este debate sobre la "transferencia", y de igual modo fuente de una intensa disputa, fue la cuestión de la supuesta influencia degenerativa del clima del Nuevo Mundo en el carácter y las habilidades intelectuales de los americanos. Intelectuales criollos del siglo XVIII aceptaron la premisa principal de este debate, es

---

7. Véase, por ejemplo, el artículo "Apólogo histórico sobre la corrupción de las colonias romanas de África," *Mercurio Peruano*, vol. I: 35, publicado el 16 de enero de 1791, en que el autor critica la costumbre romana de mantener esclavas-nodrizas africanas para amamantar a sus hijos, comparándola a la situación análoga de las colonias españolas.

decir, que el clima sí ejercía un efecto sobre los habitantes del Nuevo Mundo. Sin embargo, atacaron apasionadamente a naturalistas y filósofos del norte de Europa como Cornelius de Pauw y Georges Louis Leclerc conde de Buffon, que querían derivar, a partir de esta premisa, una teoría de la inferioridad de todos los americanos. Así, por ejemplo, de acuerdo a Hipólito Unanue, uno de los editores del *Mercurio Peruano* y el autor de *Observaciones sobre el clima de Lima y su influencia en los seres organizados, en especial el hombre* (1806), el clima de Lima ejercía una influencia beneficiosa sobre los limeños y particularmente sobre la población criolla.

Los dos debates de transferencia están incorporados en la diatriba de Terralla y Landa contra Lima. En su crítica a la práctica de emplear a nodrizas indígenas, el narrador comparte la perspectiva de sus contemporáneos criollos. Por ejemplo, en el Romance V (1978: 21), critica que los criollos sean alimentados por nodrizas afro-peruanas y luego en el Romance XVI critica que los niños criollos traten a sus padres y a sus empleados afro-peruanos como seres iguales, evidenciado por el uso de la forma igualitaria de "tú" (58). A diferencia de los autores del *Mercurio Peruano*, difiere en su evaluación del clima peruano y su efecto sobre los limeños, y abraza las ideas de los críticos del norte de Europa. Su representación negativa de las condiciones climáticas del Perú en el Romance I, y del clima de Lima en el Romance II, no sólo demuestra una disonancia con las representaciones positivas de los *mercuristas* sino, además, establece una conexión causal entre las condiciones climáticas, por un lado, y la fisonomía y el carácter de los limeños por el otro. Es en este contexto específico en el que encontramos por primera vez una referencia al "hambre" insaciable de los limeños:

> verás con esta intemperie
> muy melancólico el tiempo,
> mustios todos los semblantes,
> pálidos y *macilentos*"
> (10-11; énfasis de la autora).

Otro lazo entre el clima y el comportamiento despiadado de los habitantes continúa después en el texto, cuando el narrador denuncia las actividades caníbales de sus falsos amigos: "de los que maman y tragan / siendo su amistad veneno" (35). En este caso, "clima" tiene un sentido figurado. Así, Terralla y Landa emplea de nuevo la estrategia retórica que empleó al convertir a las limeñas en indias/mestizas: los significados literales y metafóricos se complementan y se afirman los unos a los otros. De esta manera se concluye la transferencia de los "vicios" originalmente indígenas, como la antropofagia, hacia la población entera de Lima:

> de los amigos no amigos,
> porque nunca amigos fueron
> los que sólo al interés
> sus máximas dirigieron;
>   de los que por su desgracia
> aportaron a aquel reino
> —que es clima de ingratitudes
> como es evidente y cierto— (35).

Debe quedar claro que *Lima por dentro y fuera* no comparte los rasgos característicos de la literatura carnavalesca. Como Kilgour comenta apropiadamente en su crítica a la lectura de Bakhtin sobre Rabelais, algunos actos relacionados con el comer, simplemente no se pueden caracterizar como una "joyful communion" entre los participantes involucrados: éstos "sound less like [Bakhtin's] own 'dialogical' ideal than a monological bloodbath" (1990: 6). Curiosamente, mientras que Bakhtin generalmente atribuye la escritura satírica a la literatura dialógica y polifónica, también concede la existencia de lo que él denomina "la sátira retórica" (1989: 221), una variante que relaciona con la línea estilística de la novela monológica. El objetivo principal de esta sátira, ya no gozosamente relativizante sino determinadamente seria, es "[el] desenmascaramiento patético" (221) de su héroe, es decir, en el caso de la sátira de Terralla y Landa, la ciudad de Lima. La sátira retórica, según mantiene Bakhtin, pertenece junto con las "biografías (glorificación, apología), [...] autobiografías (autoglorificación, autojustificación), [...] confesiones (arrepentimiento), [...] retórica jurídica y política (defensa-acusación)" a los "géneros retóricos" (221). Y en estos géneros:

> La organización de la imagen del hombre, la elección de las características, su combinación, los medios de relacionar hechos y acontecimientos

con la imagen del héroe vienen determinados totalmente, ya sea por su defensa, su apología, su glorificación o bien, al contrario, por la acusación, el desenmascaramiento, etc. En el fondo, hay una idea normativa e inmóvil del hombre, una idea que excluye todo proceso de formación más o menos importante; por eso, el héroe puede ser valorado de manera totalmente positiva, o totalmente negativa (221).

En otras palabras: los textos que pertenecen a este grupo discursivo, siendo monológicos, no ofrecen múltiples voces ni ideologías conflictivas. La perspectiva estática de su objeto no permite el cambio.

Desafortunadamente, Bakhtin no articula más detalladamente su concepto de la sátira retórica. Su preocupación principal permanece en lo dialógico. De hecho, ésta es la única referencia explícita que hace Bakhtin a este segundo tipo de sátira. Sin embargo, es posible concebir una idea general de las características principales de este tipo de sátira utilizando las pocas claves que Bakhtin aporta. Así que podemos concluir, por ejemplo, que en la sátira retórica no se emplea la ironía para enunciar un contrapunto a un discurso hegemónico, sino que se subordina a la voz narrativa. Es más, Bakhtin tácitamente apunta a los tres géneros retóricos establecidos por Aristóteles. Uno de ellos es el género epidíctico, el *genus demonstrativum* como lo designa Quintiliano. El *genus demonstrativum* puede ser una *laudatio* (alabanza) o una *vituperatio* (vituperación) de su objeto (una persona, una gente, un pueblo, etc.), y es aquí donde se establece la conexión con la "sátira retórica" bahktiniana: es claramente una *vituperatio*. En cualquier caso, independientemente de que el texto sea una *laudatio* o una *vituperatio*, el objeto de su discurso no es discutible, sino que aparece como incuestionable. No es un *dubium*, sino un *certum* (112), es decir, expresa una voz que presupone la concordancia entre el locutor y su público, el autor y su lector, el codificador y el descodificador, sin proporcionar un espacio para el desacuerdo. Es una voz cerrada, sorda a las voces de otros, incluso en los casos en los que cita a otras voces. Terralla y Landa, por ejemplo, frecuentemente cita o parodia el discurso de los vilipendiados limeños. Sin embargo, nunca lo hace para expresar una perspectiva alternativa. Al contrario, las citas ejercen una función conservadora. Son utilizadas para brindar un apoyo autorizado a la voz narrativa. Las citas de la población local en *Lima por dentro y fuera* no establecen una diferencia, sino que enfatizan una similitud con el propio punto de vista del autor satírico. Lo vemos, por ejemplo, en la cita del amanerado y fingido discurso de algunas mujeres para demostrar su falsedad y sus esfuerzos por aparentar ser algo que no son:

> Aquellas que cuando hablan
> es con puros fingimientos,
> haciéndose ceceosas
> muy de continuo sin serlo.
>   Que dicen: "¡Jezú, qué gacia:
> la vandudilla e codedo!
> Yo solamente de gana
> salid con la capa quiedo" (59).

O cuando se refiere a la lluvia de insultos dirigidos a los españoles recién llegados como él:

> verás el ningún amor
> y aquel fatal tratamiento,
> pues no saben más palabras
> que "el chapetón pezuñento",
>   "el indigno", "el hediondo",
> "desfondacubiertas", "perro",
> "el puerco", "culiembreado",
> "el traposo", y "el hambriento" (42).

Y, por último, cuando señala el canibalismo de las mujeres:

> Y si también la segunda [mujer]
> tocó contigo a degüello,
> entre las dos hacen burla,
> que entre las dos te comieron.
>   Si te dejaron desnudo
> y alguna te encuentra luego,
> le dice a una amiga suya:
> "A aquél lo dejé yo en cueros.
>   por mí se mira fundido
> y lo dejé sin un medio" (32).

A esto podemos agregar una reflexión de Bakhtin sobre la palabra poética. Aunque tanto la "bivocalidad de la prosa" de los géneros polifónicos como la palabra de los géneros poéticos muestran significados dobles, Bakhtin argumenta que son sustancialmente diferentes. En contraste con lo anterior, la correlación de los dos significados de la palabra poética:

> [...] ésta no es, en ningún caso, una correlación de tipo dialógico, y nunca podremos imaginar un tropo (por ejemplo, una metáfora) desarrollado en dos réplicas de diálogo; es decir, los dos sentidos repartidos en dos voces *diferentes*. Por eso, la ambigüedad (o el polisemantismo) del símbolo, no implican doble acentuación. Por el contrario, la ambigüedad poética satisface a una sola voz y a un solo sistema de acentuación. [...] El símbolo no puede suponer una actitud esencial hacia la palabra ajena, hacia la voz ajena. El polisemantismo del símbolo poético supone la unidad e identidad de la voz con respecto a él, y la completa soledad de la voz en su palabra. En el momento en que en ese juego del símbolo se introduce una voz ajena, un acento ajeno, u otro posible punto de vista, se destruye el plano poético y es transferido el símbolo al plano de la prosa (1989: 144-145; énfasis de la autora).

La bivocalidad de la prosa y la palabra paródica revelan una clara distancia entre el otro y el yo. Ambas voces expresan dos conciencias distintas con sus propios significados e inflexiones específicas. Compiten entre sí y sus valores opuestos permanecen sin resolverse. Pero esto no se sostiene en el caso de la palabra de los géneros poéticos. Los conceptos de Terralla y Landa adquieren dos significados diferentes pero no plantean dos horizontes ideológicos distintos. Lo que resuena —para sostener la metáfora musical de Bakhtin— es la única conciencia cerrada de la voz narrativa. Terralla y Landa claramente explora la polisemia de sus palabras. Sin embargo, no las contrapone las unas a las otras, sino que las reduce a un denominador común. Su objetivo no es crear polifonía, al contrario: ambos *sensus literalis* y *sensus figuralis* sirven a la intención del narrador satírico, como hemos visto en las dos metáforas centrales analizadas respecto a la homogeneización de Lima, "imperio" y "clima." En el reino figurativo ("imperio") de las mujeres, el reino literal ("Imperio") de los Incas se revela a sí mismo. 'Imperio de mujeres' e 'imperio de indios,' la sátira misógina y la sátira racista se fusionan y se vuelven sinónimos en *Lima por dentro y fuera*, porque al final, son las mujeres quienes contribuyen más significativamente a la confusión de la estratificación racial de la sociedad. Lo mismo ocurre con la relación entre los significados denotativos y connotativos de "clima": las dos vertientes semánticas no se oponen sino que se afirman. El ambiente preponderante (*improprium*) de la ingratitud y el 'canibalismo' que constituye una amenaza para la vida en Lima están vinculados a las condiciones climáticas (*proprium*) de esta ciudad.

Como consecuencia de esto, podemos expandir aún más la metáfora del canibalismo. No sólo aparece en la superficie del texto, sino que también lo gobierna discursivamente. Podemos incluso atrevernos a decir que la poética del texto se cristaliza en el tropo caníbal, dado que se puede considerar como un texto que incorpora o 'devora' otros textos y locuciones de tal manera que ya no pueden ser percibidos como voces autónomas, un texto que puede ser considerado como el consumidor caníbal de otros textos: asimila múltiples voces, les elimina su conciencia subyacente, y pretende reducirlas a una sola verdad que no admita múltiples concepciones de la realidad. Un análisis detallado puede, en principio, reconstruir los discursos incorporados en *Lima por dentro y fuera*, pero el concepto crucial aquí es si el narrador demuestra la intención de revelar la fuente de sus palabras al lector, o si espera que éste la reconozca. Terralla y Landa claramente no hace ni uno ni lo otro. Los ingredientes de su *lanx satura* (teoría climática, discursos biológicos, sociales y raciales) ya no se pueden separar nítidamente, sino que se han convertido en un guiso indistinguible.

La forma cerrada de la sátira retórica monológica también se evidencia en la estructura circular de *Lima por dentro y fuera*. El narrador prepara su diatriba anunciando la muerte inevitable de cualquier visitante extranjero a Lima:

¿Por Lima intentas dejar
el mexicano hemisferio,
el pasto de la hermosura,
de la delicia el espejo?
[...]
¿Por Lima? ¡Terrible absurdo!
¡Notabilísimo exceso!
¿Dejar sin duda una gloria,
por un conocido infierno

> ¿Por una sombra, una luz?
> ¿Por un eclipse, un lucero?
> ¿Por una muerte, una vida,
> y un gusto por un tormento?
> (Terralla y Landa 1978: 5).

El autor retoma su profecía y la confirma cuando describe sus numerosas muertes metafóricas, para después cerrar el círculo con su propia muerte (literal) en el *Epitafio*:

> Bajo de esta losa fría
> caliente, tibia o templada
> yacen las cenizas muertas
> de un pobre que murió en brasas.
> Suplico a cuantos me vean
> contemplen bien en mi cara,
> que lo que hoy se mira en mí
> se verá en ellos mañana (76).

Como Bakhtin ha comentado, "the monologue always pretends to be the last word" (citado en Todorov 1984: 107)[8]. Consecuentemente, no hay una discursividad abierta en *Lima por dentro y fuera*: el monólogo del narrador se pronuncia desde la tumba y permanece sordo a la respuesta del Otro. Finalmente, me gustaría subrayar que la monológica reacción en cadena inherente al texto —la ausencia de encuentros dialógicos— no finaliza aquí, como lo demuestra la agresiva reacción del cabildo de Lima y de las autoridades en Madrid. Las actitudes de las autoridades coloniales, sus esfuerzos por borrar y destruir *Lima por dentro y fuera*, sirven como evidencia de que la recepción de la sátira, o en otras palabras, su "consumo", refleja la codificación monológica del texto al que reacciona.

---

8. "Ultimately, *monologism* denies that there exists outside of it another consciousness, with the same rights, and capable of responding on an equal footing, another and equal *I* (*thou*). For a monologic outlook (in its extreme or pure form) the *other* remains entirely and only an *object* of consciousness, and cannot constitute another consciousness. No response capable of altering everything in the world of my consciousness, is expected of this other. The monologue is accomplished and deaf to the other's response; it does not await it and does no grant it any *decisive* force. Monologue makes do without the other; that is why to some extent it objectivizes all reality. Monologue pretends to be the *last word*" (citado en Todorov/Bakhtin 1984: 107).

Ilustrando la república a través de la sátira colonial: Ignacio Merino y la reconfiguración de *Lima por dentro y fuera*

Dexter Zavalza Hough-Snee
University of California, Berkeley

La paradójica ilustración de *Lima por dentro y fuera*

Publicada por primera vez en 1797 después de haber circulado en manuscrito en Lima durante la década de 1790, la cáustica sátira *Lima por dentro y fuera* por Esteban Terralla y Landa disfrutó de una popularidad inmensa a pesar de la censura oficial en Lima y Madrid[1]. Al parecer, la popularidad del texto superó la censura y hasta quince ediciones del texto se publicaron antes de celebrar el centenario de la independencia peruana[2]. A pesar de estas muchas

---

1. Para los documentos pertinentes a la censura de *Lima por dentro y fuera*, véase Barbón (2010), y "*Lima por dentro y fuera* y la voracidad del hombre y del discurso", en este volumen.

2. Según catálogos bibliotecarios, inventarios de los impresores y libros bibliográficos del siglo XIX, existen doce ediciones del texto de Terralla y Landa que anticipan la edición realizada por Merino: 1797 (Lima: "El mro. de Doña. Francisca"), 1798 (Madrid: Imprenta de Villalpando), 1828 (Madrid: s.e.), 1829 (Imprenta de la Libertad, por J. Leon), 1834 (Lima: Tadeo López), 1836 (Madrid: Imprenta de Villalpando), 1838 (Lima: Tadeo López), 1842 (Lima: Imprenta de la Libertad), 1842 (Madrid: Imprenta de Villalpando), 1842 (Paris: Imprenta de Fournier), 1842 (Lima, Joubert-Dubreuil), 1854 (Lima: Imprenta de Justo Montoya), 1854

ediciones, varias generaciones de letrados de la república peruana denunciaron fuertemente el texto colonial y a su autor, relegándolos a una posición marginal en el canon peruano. Con la excepción de Ricardo Palma, uno de los pocos intelectuales decimonónicos que recuperó la sátira en su muy citada intervención "El poeta de las adivinanzas" (1874), la comunidad intelectual peruana del siglo XIX convirtió la censura material del texto del virreinato en una censura ideológica durante la república, intentando silenciar la invectiva contra Lima, ahora capital de la nación[3].

A pesar de sus diferencias de opinión, tanto Palma como los muchos detractores del texto destacan la edición parisina de 1854 realizada por la Librería Española de A. Mézin, editada por el celebrado pintor de la república peruana Ignacio Merino (1817, Piura-1876, París) y adornada con 92 láminas por el mismo Director de la Academia Peruana de Bellas Artes. Entre los grabados se pueden identificar varias clases de grabado que adornan a esta decimotercera reedición de la sátira[4]. Dieciséis de las láminas ocupan un folio entero y la ubicación (y a veces ausencia) de estas láminas varía entre las muchas ediciones preservadas hoy, evidencia de que estos grabados que adornan la edición probablemente circulaban de forma independiente. Pero dado que Terralla y Landa terminó difamado por la *intelligentsia* peruana y su obra sufrió la censura oficial en la colonia y una represión ideológica comparable durante la república, la reedición de *Lima por dentro y fuera* por el celebrado pintor Merino constituye una gran paradoja.

Este ensayo propone explorar por qué Ignacio Merino, artista activo en el Perú entre los años de 1838(?) y 1850 que ejerció

(París: Librería española de A. Mézin). También vale citar las ediciones publicadas en 1867 (Madrid: Imprenta de M. Rivadeneyra; distribuida por Cárlos Bailly-Bailliere en Madrid y la Librería Universal/Hispano-Francesa en Lima) y 1924 (París: Imprimerie A Rueff et Cie); esta última coincidió con el centenario del Perú. Para este estudio examiné todas las ediciones citadas con la excepción de las ediciones de 1842 realizadas por Fournier y Joubert-Dubreuil. Para referencias a estas últimas ediciones, véase Sabin (1868).

3. Véase Meehan/Cull (1984: 128-147) para una lista comprehensiva de los detractores del texto durante los siglos XIX y XX.

4. Dentro del corpus pictórico del libro-objeto se registran letras iniciales decorativas, ilustraciones textuales, retratos de las damas de Lima e imágenes que pictóricamente evocan las tradiciones clásicas y bíblicas que sirven como metatexto del género satírico.

los cargos de Subdirector y Director de la Academia Nacional de Bellas Artes, elige ilustrar una obra literaria políticamente infame e imprimirla en París en 1854 exactamente treinta años después de la consolidación bolivariana de la independencia del Perú. ¿Qué motiva al gran artista de la nación a colaborar en la reedición de un texto fervientemente crítico de la cultura peruana que sufrió no poca detracción por los intelectuales republicanos de su época? ¿Por qué decide imprimir de nuevo estos versos vehementemente críticos de la capital peruana del siglo XVIII casi sesenta años después de su impresión original?

Propongo que Merino, quien radica en la capital francesa por la mayor parte de su vida, ilustra *Lima por dentro y fuera* para retomar la crítica poética de la vida colonial de Terralla y Landa y redirigirla hacia la república peruana que observaba durante de su estadía en la capital durante la década de 1840. Es necesario aclarar que no propongo que Merino fuera un antipatriota reaccionario, sino que el destacado artista de la república mantenía una posición ideológica parecida a la de otro gran artista activo durante la vida de Terralla y Landa y Merino: el español Francisco de Goya y Lucientes (1746-1828). Ambos pintores vivían durante épocas de grandes cambios políticos e ideológicos en sus países de origen y ambos vacilaban entre un gran amor por la patria y una sensibilidad política que exigía comentar y, a veces, criticar los cambios institucionales que profundamente afectaban tanto la vida cotidiana como la vida política en que participaban. Como Goya comenta los acontecimientos políticos de la España de su época por medio de su producción artística, sugiero que Merino adopta una postura parecida, comentando la inestabilidad política del Perú republicano a través de su ilustración de *Lima por dentro y fuera*.

Como Christine Hunefeldt demuestra, el Perú cambió de constitución cinco veces entre los años de 1823 y 1839 y seis presidentes gobernaron la república entre 1841 y 1845, consecuencias de un peligroso vaivén político que coincidía con la estadía de Merino en Lima (2004: 110-120). Esta profunda inestabilidad se relacionaba con dos conflictos políticos principales del Perú decimonónico. En primer lugar figura la oposición de los conservadores, defensores de una forma de monarquía constitucional, y los republicanos liberales que buscaban fortalecer el poder legislativo y se oponían a los mecanismos políticos evolucionados de los modelos monárquicos y coloniales. Segundo, el establecimiento de varias constituciones nacionales y los intentos divisivos de crear un código civil en el Perú renovaban las hostilidades políticas del país a lo largo del siglo XIX. Conformes al contexto político del Perú decimonónico, estas tensiones políticas fundamentalmente se relacionaban con los conflictos políticos de la España de Goya que se centraban en los debates entre liberales y conservadores. De igual forma, la política peruana del siglo XIX hubiera exigido la atención del joven Merino, motivándolo a comentar la situación a través de su producción artística como su predecesor español.

En el espíritu crítico satírico de Goya[5], sugiero que Merino adjuntó el texto de Terralla y Landa a sus grabados litográficos para alegóricamente comentar la república peruana, sutilmente sugiriendo que el Perú decimonónico permanecía ideológicamente preso de su pasado colonial. Como las leyendas textuales de los grabados de Goya aportaban una expansión poética de las posibles interpretaciones de sus imágenes visuales, las litografías de Merino multiplican las interpretaciones posibles del texto de Terralla y Landa. De forma complementaria, el texto también informa los posibles significados de los grabados de Merino, ligando discursivamente el difamado autor colonial al celebrado artista republicano y la sátira censurada a los célebres grabados.

Respecto a esta relación entre ilustración y texto, este estudio se ubica en el cruce interdisciplinario de los campos de la crítica literaria, la historia del arte y la historia del libro, desde la cual se propone sólo un análisis posible del texto ilustrado. Centrado sobre la propuesta que las ilustraciones de Merino superan el simple acompañamiento visual del texto o la producción de bocetos para

---

5. La ilustración de *Lima por dentro y fuera* por Merino sostiene un tono oscuro y crítico que demuestra paralelos con las series de grabados *Los caprichos* (1799) y *Los desastres de la guerra* (1810-1820) y con numerosos dibujos y caricaturas. Además, la composición alegórica de algunos de los grabados de Merino es reminiscente de los cuadros alegóricos *La verdad rescatada por el Tiempo ante la Historia como Testigo* (1797-1800) y *La Verdad, el Tiempo y la Historia* (también conocido como *España, el Tiempo y la Historia* y la *Alegoría de la adopción de la Constitución de 1812*) (1812-1814) de Goya. De hecho, la composición, el estilo y la temática del arte de Merino merecen futuro estudio en el contexto de una posible influencia sustancial sobre el pintor por Goya.

óleos posteriores, sugiero que las litografías no construyen una simple narrativa visual de *Lima por dentro y fuera* como era común en muchos libros ilustrados producidos durante del siglo xix[6]. Al contrario, estas litografías reconstruyen de manera espacial-visual la república peruana y trasponen la sátira de Terralla y Landa sobre la naciente nación, convirtiendo el texto original en un comentario crítico del Perú republicano.

Tomando las imágenes de Merino como su objeto principal, el presente estudio depende de las interpretaciones textuales de *Lima por dentro y fuera* realizadas por varios de los colaboradores de este volumen: Félix Vásquez (2005), María Soledad Barbón (2001, 2006, 2010) y Hugo García (2008, 2011), y entre los demás estudios, de los de Greer Johnson (1993) y Meehan/Cull (1984). Así, no planteo una nueva interpretación literaria de la sátira, sino un análisis del libro-objeto —término que uso para referirme a la materialidad del libro, el discurso textual y el discurso pictórico en la reedición parisina de 1854— que demuestra el compromiso político de Merino a través del texto satírico, planteando un diálogo entre la herencia colonial del Perú republicano y las críticas articuladas en *Lima por dentro y fuera*.

La vida de Merino

Antes de proceder al análisis del libro-objeto, es necesario destacar algunos datos biográficos del artista que anticipan la realización parisina de la reedición de *Lima por dentro y fuera* en 1854. Merino nace el 30 de enero de 1817 en San Miguel de Piura en una familia acaudalada de un largo linaje militar activo en el Perú desde el siglo xvii (Ugarte Eléspuru 1966: 6)[7]. Su madre, Doña Micaela María Muñoz de Ostolaza Cañete y Ríos, pertenecía a una ilustre familia activa en la política colonial (Lavalle 1917: 8)[8]. Su padre, don José

---

6. Según Michel Melot, en el siglo xix abundan los "libros de lujo donde el texto sólo es pretexto para presentar un álbum de estampas, idea que continúa vigente hasta el siglo xx" (Melot (1981: 96, 20) citado en Leonardini 2003: 25).

7. Para las biografías más exhaustivas del artista, véase Ugarte Eléspuru (1966: 6-20) y Lavalle (1917: 3-29).

8. Para una genealogía completa de la familia de Merino, véase Lavalle (1917: 7-10).

Clemente Merino de Arrieta del Risco y Avilés, fue militar que ocupaba varios puestos oficiales, nombrado juez real subdelegado y comandante militar del Partido de Piura y luego alcalde de Trujillo. Criando Merino en la ciudad de Trujillo, su padre participaba en la independencia al lado de José de San Martín y el marqués de Torre Tagle, José Bernardo de Tagle y Portocarrero, bajo quien ejercitó el cargo de regidor. La familia de Merino fue tan activa en la causa independentista que en 1821 los independentistas proclamaron la independencia del Perú desde el balcón de la casa infantil de Merino en la Plaza de Trujillo, flameando una bandera cosida por la madre de Merino (Lavalle 1917: 7-10, véase también Casa Mayorazgo de Facalá (s.f.). Dos años después, José Clemente Merino recibió a Simón Bolívar, rumbo a Lima, al lado de la delegación trujillana.

A la edad de diez años, los padres de Merino lo mandaron a París donde ingresó en el Colegio Silvela de Burdeos (luego el Liceo Español de París) establecido por don Manuel Silvela y García de Aragón y don José Mariano Vallejo, dos prominentes liberales emigrados de España (Lavalle 1917: 10). Exiliados a partir de la restauración borbónica, ambos directores del colegio publicaron diversos textos jurídicos, históricos y pedagógicos y participaban en la vida intelectual y política, convirtiéndose en dos de los exiliados más influyentes de París[9]. Ugarte Eléspuru (1966: 7) destaca que Silvela fue un "notable jurisconsulto y escritor español emigrado a causa de sus ideas liberales, [...] partidario del Rey José Bonaparte, como muchos otros célebres 'afrancesados'", incluyendo Francisco Goya (1966: 7). Más que un caso análogo de exilio, Silvela fue amigo íntimo de Goya y el pintor español retrató a Silvela al compartir el exilio en París, óleo que se conserva en el Museo del Prado[10]. Javier Tusell destaca que Silvela también "fue alcalde de Casa y Corte de Madrid con José Bonaparte y amigo íntimo de Leandro Fernández de Moratín" y el dramaturgo le legó a Silvela varios manuscritos al fallecer en 1828 (1997: 46). Así, la formación académica de Merino en París fue producto de grandes influencias liberales e ilustradas,

---

9. Para la bibliografía completa de Silvela, véase F.A. Silvela (1845). Para la de Vallejo, véase Gentil Baldrich (1999: 381-404).

10. Para una ficha comprehensiva y un breve análisis del retrato de Silvela, véase Saavedra (1988: 269-271).

disfrutando de una sorprendente cercanía a figuras como Moratín, Goya, Silvela y Vallejo.

Durante esta temprana y completa inmersión en el pensamiento liberal-ilustrado, Merino también observó en el campo de las artes plásticas el surgimiento de la pintura histórica y los románticos, movimientos encabezados por Paul Delaroche (1797-1859) (Lavalle 1917: 11). Así, Merino fue testigo del "triunfo de los románticos y de la escuela histórica francesa" que acompañó la Revolución de Julio en París en 1830 (Lavalle 1917: 10-11, Ugarte Eléspuru 1966: 11). Es probable que la amistad de Silvela y Goya también le aportara al joven artista un conocimiento de las obras del gran pintor español. Merino cursó estudios de derecho en el colegio de Silvela y se dedicó al estudio del dibujo y la pintura bajo Raymond Monvoisin (1790-1870), inscribiéndose en su taller en 1833. Merino estudiaba con Monvoisin hasta partir de Francia en 1837 o 1838, llegando a Lima después de pasar por varias ciudades del Mediterráneo y Suramérica[11].

Al establecerse en Lima en 1838, el joven Merino había pasado más de la mitad de su vida —y toda su adolescencia— bajo el cargo de españoles afrancesados exiliados y artistas parisinos involucrados en los debates ideológicos y políticos de la época, casi sin contacto con su país natal. Refiriéndose a la influencia artística que su primera estadía en París ejercitó sobre el joven pintor, Lavalle afirma que "Merino, [...] con el ardor y el apasionamiento de su herencia española y de su cuna tropical, recibió de lleno las influencias [europeas] de la época que dominaban en el ambiente de las escuelas e inspiraban y se imponían a sus maestros, a sus críticos y al público

---

11. El año en que Merino abandona Francia queda incierto. Ugarte Eléspuru (1966: 7) cree que salió de París en 1837, mientras Lavalle (1917: 12) admite la incertidumbre de la fecha de su llegada a Lima, proponiendo que llegó al Perú en 1838. Tampoco existe documentación suficiente para identificar todas las posibles escalas que realizó el artista en las ciudades europeas y suramericanas antes de volver a Lima. Lavalle (1917: 12) sugiere que la firma de Merino en una acuarela de Nápoles y varios apuntes del artista sugieren que viajó a Nápoles, Venecia y Roma, y posiblemente España en el año 1837. Además, Lavalle propone que Merino pasó por Río de Janeiro y Arica (Chile) en 1838, firmando acuarelas y dibujos de algunos paisajes de cada ciudad, antes de llegar al Perú (12). Ugarte Eléspuru (1966: 8) propone que también viajó a Valparaíso. Leonardini (2003: 134) afirma "en 1838 retorna al Perú y se establece en Lima".

en general" (1917: 12). Además, estas "influencias de la época" también incluyeron el pensamiento político y jurídico y las ideologías ilustradas hubieran impactado al artista, influyendo sus sensibilidades políticas al volver a la república peruana. El Perú para él debía haber parecido un país sumamente extranjero para su sensibilidad europea, nutrida a lo largo de más de una década en la compañía de sus maestros y compañeros liberales. Pero al llegar al Perú habría encontrado en el entorno limeño otra inestabilidad política y los debates peruanos entre ideólogos conservadores y liberales seguirían a lo largo de su estadía en Lima.

Con la ratificación de la quinta constitución de la república en 1839, Merino se radicó en Lima, aceptando el cargo de Subdirector de la Academia de Bellas Artes. Para ese año, Perú ya había experimentado más de dos docenas de cambios del poder ejecutivo, varios de ellos resultantes de autoproclamaciones de poder y golpes de estado. Ocho líderes más ocuparían el puesto ejecutivo durante la década en que Merino residía en Lima y cada vacilación entre conservadores y republicanos presentaba una posible amenaza a la estabilidad de la república (y, al parecer, la familia de Merino). En 1841 el artista fue nombrado Director de la Academia de Bellas Artes y es en esta época que Merino instruyó y colaboró con otros pintores preeminentes de la república como Francisco Laso, Francisco Masías, Luis Montero y Francisco Arrese. Su maestro Monvoisin también visitó el Perú de 1845 a 1847 entre estadías oficiales en Chile y Argentina.

Sin embargo, según Ugarte Eléspuru "[e]sos 10 años de su estadía, en [el Perú] no fueron muy fecundos ni felices para nuestro artista. Son pocas las obras que nos quedan de aquel su primer período, en el que ejecuta la pintura sin originalidad y bajo la influencia de Monvoisin" (1966: 11). Quizás su vuelta a París en 1850 corrobora mejor su presunta infelicidad en Lima. Al establecerse definitivamente en la capital francesa, Merino trabajó primero como asistente de taller de Paul Delaroche antes de estudiar con Eugène Delacroix (1798-1863) y produjo los bocetos que se convirtieron en las litografías de *Lima por dentro y fuera* en 1854, marcando su último compromiso artístico con temas peruanos en anticipación de sus más célebres obras de las siguientes décadas.

La reedición parisina de *Lima por dentro y fuera*: Merino, Mézin y los modelos moralizantes

No queda claro en qué año conoció Merino el texto satírico de Terralla y Landa por primera vez pero es posible que leyera el texto durante cualquier etapa de su vida hasta su vuelta a París. Durante su niñez en Trujillo pudiera haber conseguido un ejemplar en una de las amplias bibliotecas familiares, aunque es poco probable que un niño de menos de diez años hubiera tenido acceso a tal libro ni apreciado las insinuaciones satíricas del autor. Pudiera haberlo leído en el colegio parisino del madrileño Silvela, cuya biblioteca figuraba con textos importados de Madrid, y posiblemente contenía una edición temprana de la sátira. En cualquier caso, Merino seguramente ya conoció la sátira al volver a Paris en 1850, década en que su lectura sería influenciada por su reintegración en la intelectualidad liberal y reflejaría sus presuntas desdichas en el Perú.

Si este ensayo propone determinar por qué Merino decidió colaborar en la ilustración del texto, queda pendiente la misma pregunta respecto al impresor A. Mézin, cuyo nombre no se conoce pero cuya imprenta —la Librería Española de A. Mézin— se ubicaba en la *Rue des Poitevins* de París. La imprenta de Mézin imprimió al menos 37 textos entre los años de 1843-1859, todos en la lengua castellana y la gran mayoría de ellos de carácter religioso o moralizante con algunos textos de interés pedagógico y varios sobre la vida religiosa peruana[12]. El catálogo de Mézin también indica que se especializaba en la impresión de textos moralizantes o tratantes de la educación de niños y mujeres, adornándolos con láminas decorativas

---

12. Entre los textos pedagógicos figuran *Catecismo de aritmética comercial* (1848) de José de Urcullu, el *Atlas elemental de geografía para uso de los niños* (1848) de Conrad Maltebrun y el *Prontuario de ortografía de la lengua castellana* (1846) de la Real Academia Española. Dentro de su enfoque religioso-moralizante, la producción textual de Mézin demuestra un interés por temas peruanos y publica la *Novena a la gloriosísima virgen Santa Rosa de Santa María: universal patrona de las Indias* (1850?), la *Vida de la gloriosa Santa Rosa de Santa María* (1852) y la *Colección de obras selectas del clero contemporáneo del Perú: con biografía de los autores y varios documentos interesantes sobre el estado actual de la Santa Iglesia del Perú* (1853, dos tomos) recopilada por Rafaël María Taurel, un miembro del Partido Católico Francés.

e ilustrativas[13]. A la luz de la producción bibliográfica del taller de Mézin, *Lima por dentro y fuera* no ocupa una posición anómala en el catálogo del impresor francés aunque es uno de los pocos textos de carácter literario. Según las palabras del prefacio original de Terralla y Landa, *Lima por dentro y fuera* es "una obra que se ha hecho en el otro mundo para dar consejos económicos, saludables, políticos y morales" (Merino/Mézin 1854: 1). Interpretada así, la sátira encaja naturalmente en el catálogo de obras moralizantes que Mézin producía en las décadas de 1840 y 1850. Además, la sátira de Terralla y Landa ejemplifica la afición por la temática peruana que se identifica en el catálogo de Mézin.

En vista de la biografía de Merino, es posible que el pintor leyera *Lima por dentro y fuera* no sólo como un texto moralizante, sino también como un texto con cierta resonancia autobiográfica. A pesar de dirigir la Academia Nacional, los biógrafos del artista coinciden en la opinión de que la estadía de Merino en Lima fue poco feliz. Tenía que ser difícil para Merino dejar sus actividades artísticas en el centro cultural de París por Lima, ciudad con una vida cultural y artística algo menos desarrollada que la capital francesa en aquella época, incluso sin el fácil acceso a los materiales artísticos más básicos que se acostumbraba a usar en el taller de Monvoisin. Así, las primeras estrofas de *Lima por dentro y fuera* que cuestionan el traslado a Lima pueden ser interpretadas como expresión análoga a los sentimientos de Merino al dejar París por el Perú alrededor de 1838[14]:

¿Por Lima intentas dejar
el mexicano hemisferio,

---

13. Entre ellos figuran una reedición del *Almacén de los niños* (1846) de Madame Leprince de Beaumont con 150 grabados; *Las vidas paralelas de Plutarco* (1847) con veinte retratos; dos obras más de Urcullu, *La Moral en acción* (1849) con ocho láminas y las *Lecciones de moral, virtud y urbanidad* (1847 y 1852) con cuatro láminas; y una reedición de las *Cartas sobre la educación del bello sexo, por una señora americana* (1856) de José Joaquín de Mora con varias genéricas láminas decorativas recicladas de las impresiones anteriores.

14. Estos versos hacen referencia al poema *Grandeza mexicana* (1604) de Bernardo de Balbuena y su elogio de la riqueza material del México colonial. Véase García (2006). Las citas de *Lima por dentro y fuera* corresponden a la versificación de la edición editada por Hugo García, Terralla y Landa (2011).

> el *pasto de la hermosura*,
> de *la delicia el espejo?*
> ¿Por Lima intentas dejar
> de *la grandeza el asiento*,
> *del orbe la maravilla*,
> y de *la opulencia el centro?*
> ¿Por Lima intentas dejar
> *el más poderoso imperio*,
> *la más apreciable zona*,
> y el más provechoso seno?
> ¿Por Lima intentas dejar
> *la madre de los ingenios*,
> *la escuela de la pintura*,
> *de la academia los metros?*
> ¿Por Lima? ¡Terrible absurdo!
> ¡Notabilísimo exceso!
> ¿Dejar sin duda una Gloria,
> por un conocido infierno?
> (vv. 9-28, énfasis del autor).

Así, es posible que Merino hubiera interpretado las referencias "[a]l más poderoso imperio, / la más apreciable zona" (vv. 18-19) y "la madre de los ingenios, / la escuela de la pintura" (vv. 22-23) no como referencias al México de Balbuena, país que no conoció, sino a París, el centro artístico preeminente durante el siglo XIX y su domicilio adoptado. Tal lectura no sugiere que Merino coincidiera completamente con el sujeto poético de Terralla y Landa en su opinión tan negativa de Lima. Sin embargo, para el joven artista entrenado en París y acostumbrado al movimiento artístico e ideológico de tal ciudad, es evidente que el traslado a Lima afectó fuertemente al estado de ánimo del pintor si no a su formación profesional, posibilitando que el pintor identifique algunos granos de resonancia autobiográfica en su lectura de *Lima por dentro y fuera*. Así, la decisión de Merino retomar la sátira demuestra orígenes biográficos que luego se convierten en un comentario ilustrado sobre la política peruana correspondiente a la turbulencia política que prevalecía en los dos países donde el artista residía.

Trasponiendo *Lima por dentro y fuera* sobre la nación: la producción del espacio republicano

Marcando pictóricamente la intersección del objetivo moralizante de la editorial de Mézin, la realidad cotidiana de Merino en Lima y la sátira textual de Terralla y Landa, los 92 grabados pintan Lima como un ámbito desagradable. Aunque este estudio no permite catalogar completamente los temas presentes en los grabados, cuatro temas recurrentes dominan el corpus pictórico: 1) los tipos costumbristas de la Lima decimonónica, con énfasis desmedido en las tapadas y los sujetos femeninos —que claramente exponen las modas decimonónicas representadas en las acuarelas y los dibujos del artista[15]— y las moralmente dudosas interacciones entre hombres y mujeres; 2) los paisajes del entorno limeño; 3) imágenes alusivas a la iconografía bíblica y clásica, brindándole al libro-objeto un valor simbólico metatextual dialogante con la sátira textual; y 4) escenas correspondientes al texto de Terralla y Landa, indicadas por una referencia a la página correspondiente de la escena. A través de los diversos temas representados, los grabados conspiran para señalar el percibido declive de Lima. Destacan tipos enfermos[16] o personas participando en actos moralmente reprehensibles y prácticas criticadas por el sujeto poético de Terralla y Landa, por ejemplo el interactuar de personas de clases socio-raciales diferentes[17] y la posible participación en la prostitución[18]. Los tipos expresan miradas siniestras[19], participan abiertamente en los vicios de fumar, apostar y bailar[20] y padecen enfermedades. Los paisajes manifiestan una decadencia arquitectónica a lo largo de la lectura del corpus pictórico, las fachadas coloniales rajadas, los edificios derrumbados y las calles resquebrajadas[21] al estilo del dibujante satírico norteamericano

---

15. Las tapadas representadas por Merino se distinguen de las representaciones pictóricas anteriores. Sobre la tapada en la temprana modernidad, véase Bass/Wunder (2010). Sobre la representación de la tapada en el xix, véase Majluf (2006).
16. Véanse los grabados en pp. 22, 51, 110, 128, 137 y 212.
17. Véanse los grabados en pp. 74, 154 y 195.
18. Véanse los grabados en pp. 14, 36, 40/41, 84/85, 91, 140 y 185.
19. Véanse los grabados en pp. 28/29. 68/69 y 84.
20. Véanse los grabados en pp. 14, 119, 172 y 199.
21. Véanse los grabados en pp. 3, 52, 101, 159 y 192.

George Carleton[22]. Citas bíblicas aluden al pecado original en algunos grabados[23] y la iconografía clásica privilegia a los personajes míticos traviesos, destacando un *putto* o un querubín y un fauno[24].

La expresión pictórica del declive de Lima va más allá de sólo narrar el texto, implicando que el libro-objeto expande la invectiva de Terralla y Landa contra la ciudad colonial por representar la ciudad republicana y sus modas. En plantear que Merino ilustra el texto con fines discursivos políticos, difiero de los muchos historiadores del arte que mantienen que los grabados ubicados en el texto sólo representan contribuciones costumbristas y/o bocetos o reproducciones de los cuadros de Merino. Por ejemplo, Ugarte Eléspuru postula que "los dibujos de tipo y costumbres que luego le sirvieron para ilustrar el libro de Terralla y Landa, [...] son anotaciones de turista curioso" que sólo ofrecen "testimonios de los esfuerzos del "*revenant*" para ajustarse a su nueva y cotidiana realidad" (1966: 80). Admitiendo que Merino fue una especie de "turista curioso" (80) que luchaba aclimatarse al Perú, Lavalle también interpreta la ilustración de *Lima por dentro y fuera* como un simple intento "realzar y darle sello novedoso a la obra con litografías exactas [...] para describir visualmente la capital peruana" (1917: 1), sin reconocer la relación entre texto, imagen y la vida de Merino. A pesar del motivo comercial del impresor y el prólogo editorial de 1854 que alega que el artista ilustró el texto con "la verdad y exactitud de sus observaciones tan originales, atractivas y morales" (Merino/Mézin 1854: 2), el carácter discursivo de los grabados supera el acompañamiento del texto, demostrando una profundidad simbólica y alegórica que exige más atención crítica.

Sin embargo, comentar la política decimonónica, el texto de Terralla y Landa requería cierta modificación discursiva para alcanzar la república peruana de Merino. Así, para reconfigurar *Lima por dentro y fuera* como un comentario sobre la república peruana, Merino y Mézin introdujeron el texto como un libro-objeto contemporáneo al

---

22. El autor-artista publicó varios libros de caricaturas y dibujos de sus viajes por Latinoamérica, incluyendo *Our Artist in Peru: Leaves from the Sketch-Book of a Traveller During the Winter of 1865-6* (1866). Sus dibujos enfatizaban la decadencia del entorno limeño y la infraestructura precaria del Perú.

23. Véanse los grabados en pp. 3 (una víbora) y 92 (Eva con una víbora).

24. Véanse los grabados en pp. 32 (*putto* o querubín) y 147 (fauno).

momento político en que lo imprimieron, en el vocabulario crítico de Lefebvre (1991), produciendo un espacio republicano dentro del libro-objeto (1991: *passim*). Merino y Mézin lograron reubicar *Lima por dentro y fuera* en la república por medio de dos procesos: 1) una revisión cuidadosa de los paratextos[25], específicamente la eliminación de las referencias explícitas al periodo colonial y la autoría de Terralla y Landa y 2) la integración de símbolos nacionales dentro del corpus pictórico para temporalmente situar el blanco de la sátira —Lima— y así el libro-objeto en la república peruana. De tal forma, los paratextos de Mézin y las ilustraciones de Merino actualizan el espacio social, político y comercial que habita el texto, poniéndolo en diálogo con la condición del Perú como una república naciente.

Comenzando con la portada, la edición de 1854 tipográficamente y discursivamente omite a Terralla y Landa del texto (Merino/Mézin ii: figura 1). Aunque la comunidad letrada virreinal ya identificaba Terralla y Landa como autor de *Lima por dentro y fuera* a la censura del texto en 1798, su nombre no está presente en la portada de la edición de 1854. Al contrario, atribuyen la obra al seudónimo Simón Ayanque, alias que acompañó al manuscrito al circular en la década de 1790. El nombre de Merino está prominentemente ubicado en la portada, así como su título de Director de la Academia Nacional de Lima. De igual manera, la portada nombra a Mézin como el propietario de la imprenta responsable por la producción de esta "nueva edición" (ii) del texto en París.

Desde la tipografía de la portada, Mézin y Merino siguen discursivamente distanciando la edición de 1854 de la época colonial, posibilitando una interpretación de la obra como un libro-objeto originado en la época republicana, proporcionado como un producto discursivo parisino del siglo XIX dirigido al Perú. Esta discursividad decimonónica es aparente al considerar la tipografía y el

---

25. Adhiero a la definición que aporta Gerard Genette: "más que un límite o una frontera cerrada, el paratexto es, más bien, un umbral, [...] una zona entre el texto y el no texto, una zona no sólo de transición pero también de transacción: un espacio privilegiado de la pragmática y la estrategia, de una influencia sobre el público, una influencia que [...] está al servicio de una recepción mejor del texto y una lectura más pertinente de ello" (1997: 1, traducción del autor). "Paratexto" se entiende como todos los elementos que acompañan al texto, desde la información editorial al título, el prefacio, la introducción, el epígrafe y las ilustraciones.

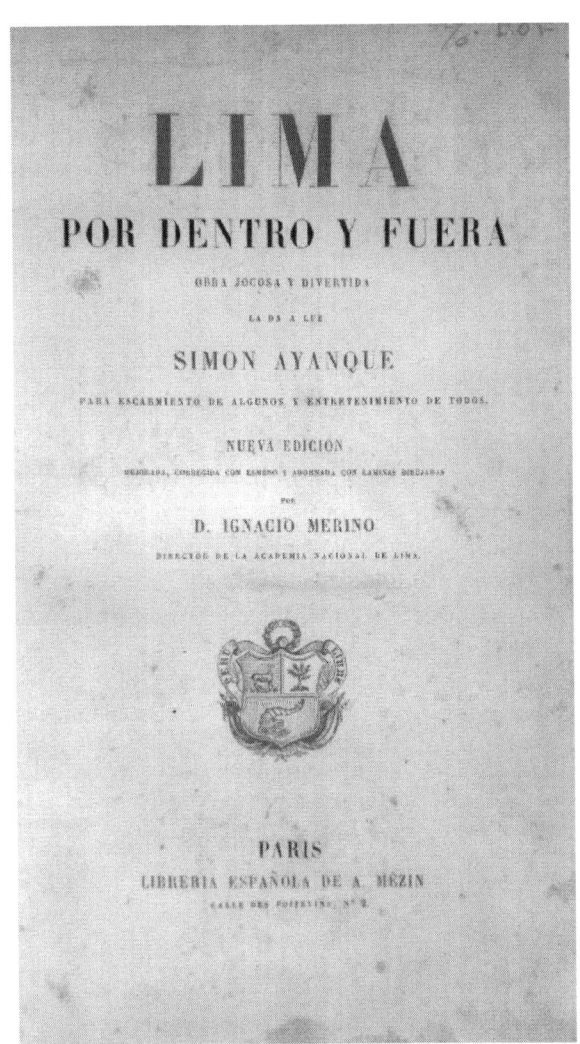

Figura 1

formateo del título a lo largo del texto. El título original sólo aparece en su totalidad en la portada, en la cual "*Lima*" registra un tipo aproximadamente tres veces más grande que el tipo empleado para las palabras "por dentro y fuera," anunciando el truncamiento del título a sólo "*Lima*". Señalando más a fondo este truncamiento, el encabezado "*Lima*" aparece al lado de la enumeración de cada folio del libro-objeto (figura 2). Es más: sólo "*Lima*" está impreso en tinta dorada en la cubierta original de cuero[26]. Como productores del libro, Mézin y Merino manipulan así la tipografía para dar una sola invocación del texto original antes de que la repetición ubicua de "Lima" reconfigure el texto como un retrato de Lima en el momento de su impresión en París. Asimismo, nombrar a Merino y Mézin junto al seudónimo de Terralla y Landa sirve para temporalmente resituar el libro-objeto en el momento presente de 1854, un retrato de la Lima decimonónica que resulta de la colaboración de Merino y Mézin y *no* de las labores del autor original[27].

Esta reconfiguración del texto hace eco en el prefacio de 1854, en el cual un fragmento del prefacio original de Terralla y Landa está combinado con un breve prólogo de Mézin que subraya las intenciones satíricas y moralizantes de las ilustraciones de Merino. Mézin reproduce las intenciones didácticas de Terralla y Landa:

> para dar consejos económicos, saludables, políticos y morales [...]. [aunque] es cierto sí que ridiculiza las perniciosas costumbres de algunas gentes de aquel continente, pero también lo es que mas hay posada, porque en todas partes del Mundo Viejo y Nuevo hay, y ojalá que no hubiese, los mismos vicios, las mismas corrompidas costumbres, y la mismísima mala fe (Terralla y Landa en Merino/Mézin 1854: 1-2).

---

26. Se encuentra esta cubierta original en pocos ejemplares de la edición de 1854. De las muchas ediciones examinadas para este estudio, sólo se encuentra la cubierta preservada en los ejemplares guardados por la biblioteca central de la Pontificia Universidad Católica del Perú (PUCP), la Biblioteca Nacional del Perú (BNP) y la Universidad de California, San Diego.

27. De igual manera, el nombre del impresor de los grabados, Antoine Jourdain, no recibe ninguna mención en los paratextos, y sólo se recupera su identidad por la presencia de su nombre inscrito al pie de algunas láminas.

Figura 2

Sigue a este pasaje una pequeña línea tipográfica horizontal que separa el prefacio parcial de Terralla y Landa de las palabras introductorias de Mézin. Aparte de esta sutil raya que separa los dos textos de autoría diferente, no hay ninguna indicación de un cambio de la voz del autor y sólo la firma de Mézin cierra el texto: la voz de Terralla y Landa queda atribuida a Mézin. Los paratextos incitan al lector a atribuir el discurso del libro-objeto a Mézin y Merino, cuyas "observaciones tan originales, atractivas y morales, que tan ampliamente cumplen con el sensato y antiguo adagio: *castigat ridendo mores* [corrige riendo de las costumbres]" (1), consonante con la misión moralizante de la imprenta de Mézin[28]. La firma de Mézin al final del prefacio 'híbrido' (compuesto de

---

28. La voz latín *castigat ridendo mores* frecuentemente aparecía en las comedias y sátiras clásicas y neoclásicas. El uso de este adagio en el prefacio de Mézin también alude a la temática neoclásica de algunos de los grabados alegóricos de Merino.

textos escritos por Terralla y Landa en 1797 y Mézin en 1854), entonces, sirve como un *trompe-l'œil* paratextual.

Este prefacio híbrido no sólo borra la participación de Terralla y Landa: invierte la relación original entre el origen geográfico del texto y su público destinatario. En la edición madrileña de 1798, Terralla y Landa proclama que su texto es "una obra que se ha hecho en el otro mundo para dar consejos económicos, saludables, políticos y morales" (citado en Merino/Mézin 1854: 1), es decir, su texto fue escrito en América para distribuirse entre un público europeo. Merino parte de este prefacio de Terralla y Landa que declara el texto un producto de Lima destinado al público europeo y redirige el texto al público americano desde Europa. Leyendo el prefacio híbrido atribuido a Mézin, Merino produce sus grabados "en el otro mundo" (1) europeo de París para dar "consejos [...] políticos" (1) al "culto [...] público hispano-americano" (2) de su país natal. Mézin y Merino utilizan el prefacio híbrido para invertir la relación entre el origen del texto y su público destinatario, de París a Hispanoamérica, anunciando que ellos proponen brindarle al público americano "consejos económicos, saludables, *políticos y morales*" (1, énfasis del autor). Dado que la edición de 1854 no introduce enmiendas ni revisiones textuales a la sátira de Terralla y Landa, la introducción de estos consejos principalmente "políticos y morales" (1) depende del elemento paratextual más sobresaliente: los grabados de Merino. Así, la manipulación del prefacio híbrido anuncia el propósito político-discursivo de Merino y Mézin de lanzar su comentario desde Europa hacia América.

Reconociendo que las láminas de la edición de 1854 componen el arma discursiva principal de Merino y Mézin, quizás el elemento más importante de los paratextos preliminares es el grabado del escudo nacional del Perú ubicado en la portada, emblema originalmente adoptado por el Congreso Constitutivo dirigido por Simón Bolívar en 1825[29]. Parecido al escudo actual de la república, éste figura horizontalmente cortado por la mitad y verticalmente semipartido desde

---

29. También aparece este escudo en la portada de la *Colección de obras selectas del clero contemporáneo del Perú con biografía de los autores y varios documentos interesantes sobre el estado actual de la Santa Iglesia del Perú* de Rafaël María Taurel que publica Mézin en 1853.

el límite superior hasta el centro, y los tres cuadrantes representan la vicuña (superior izquierdo), el árbol de la quina (superior derecho) y una cornucopia de monedas de oro (el campo inferior), símbolos respectivos de la riqueza animal, vegetal y mineral del territorio peruano. Se adorna con el lema adicional "Perú Libre" (Merino/Mézin 1854: ii; figura 3), el cual no figura en el blasón nacional actual. La ubicación prominente del escudo introduce en el texto una iconografía nacional, desambiguando aún más que el libro-objeto se refiere a la república peruana. La ubicación del emblema nacional al absoluto principio del libro gráficamente privilegia el espacio nacional peruano, introduciendo el texto como reliquia de la independencia peruana a pesar de que el manuscrito original circulaba en el virreinato del Perú durante el reinado de Carlos IV. Demostrando una producción del espacio (Lefebvre 1991: *passim*) discursivo visual, la portada y los paratextos preliminares construyen y privilegian un espacio nacional peruano que resuena a lo largo de los registros paratextuales y visuales del libro-objeto.

Una segunda imagen del campo peruano que ocupa un folio entero corrobora esta producción pictórica del espacio nacional (Mézin/Merino 1854: 52-53; figura 4). Un paisaje costumbrista demostrativo del compromiso artístico de Merino con el romanticismo francés, alrededor de una docena de hombres vestidos en ponchos y sombreros —hasta los cintillos de algunos sombreros son visibles— cabalgan y participan en una variedad de labores típicas de la chacra andina. Congregadas en el centro de la imagen, varias mujeres visten polleras y sombreros típicos (monteras) y algunas también tienen llicllas y k'eperinas puestas. El espacio costumbrista se identifica como un espacio nacional bajo la presencia de seis banderas peruanas que ondean al viento encima de una mezcla de chozas y establos. Situada a mitad del texto[30], esta imagen fortalece la producción del espacio nacional al llegar a la mitad del libro, recordándole al lector que la sátira textual se traspone a un Perú republicano contemporáneo en la reedición de Merino y Mézin[31].

---

30. Se ubica entre pp. 164 y 165 en la edición de UCLA. Está ubicación varía en las demás ediciones.

31. En esta imagen rural no se encuentra ninguna torre de iglesia ni tampoco los elementos arquitectónicos religiosos. De igual manera, no se encuentra la bandera peruana en las muchas imágenes urbanas de Lima, aunque mástiles y astas desnudas

Figura 3

Figura 4

Como el escudo nacional en la portada, la presencia de la bandera nacional indica que el lector ya no se enfrenta con un texto que comenta la colonia tardía, sino una sátira pictórica y textual de la república peruana.

Los grabados de Merino en la edición parisina de 1854

Dentro de la producción de este espacio republicano, la enfermedad es tema prominente en el vocabulario visual de Merino y al menos cuatro imágenes de hombres postrados en cama están intercalados en el texto[32]. Estas imágenes de la enfermedad luego se convierten en imágenes de la muerte, culminando en un par de grabados funerarios que acompañan a la conclusión de la sátira, el "Testamento" (Merino/Mézin 1854: 205-215) en que el narrador cede sus posesiones y el "Epitafio" (215) que anuncia la muerte del sujeto poético. Esta serie de imágenes corresponde a la estructuración narrativa del texto, en cual el sujeto poético cuenta su viaje de México a Lima, destino final donde cede a la maldad social y la corrupción moral de su entorno y donde finalmente fallece[33]. Mientras Merino intensifica visualmente este discurso textual por proporcionar grabados claramente referentes a la enfermedad y la senilidad, el primer grabado que ocupa un folio entero al principio del texto exige una interpretación informada por el canon artístico que conoció Merino (3-4; figura 5).

En este grabado, un hombre viejo de pelo largo, barbudo, se reclina sobre lo que parece ser una inmensa peña con la inscripción "LIMA" en su centro. Varias mujeres y dos niños acompañan al hombre, ninguno prestándole mucha atención a pesar de su centralidad en la escena. Este grabado nos obliga a considerar la larga tradición de la representación pictórica de los dioses griegos de los

---

aparecen en varios paisajes urbanos. De tal forma, es posible que Merino sugiere sutilmente que la nación verdadera se encuentra en el paisaje rural exterior a las descripciones de Lima que hace Terralla.

32. Estos cuatro grabados se encuentran en pp. 22, 110, 128 y 212.

33. Véase Greer Johnson (1993) y García (2011 y este volumen) para un análisis detallado de la estructura narrativa del texto y su relación a la enfermedad y la muerte.

108　Ilustrando la república a través de la sátira colonial

Figura 5

ríos, los oceánidas, tradición iluminada por dos obras homónimas del pintor francés Nicolas Poussin (1594-1665), artista que disfrutó de gran popularidad e influencia en la pintura francesa decimonónica[34]. Los dos lienzos de Poussin intitulados *Les bergers d'Arcadie* (*Et in Arcadia Ego*) de 1627-8 y 1637-8 informan la interpretación del personaje senil y su alrededor como una alegoría de la república estropeada[35].

El hombre senil que corona el grabado cita la representación (neo)clásica de los oceánidas. Tropificado como un anciano musculoso y viril, medio vestido con una toga o un taparrabos, reclinándose sobre un ánfora manando agua del río de su origen, el oceánida suele aportar un contexto geográfico para indicar dónde ocurre la escena pictórica, señalando cierta proximidad al río gobernado por el oceánida representado. El dios griego Alfeo cumple esta función discursiva en la *Arcadia* Chatsworth. Sentado en la esquina derecha inferior del cuadro, Alfeo indica que la escena transcurre en los territorios del río homónimo del Peloponeso que quedaba bajo su gobernación y así ubica la escena en Arcadia. Como Alfeo, el oceánida de Merino posee un cántaro volcado de lado debajo del brazo izquierdo, derramando líquido directamente sobre la inscripción "LIMA". En esta lámina, el oceánida senil convoca los territorios del río Rímac[36], es decir, Lima. Corriendo al límite norte del cercado colonial de Lima, el río Rímac fue un vertedero común para la basura de la ciudad y el destino del anticuado desagüe superterráneo de la urbe a lo largo de la colonia y el siglo XIX[37]. Aunque el río llevaba el agua pura de las lluvias andinas a la ciudad, los desechos de Lima se depositarían

---

34. Formado con el pintor neoclásico Monvoisin y su compatriota el romántico Delaroche, Merino hereda la afición por la mitología y el historicismo visible en toda su obra de sus maestros franceses. De igual manera, los pintores neoclásicos franceses estudiaron e imitaron elementos estéticos de las obras de los pintores clásicos del barroco francés, ejemplificado por Poussin, así que Merino probablemente conoció la obra de Poussin por medio de su participación en las academias y talleres de París.

35. El primer cuadro (1627-8) se conserva actualmente en la Casa Chatsworth (Inglaterra) y el segundo (1637-8) está en el Museo del Louvre (Francia). Utilizo "Chatsworth" y "Louvre" para distinguir los dos lienzos.

36. El río Rímac reaparece en los grabados de las pp. 10, 10-11, 75 y 176.

37. Viajeros como el francés Charles Wiener, el norteamericano George Carleton y el ruso Vasili Mikhaivicht Golovnin mencionan el sistema de desagüe en la Lima decimonónica. Véase Wiener (1880: 222) y Carleton (1866: 18). Para

en el Rímac a la altura de la ciudad, corriendo río abajo al puerto del Callao y el Océano Pacífico. Así Merino invoca el concepto literal de la contaminación por medio de este oceánida del Rímac, cuya ánfora deposita agua de río —¿es el agua pura de las lluvias andinas o el agua contaminada por los excrementos de Lima?— sobre la inscripción "LIMA". Merino elige un hombre esquelético para ocupar el lugar del supuesto dios, esto en fuerte contraste con la musculatura prominente y clara virilidad de las representaciones típicas de los oceánidas, como es el Alfeo de Poussin. Como gobernante del Rímac y su alrededor, el oceánida debilitado metafóricamente sugiere la decadencia del gobierno y el entorno limeño. Además, el paralelo de Lima con Arcadia, una región reputadamente salvaje y despiadada que existía al margen de la antigua república griega, sugiere la hostilidad de Lima, postulando que Lima también existe al margen del buen gobierno[38].

Expandiendo esta interpretación, el grabado de Merino podría llamarse '*Et in Lima Ego*': los óleos de Poussin no representan una simple peña sino una tumba anónima inscrita con el enunciado latín *Et in Arcadia Ego*, lema que los pastores arcadianos intentan descifrar. Aforismo traducido literalmente por "también yo en la Arcadia (estoy)" o "incluso en Arcadia (estoy) yo", no queda claro si *ego* se refiere a la muerte misma o al habitante anónimo de la tumba. Esta ambigüedad poética posibilita la traducción "yo, la muerte, reino incluso en la Arcadia" y así una declaración de la omnipresencia de la muerte, elemento presente hasta en los entornos lejanos del metrópolis como la utópica Arcadia. A la vista de estas interpretaciones de la tumba y su inscripción en los dos *Arcadia*, la ubicación de la inscripción "LIMA" convoca el epitafio ambiguo de los lienzos del pintor francés que irrevocablemente se refiere a la muerte.

---

los comentarios de Golovnin, véase Estuardo Núñez (1971: I, 148-173) y Marks (2007: 175-188).

38. En la tradición pastoril del romance, Arcadia connota la perfección, una especie de utopía inalcanzable en donde el hombre no sufre la alienación frente a la naturaleza. Paralelamente al pequeño grabado que representa Eva y una víbora (Merino/Mézin 1854: 92), sugiriendo un paraíso terrenal fallido, aquí Arcadia sugiere una utopía no realizada en Lima, comentando la condición moral y social de la ciudad y, en el contexto alegórico, la condición política de la república.

De tal forma, el epitafio "LIMA" indica que el oceánida descansa sobre una tumba y no una simple peña. Así, "LIMA" admite dos significados: interpretado literalmente como apertura del libro-objeto y la sátira, indica que el lector entra la ciudad a través de la sátira de Terralla y Landa y los grabados de Merino. En el contexto de Arcadia, el grabado se refiere a la muerte en sí, tanto para el sujeto poético de *Lima por dentro y fuera* que fallece al final del poema como para la ciudad de Lima que protagoniza ambos registros del libro-objeto. El ocupante de la tumba de "LIMA" también permanece desconocido aunque la inscripción sugiere que la ciudad de Lima —abarcando sus paisajes, ciudadanos y gobierno— podría quedarse dentro de la tumba o ser la entidad responsable por la muerte del sujeto enterrado. Entonces, así como el significante "LIMA" se refiere a la ubiquidad de la muerte, anunciando posibles asociaciones figurativas de Lima con la muerte y complementando el viaje satírico del sujeto poético hacia la muerte literal[39].

Como los lienzos de Arcadia, los personajes de Merino intentan descifrar el epitafio de la tumba. La vista de la mujer al costado izquierdo cae sobre la inscripción mientras otra mujer, con su pecho desnudo como la figura femenina representada en la *Arcadia* Chatsworth, apunta hacia el nombre de la ciudad en un gesto parecido a lo de un pastor de la *Arcadia* Louvre. Los pastores de Arcadia están ausentes en Lima y en su lugar son mujeres las que leen la inscripción, una invocación de la crítica constante de las limeñas en el texto de Terralla y Landa. Además, los pastores robustos de Arcadia ceden a dos niños preadolescentes en Lima. La figura femenina que mira la inscripción del lado izquierdo ligeramente rodea con su brazo los hombros del joven que ocupa el centro de la escena, una caricia citada de la *Arcadia* Louvre. La virilidad varonil y la musculatura de los pastores de Arcadia se reemplazan con los dos jóvenes, posiblemente una referencia simbólica a la juventud de la república peruana. Invocando la decadencia peruana aún más, una cornucopia rota derrama monedas —uno de los tres elementos principales del escudo nacional— sobre el suelo enlodado en el

---

39. Esta misma peña-tumba inscrita con la palabra "LIMA" reaparece en el grabado menor que acompaña el encabezado de la introducción (MerinoM/ézin 1854: 3).

cuadrante derecho inferior. Contextualizada por Poussin, la nación de Merino está claramente estropeada: su oceánida gobernante senil, su riqueza mineral tirada sobre el suelo embarrado, el epitafio de la capital de la república mancillado con el flujo del agua del Rímac del ánfora volcada y los pastores arcadianos reducidos a dos niños bajo el cargo de las limeñas.

El valor simbólico del grabado de apertura del libro-objeto aumenta al interrogar su posible significado político a través de la producción artística de Goya, el gran amigo del pedagogo Silvela. Volviendo a la mujer que apunta a la inscripción en el grabado de Merino, se puede considerarla una invocación de dos figuras alegóricas de Goya. En *La alegoría de la Villa de Madrid* (1810) la personificación femenina de Madrid apunta al lema "Dos de Mayo"[40]. Así la limeña homóloga de Merino podría representar la ciudad de Lima. Además, los pezones visibles de la joven en la lámina de Merino citan la figura central de la *Alegoría de la adopción de la Constitución de 1812* (1814), quien lleva una sencilla túnica que deja visible el pezón del pecho derecho y casi descubre el izquierdo. Críticos como Eleanor Sayre alegan que esta figura femenina principal, que sostiene un cetro representativo del poder no coercitivo en la mano izquierda y un pequeño libro de la constitución de 1812 en la mano derecha, representa la Nación española (en Saavedra 1988: 273-275). Otros como Glendinning (2008) argumentan que ésta simbólicamente representa no la Nación sino la Libertad o la Verdad (32-33). Comentando el boceto de esta pintura en que esta figura queda completamente desnuda, Glendinning destaca que "la Verdad tradicionalmente se representa desnuda mientras que las naciones suelen ir vestidas", concluyendo que el plano plantea "que la Verdad destierra a la oscuridad y al mal" y el lienzo final "que la Verdad Publicada, registrada por la Historia, aporta claridad o incluso Ilustración" (32-33).

Las interpretaciones discordantes de la figura principal de la *Alegoría de la Constitución de 1812* aportan posibles interpretaciones de la figura femenina semivestida en el grabado de Merino. Aunque "las naciones suelen ir vestidas" y esta figura alegóricamente ambigua

---

40. Para un análisis de *La alegoría de la Villa de Madrid*, véase Hughes (2003: 270; 304-307; 328).

deja expuesto el abdomen y el pecho, identificar la mujer que apunta a "LIMA" como la Nación insinuaría que el Perú apunta a la muerte ubicua, una posible sugerencia que la Nación peruana —incluso su gobernación— fomenta la muerte figurativa y literal (resultado del constante vaivén político decimonónico). Interpretando esta figura desnuda como la Verdad, la lámina sugiere que el libro-objeto pictórico textual expresa una verdad al comentar Lima, ciudad muerta, escondida detrás de la peña-tumba. En cualquier caso, queda claro el planteamiento simbólico-alegórico de Lima y el Perú en este grabado que abre el libro-objeto de Merino y Mézin. Citando las obras de Poussin y de Goya, Merino comienza a construir una alegoría de la república peruana, agregándole capas subsiguientes con cada uno de los 92 grabados.

Vivir y morir en Lima: la tumba de la república y el código civil peruano de 1852

Al llegar al "Testamento", la conclusión de la sátira, la muerte textual del sujeto poético se manifiesta en dos imágenes complementarias. En el grabado que acompaña al encabezado del "Testamento" destaca un desfile de sujetos indígenas o quizás afroperuanos cargando un ataúd (Merino/Mézin 1854: 205; figura 6), presumiblemente el del sujeto poético que profesa su enfermedad y su camino inevitable a la muerte. En las páginas subsiguientes, se encuentra una lámina de otra tumba anónima, indicada por una sepultura compuesta de un bloque rectangular y una cruz situada sobre un cerro con vista al mar (204-205; figura 7)[41]. A diferencia de la peña-tumba de *Et in Lima Ego* que sólo se identifica como una tumba al interpretarla en el contexto de los óleos de Arcadia, esta imagen claramente registra una sepultura cristiana. En el segundo

---

41. Este grabado está ubicado entre pp. 204-205 en la edición de UCLA y entre pp. 214 y 215 en las ediciones de UCSD, la PUCP y la BNP. La edición de Yale lo radica entre pp. 10 y 11; este es el único caso de su reubicación fuera del "Testamento" y evidencia de que las dieciséis láminas que ocupan un folio entero probablemente circulaban independientemente del texto como grabados sueltos, necesitando su ubicación posterior dentro del texto y permitiendo tales variaciones en la paginación de estas imágenes.

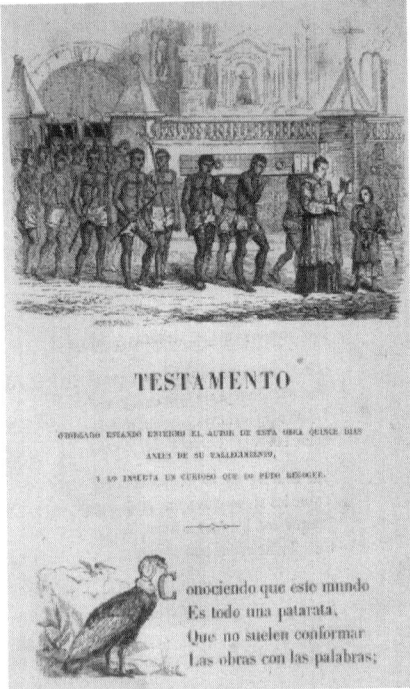

Figura 6

Figura 7

plano, los restos del sol descienden hacia el horizonte, delimitado por la intersección del mar y el cielo, señalando el anochecer con la puesta final de sol sobre el Pacífico, destino final de las aguas del río Rímac. Escasas plantas y flores diminutivas crecen alrededor de la piedra sepulcral, comenzando a tapar la superficie de la piedra ya agrietada y señalando el inicio del descuido de la tumba. Sin destacar la identidad del fallecido, la lápida muestra una simple inscripción sobre su base: el año "1852".

Descifrando este grabado en el contexto de las demás láminas que acompañan al texto, esta tumba se refiere a las varias muertes referenciadas en el libro-objeto. Al nivel textual, alude al sujeto poético que anuncia su propia muerte en los versos de *Lima por dentro y fuera*, sosteniendo la reubicación temporal de la sátira en la época republicana de Merino y Mézin con la inclusión del año 1852. A nivel pictórico, apunta al debilitado oceánida visible en *Et in Lima Ego* que debe gobernar Lima y los varios sujetos enfermos postrados en cama que son recurrentes a lo largo del texto, indicando el fallecimiento simbólico de Lima o la Nación. Pero para interpretar esta imagen y su relación al compromiso político de Merino al ilustrar *Lima por dentro y fuera*, es necesario revisar los acontecimientos históricos del año 1852 que afectarían a Merino.

Ya radicado en París a partir de 1850, Merino estuvo en Francia para observar el autonombramiento del entonces Presidente Carlos Luis Napoleón Bonaparte (III) al cargo de Emperador del Segundo Imperio Francés en 1852, que acabó formalmente con la Segunda República Francesa (1848-1852) luego de disolver la Asamblea Nacional y convertirse en dictador. Después de dejar el Perú, donde observó la inestabilidad política de la década de 1840, caracterizada por el constante peligro del poder autoritario y la disolución de la república peruana, Merino había anticipado volver a la república francesa para evitar tal tipo de turbulencia política. Para Merino, que heredaba ideas liberales de sus maestros y compañeros en París, la vuelta francesa a un gobierno autoritario después de sólo cuatro años de gobierno republicano debió resultar una sorpresa no anticipada al partir del Perú, si no una tragedia ideológica para el pintor, como lo fue para muchos artistas y letrados liberales de París.

Además, en el año de 1852 se produjeron cambios políticos sustanciales en el Perú, sobre todo la ratificación del primer código civil. Como demuestra Alejandro Guzmán Brito, la codificación civil en América hasta 1845 siguió el modelo del código civil francés (2001: 547-550). Hasta en 1836 la Confederación Perú-Boliviana había adoptado un código civil basado en el modelo liberal (2000: 315) con la intención de abolir los privilegios heredados y prometerle al ciudadano peruano-boliviano libertades personales jamás vistas en la legislación andina. Pero como destaca Carlos Ramos Núñez, sólo "hacia el año de 1845, luego de los efímeros gobiernos posteriores a la Confederación [Perú-Boliviana], se pensó seriamente en la formación de los códigos" en el Perú (2001: II, 174). Con la instalación congresal de una comisión para la redacción del código civil peruano en mayo de 1845, el pueblo peruano esperaba la pronta ratificación de un código capaz de brindarle una estabilidad política hasta la fecha desconocida en la república peruana. Después de siete años de negociaciones y la creciente división política de la república, la comisión anunció el nuevo código civil, instrumento jurídico que Ramos Núñez denomina "una orquesta de instrumentos discordantes" (2001: 167) que buscaba lograr fines conservadores por medio del mecanismo codificador liberal.

De acuerdo a Fernando de Trazegnies Garza (2008), el código demostró una "resistencia a los cambios y persistencia de elementos tradicionales" (261) consistentes con la gobernación colonial del Perú y no el código francés. La ratificación del código civil no servía para unificar el país, sino para ampliar las divisiones políticas presentes en ella bajo la presidencia de José Rufino Echenique, elegido en 1850. Presidente entre 1851 y 1855, el gobierno conservador de Echenique dependía del apoyo de tradicionalistas como Nicolás Fernández de Piérola y el sacerdote Bartolomé Herrera. Después de cinco años de trabajo en el código por la comisión codificadora definida por el entonces presidente Ramón Castilla en 1846, Echenique promulgó una ley en 1851 que le permitió disolver la comisión original y reemplazarla con su propia comisión revisora (Ramos Núñez 2000: II, 223). Así por medio de los diputados conservadores encabezados por el congresista Andrés Martínez, Echenique aseguró la promulgación de un código civil caracterizado por el pensamiento conservador (223-246). Guzmán Brito (2001) destaca que el código peruano de 1852 [adoptó] una serie de instituciones del antiguo derecho romano-castellano previgente en el Perú, en cuanto había hecho parte de la Monarquía castellano-indiana, discordes con el espíritu liberal que teóricamente debía presidir una codificación moderna, como aquella que tenía lugar en la mitad misma del siglo XIX, y que contaba con el máximo modelo en ese sentido, cual era el *Code Civil* (564).

Si "[l]a genuina ambición" de Castilla" y los demás legisladores fue "la ineludible directiva política de sucesivos gobiernos ilustrados de plasmar legislativamente los códigos básicos, más allá de sus diferencias coyunturales" (Ramos Núñez 2001: II, 272), "el Código Civil de 1852, en verdad, reflejaba aún la organización económica y la mentalidad de una sociedad tradicional [monárquica]" (309). El sueño de un código progresista e ilustrado se disolvió frente a un código "determinado por otro género de cánones, [...] el de la actitud frente a la función y al estatuto de la Iglesia Católica y de la religión en la vida civil" (Guzmán Brito 2001: 564-565)[42].

Si bien Merino se alineó con el pensamiento liberal, la elección de Echenique le indicó al artista otra vuelta conservadora en la tumultuosa historia política peruana, posiblemente motivando su salida del Perú en 1850. Tanto como la disolución de la Segunda República dos años después de su vuelta a Paris, la ratificación del código civil peruano en 1852 también debe haber chocado con la sensibilidad liberal-ilustrada de Merino. Bajo esta orientación política, la combinación de grabados alegóricos con el texto satírico también sugiere que el abandono de Lima quedaba como la única opción para Merino, en consonancia con el sujeto poético de Terralla y Landa que aconseja al lector evitar la Ciudad de los Reyes. A la luz de los acontecimientos transatlánticos del año 1852, la sepultura que cierra el texto le brinda al libro-objeto otro compromiso político: la inscripción "1852" podría indicar ambas la muerte del pensamiento liberal en el Perú y el fallecimiento simbólico de la Segunda República Francesa. Como los

---

42. Además, bajo Echenique, el Perú sufrió una serie de escándalos monetarios centrados en el pago de las deudas externas e internas de la república y resultó en el golpe de Estado realizado por la revolución liberal de 1854-1855 y el renombramiento de Castilla como ejecutivo autocrático. Para detalles sobre el gobierno de Echenique, véase Orrego (2000).

óleos alegóricos de Poussin y Goya que informan la interpretación de *Et in Lima Ego*, los múltiples significados de esta lámina convocan la tradición gráfica y la conciencia política del artista liberal Francisco de Goya, artista cuya influencia sobre el arte y el pensamiento de Merino merece futuro estudio.

Conclusión

El título de este ensayo entonces alude a dos conceptos de ilustración: en el sentido literal, se refiere a la producción pictórica que acompaña al texto de Terralla y Landa, la ilustración litográfica de *Lima por dentro y fuera* en 1854. Además, el título sugiere que tanto Terralla y Landa y Merino dialogan con la tradición ilustrada, movimiento contemporáneo al autor satírico que ejercía una influencia significativa en ambos: tanto en la vida del pintor peruano como en los acontecimientos políticos contemporáneos a la circulación del texto colonial y su reproducción como un libro-objeto relevante para la república peruana. Al considerar por qué Merino ilustró el texto, los grabados analizados demuestran una codificación alegórica referente al pensamiento ilustrado en las artes plásticas y su trasposición pictórica sobre la sátira colonial.

De este modo, Merino y Mézin invitan al lector decimonónico del "culto [...] público hispano-americano" (Merino/Mézin 1854: 2) a leer la sátira de Terralla y Landa en el contexto de la república peruana y los acontecimientos políticos coetáneos a la radicación de Merino en Lima y París. Interpretado bajo el establecimiento del Segundo Imperio francés y la codificación civil en el Perú a base de modelos conservadores en 1852, indicados por los grabados, el libro-objeto convierte la sátira social dieciochesca en un comentario político decimonónico, reflejando los motivos moralizantes (y comerciales) de Mézin y las posibles tendencias ideológicas liberales de Merino. Reflejando la biografía de Merino y su formación académica y política en París, los grabados también destacan posibles influencias artísticas de Merino —Poussin y Goya— que hasta la fecha han recibido escasa atención. Publicado en la celebración de los treinta años de la independencia peruana, la edición parisina de *Lima por dentro y fuera* de 1854 así destaca la relación entre la sátira colonial, la ilustración textual y el pensamiento político decimonónico y pide una investigación más a fondo de la vida y la ideología de Merino y el despliegue ideológico de textos coloniales para fines políticos durante las primeras décadas de la independencia peruana.

Sobre los gauchos: un discurso de recolonización en *El Lazarillo de ciegos caminantes*

José Francisco Robles
Colgate University

Pocos años después de haber llegado a España y luego de cumplir la importante misión de trasladar a los jesuitas recién expulsados desde el virreinato del Perú a Cádiz, el funcionario gijonés Alonso Carrió de la Vandera (quien había ejercido los cargos de alcalde Mayor de Minas y Subdelegado de Bienes de Difuntos en las provincias de Chisques y Masques) es nombrado por la administración borbónica segundo comisionado para el arreglo de correos y ajuste de postas en el tramo Montevideo-Lima. Meses más tarde, el funcionario Carrió, en calidad de visitador, toma rumbo hacia la región del Río de la Plata, comenzando así su peregrinaje por el extenso territorio del virreinato peruano, en el cual pasará a inspeccionar directamente las postas y correos que componen su jurisdicción. Desde el punto de vista económico, esta revisión es clave para la administración borbónica: por las postas pasa prácticamente todo el comercio virreinal del interior. Para Carrió será la oportunidad de escudriñar los vicios económicos y sociales *in situ*, y proponer sus remedios a la realidad que él describe. Este recorrido (que durará casi dos años) será el origen de *El Lazarillo de ciegos caminantes*.

No obstante, esta obra va más allá de ser una simple descripción del estado de postas y correos del tramo comprendido entre

Montevideo y Lima. Además de ser una obra portadora de una diversidad de parodias y géneros que, como señala Ruth Hill, "leaves no doubt that his exposé continues the carnivalesque and often corrosive Menippean tradition" (2005: 18), hay otros aspectos relevantes de *El Lazarillo* que he estudiado en trabajos anteriores (Robles 2008; 2011): las complejidades en torno a su circulación, licencia de publicación e invención de un autor ficticio como su supuesto amanuense, Calixto Bustamante Carlos Inca, alias "Concolorcorvo", y sus críticas a la administración pública, la abundancia perjudicial y riqueza malgastada en el virreinato peruano. En este artículo me interesa analizar la mirada que *El Lazarillo* tiene sobre un tipo especial de habitantes que pueblan una parte del mapa virreinal que la obra recorre. Los gauchos o gauderios, que el visitador Carrió encuentra tanto en Montevideo como en la provincia de Tucumán, representan un punto importante en su crítica de la realidad americana.

La pintura que Carrió hace del conjunto de los gauchos muestra claramente su visión negativa sobre ellos. En ella, como ha dicho Madaline W. Nichols, aparece una "extra-legal class of society" (1941: 417) o, como ha señalado Anthony Tudisco (leyendo también *Descripción e historia del Paraguay y Río de la Plata*, obra de Félix de Azara), "a group of outlaws" (1958: 14). Estos sujetos marginales que deambulan sin rumbo fijo, sin orden ni sujetos a ley alguna, son el objeto de algunas reflexiones reformistas del visitador. Según él, son los gauderios culpables de un sinnúmero de vicios en las provincias visitadas, dado su carácter nómada y mestizo —como apunta David J. Weber (2005: 251)— y, por lo tanto, inestable y poco funcional para la sociedad. En este trabajo, me interesa analizar este tema, presente en varios pasajes de *El Lazarillo*, desde dos puntos específicos: la evaluación de Carrió de las "malas costumbres" de los gauderios y, posteriormente, su visión sobre una (para él) necesaria recolonización interna de los espacios por donde estos transitan en la provincia de Tucumán.

Las "malas costumbres" de los gauderios

La crítica a los gauderios o gauchos y su forma de vida —culpables, según Carrió, del malgasto y despilfarro de recursos de la región— es una constante que define los objetivos reformatorios tanto políticos como culturales de *El Lazarillo*. Entre las ideas "civilizadas" del visitador y su impresión sobre la "barbarie" del mundo de los gauchos, es decir, su inutilidad para el bien público, camina a paso firme su urgencia por modificar aquel caótico estilo de vida. La atracción del visitador por describir las costumbres de los gauderios connota un reconocimiento de estas prácticas como una cultura distinta a la europea y la indígena. Con ellos, Carrió cree enfrentarse a un nomadismo y resistencia superior a la de los indios del virreinato, a una posición mestiza que no deja ser fácilmente encuadrada en una casta cultural específica[1]. En este punto, la "sovereign Western consciousness", como llamaba Edward W. Said al intento de subordinación de oriente por el pensamiento europeo (1979: 8), va a enfrentarse a un problema mayor en el discurso del visitador. Los gauchos romperán el modelo del sometimiento político, cultural y territorial del virreinato, lo que será, de alguna forma, una suerte de fracaso del eurocentrismo imperial. Por esta razón, Carrió intentará adentrarse en su cotidianeidad y enterarse de aquellas prácticas (aunque sólo con los gauchos del Tucumán) que los convierten en sujetos profundamente inestables para el sistema. La trascendental construcción de la imagen del gauderio, con el objetivo de perpetuar la superioridad racional europea, es lo que pretendo analizar en este primer apartado.

Según Hernán Vidal, las características básicas con que Carrió rubricará la descripción de estos sujetos serán las de "bestias apenas domesticadas: son sucios, vagan por los despoblados, no tienen

---

1. Así como llevará a cabo la construcción de los gauderios, Carrió hará lo mismo con los otros grandes grupos étnicos como los indios y negros. Este último grupo es considerado por el visitador, así como por muchos hombres de su época, el escalafón más bajo de la sociedad americana colonial. A ellos, por ejemplo, dedicará breves y esporádicos pasajes, en los que se puede leer lo siguiente acerca de sus diversiones y fiestas: "Los negros civilizados en sus reinos son infinitamente más groseros que los indios [...] Las diversiones de los negros bozales son las más bárbaras y groseras que se pueden imaginar. Su canto es un *aúllo*. De ver sólo los instrumentos de su música se inferirá lo desagradable de su sonido" (1973: 383-384).

rutina, comen cuando se les antoja" (1985: 195). Todas estas características están marcadas por el cruce entre la visión despreciativa sobre este tipo americano y la crítica ilustrada sobre su irracionalidad que testificarían su poca higiene y su desobediencia a la rutina del trabajo. Vidal denomina a esta visión ideológica de *El Lazarillo* como una "antropología materialista" (194-195), cuya finalidad es justificar las diversas formas de sujeción y violencia de los pueblos americanos, puesto que éstos no entenderían la implicancia de la inmensa riqueza natural que el funcionario percibe a lo largo de su viaje virreinal.

De este modo, poco después de llegar a Montevideo y tomar posesión efectiva de su cargo de visitador de postas y correos para el tramo comprendido entre esta ciudad y Lima, tendrá su primer encuentro con "muchos holgazanes criollos" (Carrió de la Vandera 1973: 131), dedicados al vagabundeo, ante la inmutabilidad de los demás habitantes. En el corazón de la ciudad de Montevideo y sus alrededores, Carrió se encontrará con los débiles límites entre la civilización y la barbarie de las ciudades fronterizas del virreinato peruano. Así, en esa cultura que él supone semi-bárbara, entra en escena la figura del gaucho o gauderio:

> De esta propia abundancia, como dije arriba, resulta la multitud de holgazanes, a quienes con tanta propiedad llaman
>
> *Gauderios*
>
> Éstos son unos mozos nacidos en Montevideo y en los vecinos pagos. Mala camisa y peor vestido, procuran encubrir con uno o dos ponchos, de que hacen cama con los sudaderos del caballo, sirviéndoles de almohada la silla. Se hacen de una guitarrita, que aprenden a tocar muy mal y a cantar desentonadamente varias coplas, que estropean, y muchas sacan de su cabeza, que regularmente ruedan sobre amores. Se pasean a su arbitrio por toda la campaña y con notable complacencia de aquellos semibárbaros colonos, comen a su costa y pasan las semanas enteras tendidos sobre un cuero, cantando y tocando. Si pierden el caballo o se lo roban, les dan otro o le toman de la campaña, enlazándolo con un cabestro muy largo que llaman *rosario*. También cargan otro, con dos bolas en los extremos, del tamaño de las regulares con que se juega a los trucos, que muchas veces son de piedra que forran de cuero, para que el caballo se enrede en ellas, como asimismo en otras que llaman ramales, porque se componen de tres bolas, con que muchas veces lastiman los caballos, que no quedan de servicio, estimando este perjuicio en nada, así ellos como los dueños (133-135).

Con la voz *gauderio*, se encierra sin más la significativa caracterización de estos personajes vagabundos y holgazanes. Más allá de los laberintos etimológicos que desencadenarán finalmente la voz 'gaucho' (supuestamente proveniente del latín *gaudere*), cabe destacar que este nombre, con que se define a esa "multitud de holgazanes", anida en su raíz un supuesto estado de vida en permanente juerga, sin límites, en una existencia perdida en el vicio y el exceso. Curiosamente, ya en una obra del siglo XVII —me refiero a *Compendio y Descripción de las Indias Occidentales* de Antonio Vázquez de Espinosa— hay un acercamiento a un tipo de sujeto similar al gauderio. Este cronista recorrió el mismo camino que el visitador Carrió (aunque en sentido inverso) y describió un grupo de indios (los *guaycurus*) que poseían varios rasgos similares a los gauchos: "Enfrente de la ciudad está la nación de los *Guaycurus*, gente ruin y haragana, andan desnudos, no siembran ni cultivan; susténtanse de caza y pesca; son grandes tiradores de flechas [...] porque esta bárbara nación, además de ser tan haragana, no tienen población, más que unas esteras, que las mudan cuando quieren a otra parte" (Vázquez de Espinosa 1969: 448). Tanto los *guaycurus* de Vázquez de Espinosa como los gauchos de Carrió, como analizaré, representan a un tipo de población que debiera ser erradicada del territorio virreinal.

Otro elemento importante del fragmento de *El Lazarillo* que acabo de citar es la imagen física que Carrió hace del gaucho. La rusticidad de su vestimenta denota la de su espíritu indolente y marginal, así como sus prácticas de cacería y el derroche de la carne. De este modo, la imagen del gauderio es, para Carrió, una estampa de la violencia contra el mundo civilizado, que se desenfunda metonímicamente con la presencia de su arsenal de caza y defensa, las bolas o boleadoras, pero también con un instrumento particular: la "guitarrita"[2]. Esta destemplada guitarrita, que tocan mal, reemplazará a las herramientas de trabajo y estropeará la herencia poética de la popular copla española, violentando con ello la cultura hegemónica a la cual pertenece

---

2. Según Richard Pinnel es *El Lazarillo* la primera obra que habla de la guitarra como inseparable compañera del gaucho (1984: 246). Rosalba Campra enfatiza el carácter despectivo que tiene la voz 'guitarrita' en la visión que Carrió tiene de los gauchos: "es evidente aquí el uso del diminutivo "guitarrita" no con la función neutra de indicación del tamaño, sino como marca de una apreciación despectiva" (2004: 312).

el visitador. Pero esta violencia contra la herencia colonial tiene sus cómplices. Tales comunidades de colonos serán vistos por el visitador como los responsables o cómplices de tal desborde: no sólo les dan comida a estos trotamundos, sino también los caballos que necesitan para vagabundear libres (o absueltos) por la campiña.

Unas líneas más adelante, la descripción sobre la vida licenciosa de los gauchos ahondará, nuevamente, sobre el factor del derroche de recursos. La dieta alimenticia de estos particulares sujetos está basada exclusivamente en la carne de res; para conseguirla, utilizan sus rústicos instrumentos (como las boleadoras, provenientes de las culturas indígenas), saqueando, así, la campiña con absoluto desparpajo y nula conciencia de racionalización. Según el visitador, la búsqueda de la comida por parte de los gauchos es uno más de sus divertimentos y funestos goces que acostumbran realizar en la provincia:

> Muchas veces se juntan de éstos cuatro o cinco y a veces más, con pretexto de ir al campo a divertirse, no llevando más prevención para su mantenimiento que el lazo, bolas y un cuchillo. Se convienen un día para comer la picana de una vaca o novillo; le lanzan, derriban y bien trincado de pies y manos le sacan, cuasi vivo, toda la rabadilla con su cuero, y haciéndole unas picaduras por el lado de la carne, la asan mal, y medio cruda se la comen, sin más aderezo que un poco de sal, si la llevan por contingencia. Otras veces matan sólo una vaca o novillo por comer el matambre, que es la carne que tiene la res entre las costillas y el pellejo. Otras veces matan solamente por comer una lengua, que asan en el rescoldo [...] Venga ahora a espantarnos el gacetero de Londres con los trozos de vaca que se ponen en aquella capital en las mesas de estado. Si allí el mayor es de a 200 libras, de que comen doscientos milords, aquí se pone de a 500 sólo para siete u ocho gauderios, que una u otra vez convidan al dueño de la vaca o novillo, y se da por bien servido (Carrió de la Vandera 1973: 136-137).

Este salvajismo en las costumbres alimenticias de los gauderios, es vista por Carrió como una especie de cadena de barbarie en la que desfilan la búsqueda del alimento por diversión, el carneo y el consumo a destajo. La mortandad excesiva de ganado que provocan los gauderios no tiene para el visitador ninguna explicación racional. Esta hiperbólica escena se repite una y otra vez cuando en *El Lazarillo* se cruzan la desidia de estos hombres y su incuantificable daño.

En la escritura del visitador, son estos hombres, los gauchos, quienes consumen salvajemente el tesoro y erario natural de recursos que debe ser aparejado idealmente para el beneficio de la Corona.

Esta relación entre gauderios y abundancia de recursos es, para Mariselle Meléndez, una muestra de la configuración identitaria de este grupo en relación con los factores económicos e intereses colonialistas de *El Lazarillo* (1999: 108-109). Esta idea, que comparto, no quedaría del todo completa si no se une a la búsqueda de una reterritorialización del virreinato, tanto geográfica como social. Los factores económicos colonialistas guardan relación con los espacios geográficos del comercio, cuya misión está encargada a Carrió por el camino de las postas, así como, socialmente, son parte del proceso de sistematización del orden colonial interno. La tierra y todo lo que contiene (hombres, animales y plantas), están bajo la sombra de la mirada adánica del funcionario, quien tendrá que reconocer, reidentificar y volver a rotular las especies que ese espacio contiene, al modo de la historia natural y el discurso exploratorio que Mary Louise Pratt ha analizado (2008: 23).

No obstante este afán taxonómico de la historia natural europea sobre América, efecto directo de las búsquedas comerciales transatlánticas, toma parte en el discurso de Carrió con algunos matices. Los intereses colonialistas de *El Lazarillo* no sólo fomentan la apropiación del territorio potencialmente explotable, sino también de la sociedad y los grupos que la componen. De esto resulta un innegable proceso de rotulación, pero también uno de indistinción o difusa correspondencia entre la caracterización y clasificación propia de los componentes humanos y los recursos naturales. Ambos componentes, o mejor dicho, los gauchos y la abundancia de recursos, forman parte de la misma construcción del desorden virreinal y exigen la disciplina racionalizadora que estreche eficientemente el cerco sobre estos "objetos" de colonialidad. Por este motivo, la obra de Carrió insiste en la necesidad de que esa tierra, por donde transitan impunemente los gauchos, sea finita y delimitada claramente, para facilitar o hacer posible una efectiva penetración social y comercial de la racionalización colonial por la que el visitador aboga. Es quizás por ello que el funcionario Carrió no se hará cargo del detalle exhaustivo sobre la naturaleza animal o vegetal, a modo de los naturalistas, pues su preocupación mayor está puesta sobre los hombres que habitan la tierra, cuestión que iré desarrollando en el curso de este artículo.

Los gauchos, a partir de esta relación con los recursos naturales, tendrán una descripción bastante más detallada en la provincia de Tucumán, una de las regiones más ricas del, hasta entonces, virreinato peruano. Como se puede ver, no le bastará a Carrió con haberlos descrito en Montevideo; también seguirá sus pasos por estas provincias interiores, demostrando con ello la extensión del reinado de la holgazanería que carcome la administración. Este grupo social se emplaza en las regiones más distantes a Lima y, desde 1776, se establecerá entre los puntos diametrales que marcarán los límites del futuro Virreinato del Río de la Plata. Así, dada la extensión territorial y, por consiguiente, perjudicial de los gauchos, no resulta extraña la obsesiva fijación que Carrió tendrá en su estilo de vida particular. Este interés irá cerrando el cerco discursivo sobre estos "objetos", cuya utilidad será una clave político-económica del reformismo para el conjunto de burócratas lectores de "aquende y allende el mar" (Carrió de la Vandera 1973: 100).

La estadía del visitante en Tucumán será una gran oportunidad para adentrarse en la vida cotidiana de estos nómades y describirlos con mayor detalle, como ya he anunciado. Preliminarmente, se puede señalar que su acercamiento etnográfico a este grupo es una estrategia que busca otorgarle a su descripción un tono experiencial y empírico que, en última instancia, intenta darle categoría de verdad a aquello que se informa. No obstante la persistencia de este modelo experiencial de acercamiento, como eje metodológico de sus observaciones a lo largo de su viaje, Carrió pondrá en circulación su táctica de la anécdota como otra articulación metodológica. En el marco de sus *excursus*, esta anécdota tucumana irá más allá del relato de un hecho simple y ejemplificador de su postura crítica[3], hacia la configuración de un escenario narrativamente complejo sobre el cual situará parte de su ataque contra los gauderios.

---

3. Marina Gálvez llama a estas anécdotas "adivinanzas de tipo moralizante o didáctico" (1990: 51). En estricto rigor, estas anécdotas no son en sí "adivinanzas", ya que ellas mismas contienen un peso ideológico que no es necesario adivinar, puesto que el mismo Carrió comenta y devela sus alcances políticos, como se verá en el análisis de los fragmentos que a continuación cito.

En ese marco, relatará desde la pluma de su secretario Concolorcorvo su encuentro con estos sujetos en un monte cercano a Jujuy. Allí llegará la cuadrilla del visitador, recibida alegremente por estos colonos. El funcionario pedirá licencia para compartir unos instantes con ellos y conocer sus costumbres de manera más directa. Ningún elemento faltará que no corrobore lo que antes había dicho sobre los gauchos que habitaban Montevideo, antes agregará otros: a la guitarra, cueros, alojas, lazos, bolas, cuchillos y abundante carne, se les sumará una transcripción censurada de un par de esas "estropeadas" coplas y la presencia de algunas masculinas mujeres que no harán otra cosa que aumentar la macarrónica escena de ese mundo salvaje. El visitador pedirá al jefe del grupo, un viejo de ciento cuatro años llamado Gorgonio, que le canten unas coplas de esas que acostumbran a improvisar:

> [...] señor Gorgonio, sírvase Vm. mandar a las muchachas y mancebos que canten algunas coplas de gusto, al son de sus acordados instrumentos. Sea enhorabuena, dijo el honrado viejo, y salga en primer lugar a cantar Zenobia y Saturnina, con Espiridión y Horno de Babilonia. Se presentaron muy gallardos y preguntaron al buen viejo si repetirían las coplas que habían cantado en el día o cantarían otras de su cabeza. Aquí el visitador dijo: Estas últimas son las que me gustan, que desde luego serán muy saladas. Cantaron hasta veinte horrorosas coplas, como las llamaba el buen viejo, y habiendo entrado en el instante la madre Nazaria con sus hijas Capracia y Clotilde, recibieron mucho gusto Pantaleón y Torcuato, que corrían con la chamuscada carne (Carrió de la Vandera 1973: 249).

Con este acercamiento a la vida de los gauchos, la *hybris del punto cero* del visitador, esa soberbia ilustrada que mira "objetivamente" desde el panóptico a esta particular sociedad —como ha dicho Castro-Gómez (2005: 18)—, juzga una serie de sucesos que comienzan con estas referencias humorísticas. La ironía del visitador en este pasaje queda explícita: en su mandato de cantar coplas "al son de sus acordados instrumentos" las que, en realidad, le parecen "horrorosas", pone en movimiento una particular forma de diversión. Esta diversión corre, más que por la temática de las coplas, por las mujeres y hombres de este mundo burdo y rústico, a los ojos de Carrió, el cual servirá de espectáculo para él y su cuadrilla. Esta misma espectacularización jocosa y ridiculizadora de los gauchos, la apreciaremos en sus observaciones sobre los nombres. De aquellos nombres (Gorgonio, Zenobia, Saturnina, Espiridión, entre otros) el visitador sacará cierta ventaja argumentativa, con el fin de enfatizar su descripción del estado bárbaro e ignorante de estos sujetos:

> También extrañamos mucho los extravagantes nombres de los hombres y mujeres, pero el buen viejo nos dijo que eran de santos nuevos que había introducido el doctor don Cosme Bueno en su Calendario, y que por lo regular los santos nuevos hacían más milagros que los antiguos, que ya estaban cansados de pedir a Dios por hombres y mujeres, de cuya extravagancia nos reímos todos y no quisimos desengañarlos, porque el visitador hizo una cruz perfecta de su boca, atravesándola con su índice (Carrió de la Vandera 1973: 252).

Los nombres extraños tienen aquí su explicación burlesca. Aquellos excéntricos nombres, supuestamente, están sacados de un número del extensísimo almanaque de Cosme Bueno, un famoso polígrafo avecindado en Lima[4]. La referencia a Bueno, de la que saca partido el visitador, profundiza aún más la burla sobre los nombres de los gauderios: estos seres iletrados serían ni más ni menos lectores de uno de los mayores ilustrados de Lima, quienes, por su ignorancia, fusionan sus propios y supersticiosos razonamientos con la cultura letrada que interpretan mal. Esta errada interpretación de la cultura letrada no actúa sola. Es auxiliada por las supersticiones y el débil sostén lógico, propio del retrato que el visitador hace de las capas populares. De esta forma, los gauchos son dueños de una doble ignorancia, la de la cultura letrada virreinal y la de las

---

4. Cosme Bueno (1711-1798), fue cosmógrafo del virreinato peruano y un conocido sabio de origen aragonés, contemporáneo y muy respetado por Carrió, quien se refiere a él en el "Prólogo" de la obra de la siguiente manera: "El cosmógrafo mayor del reino, doctor don Cosme Bueno, al fin de sus Pronósticos anuales, tiene una idea general del reino, procediendo por obispados. Obra verdaderamente muy útil y necesaria para formar una completa historia de este vasto virreinato" (117). Según D. W. Mcpheeters, *El Lazarillo* se nutre de muchas informaciones que Bueno recopila en una de sus tantas enciclopedias, como las *Descripciones de provincias* (1767-1793) que serán una parte fundamental de los estudios sobre la región realizados por los ilustrados peruanos (1955: 485). Del mismo modo, estos santos que el visitador dice que aparecen en el Calendario, efectivamente, provienen del renovado santoral que incluirá el sabio limeño en un tomo de su almanaque, denominado *El conocimiento de los tiempos*, publicado alrededor de 1770 (490).

cosas relativas al culto cristiano. La supuesta lógica falaz y absurda del viejo Gorgonio causa risa entre la comparsa del visitador quien, muy templado, cauto y astuto frente a aquellos "salvajes", ordena el silencio no por respeto, sino por miedo a una barbárica reacción. Esta señal de la cruz en la boca del visitador figura tanto el llamado a la prudencia o mesura ante el peligro, como el exorcismo ante la herejía ilustrada de los iletrados gauderios.

En *El Lazarillo* la anécdota, como crítica, cruzará el discurso empírico con el ficcional, a partir de una mixtura entre su construcción taxonómica sobre un grupo social específico y el encuadre narrativo de estas anécdotas. Con este uso de la anécdota en casos descriptivos e informativos, Carrió pretende dibujar una composición de lugar sobre las cosas de su viaje por el virreinato. La estadía entre los gauchos y este pasaje en Jujuy, del cual he citado dos fragmentos, es utilizada por el visitador para introducir a los lectores en cuestiones que van más allá del mero sentido humorístico e intertextual con otras obras de la tradición española que lo influirían estilísticamente[5]. A través de las anécdotas tucumanas, *El Lazarillo* pretende escribir una breve historia de los gauchos o gauderios, su vida y sus costumbres probadamente "salvajes" o fuera de la legalidad, penetrando este mundo desde su visión en el *punto cero*, concepto con el cual Castro-Gómez ha caracterizado la mirada ilustrada sobre la realidad americana.

La estructuración anecdótica del relato de *El Lazarillo* no es, por consiguiente, un hecho ni formal ni lúdico, como algunos críticos han juzgado (Carilla 1976, Delgado 2002 y Gómez Tabanera 1983). Haciendo uso de la anécdota como herramienta para describir a este grupo social, Carrió escribirá *contra* las prácticas cotidianas de los sujetos que habitan los parajes tucumanos, la jauja de la abundancia y el derroche del virreinato peruano. Con el uso

---

5. Sin pretender adentrarnos en este ámbito, podemos apreciar la cercanía entre este relato de Carrió y el pasaje del Quijote y los cabreros, en la novela de Cervantes. No sólo este breve hecho familiariza intertextualmente a *El Lazarillo* con algunas obras del género literario; también lo hace posible la existencia de dos personajes protagonistas del relato: el visitador y Concolorcorvo se relacionan de una manera particularmente cercana a don Quijote y Sancho Panza. Esta hibridación de registros discursivos es, probablemente, parte de esa sociabilización literaria propia de la literatura del siglo XVIII. Mazzara (1963) señala éste y otros tipos de intertextos presentes en *El Lazarillo*.

de la anécdota, la ficcionalidad del relato del visitador *productivizará* la ideología colonializante del eurocentrismo que presenta la obra, como diría Said: no sólo los escritores e intelectuales "reflejan" pasivamente en sus trabajos el influjo de las políticas imperialistas, sino que también la *producen* (y no sólo reproducen) en sus obras: "We can better understand the persistence and the durability of saturating hegemonic systems like culture when we realize that their internal constraints upon writers and thinkers were *productive,* not unilaterally inhibiting" (1979: 14). Desde este punto, podemos develar las estrategias que construyen ideológicamente sus descripciones y los "tipos" de sujetos que una obra como *El Lazarillo* va formando a lo largo de su relato.

Recolonización interna: un proyecto para el Tucumán

Por debajo de estas jocosas anécdotas, Carrió buscará empatizar sus ideas con un lector ilustrado, introduciéndolo mediante ellas al verdadero objetivo en este nivel discursivo: la penetración o recolonización de los extensos territorios habitados por los gauchos. En este sentido, el uso de la anécdota es una primera penetración discursiva al territorio que debe ser recolonizado. Habiendo establecido, a partir de esta anecdótica mirada, la imagen de los gauderios, Carrió se atreverá a depurar sus ideas para un plan mayor. Sin duda, los primeros pasos ya han sido dados: enumerar y describir las cuitas administrativas, la abundancia de recursos malgastados y quiénes son los que cometen semejante derroche. El segundo paso a seguir será el siguiente: diseñar qué se podría hacer con algunos de estos recursos materiales y humanos que están ahí, esperando una mano ordenadora y racionalizadora. Mediante su observación de los enormes despoblados y un bajísimo número de habitantes en las provincias visitadas, Carrió comenzará con sus propuestas para remediar la ruina que amenaza a la provincia de Tucumán:

> Esta gente [los gauchos], que compone la mayor parte del Tucumán, fuera la más feliz del mundo si sus costumbres se arreglaran a los preceptos evangélicos, porque el país es delicioso por su temperamento, y así la tierra produce cuantos frutos la siembran, a costa de poco

trabajo. Es tan abundante de madera para fabricar viviendas cómodas, que pudieran alojarse en ellas los dos mayores reinos de la Europa, con tierras útiles para su subsistencia. Solamente les falta piedra para fuertes edificios, mares y puertos para sus comercios, en distancias proporcionadas, para costear la conducción de sus efectos; pero la falta mayor es la de colonos, porque una provincia tan dilatada y fértil apenas tiene cien mil habitantes, según el cómputo de los que más entienden [...] Cien mil habitantes en tierras fértiles componen veinte mil vecinos de a cinco personas, de que se podían formar 200 pueblos numerosos de a cien vecinos, con 500 almas cada uno, y en pocos años se podrían formar multitud de pueblos cercanos a los caudalosos ríos que hay desde el Carcañal hasta Jujuy (Carrió de la Vandera 1973: 253).

A la extrapolación de los preceptos cristianos hacia los niveles de la disciplina social —que el visitador ve como un hecho necesario en el caso de los gauchos— se suman otros elementos a considerar: la escasez de colonos y la abundancia de frutos y recursos sin explotar en la región, los cuales reaparecen aquí con el objetivo de enmarcar un proyecto de repoblamiento en el que cabrían "los dos mayores reinos de la Europa". En este plan, los colonos de Tucumán —que en su gran mayoría son gauderios— no forman parte del verdadero propósito de Carrió. Como se verá en breve, esta expresión acerca de la amplitud de la provincia tucumana no es sólo una comparación hiperbólica de las capacidades comerciales del Tucumán. Junto con su deseo de ordenación racional y simétrica del insuficiente número de colonos el visitador profundizará en otros términos la comparación que acabo de referir. Ésta servirá para proponer la llegada de nuevos colonos, tanto españoles como extrapeninsulares, cuyo arribo tendrá como finalidad extraer el usufructo que los criollos no son capaces de extraer[6]. En apoyo a esta idea de repoblamiento, Carrió esbozará el siguiente plan:

> Si la centésima parte de los pequeños y míseros labradores que hay en España, Portugal y Francia, tuvieran perfecto conocimiento de este país, abandonarían el suyo y se trasladarían a él: el cántabro español,

---

6. A diferencia del Tucumán, según Jean Piel, las provincias como la de Buenos Aires ya poseían, hacia finales del siglo XVIII, una importante población de inmigrantes europeos, ya sea españoles o de otras naciones (1989: 301). Por este motivo, el Tucumán, Salta y Jujuy —el "Norte"— serán vistos por Carrió como lugares marginales, los cuales necesitarían una productiva inmigración europea.

de buena gana; el lusitano, en *boahora*, y el francés *très volontiers*, con tal que el Gran Carlos, nuestro monarca, les costeara el viaje con los instrumentos de la labor del campo y se les diera por cuenta de su real erario una ayuda de costas, que sería muy corta, para comprar cada familia dos yuntas de bueyes, un par de vacas y dos jumentos, señalándoles tierras para la labranza y pastos de ganados bajo de unos límites estrechos y proporcionados a su familia, para que trabajasen bien, y no como actualmente sucede, que un solo hacendado tiene doce leguas de circunferencia, no pudiendo trabajar con su familia dos, de que resulta, como lo he visto prácticamente, que alojándose en los términos de su hacienda, una o dos familias cortas se acomodan en unos estrechos ranchos, que fabrican de la mañana a la noche, y una corta ramada para defenderse de los rigores del sol, y preguntándoles que por qué no hacían casas más cómodas y desahogadas, respecto de tener abundantes maderas, respondieron que porque no los echasen del sitio o hiciesen pagar un crecido arrendamiento cada año, de cuatro a seis pesos; para esta gente, inasequible, pues aunque vendan algunos pollos, huevos o corderos a algún pasajero, no les alcanza su valor para proveerse de aquel vestuario que no fabrican sus mujeres, y para zapatos y alguna yerba del Paraguay, que beben en agua hirviendo, sin azúcar, por gran regalo (1973: 254-255).

Este fragmento puede ser dividido en dos partes. Por un lado, tenemos la configuración utópica de lo que para Carrió es necesario hacer con el territorio tucumano. En esta utopía, españoles, portugueses y franceses ocupan la principal plaza de su planificación recolonizadora. Las medidas de subvención de esta ocupación —piensa el funcionario— deben provenir del Estado metropolitano de Carlos III, que armará y ubicará las piezas humanas que explotarán los recursos de la tierra. Por otro lado, el visitador muestra un presente anómalo y de perjudiciales falencias que constituye aquello que merece una reforma. En ese arruinado presente están los colonos y gauchos tucumanos, quienes no poseen la propiedad de una tierra que parece pertenecer exclusivamente a los hacendados criollos.

Como Carrió en el virreinato peruano, años más tarde, en España, Gaspar Melchor de Jovellanos en su *Informe de la Sociedad Económica de esta corte al Real Supremo Consejo de Castilla en el expediente de Ley Agraria* (1794) también criticará las extensas haciendas que poseen los terratenientes españoles. Para Jovellanos no bastan los caminos que Carlos III mandó construir por los lugares más inaccesibles de la península si los campesinos no son dueños de la tierra que labran. Para Carrió tampoco estas obras viales serán significativas en el virreinato, como afirma cuando presencia el puente de Chuquisaca, al iniciar la primera parte de su itinerario: "La idea de este puente fue buena, pero no se pudo perfeccionar en un reino y provincia abundante de plata, pero escasa de colonos y frutos" (1973: 287). Sin embargo, Chuquisaca no es un pueblo castellano, pues en la provincia peruana hay abundantísimo oro y, por lo tanto, una inevitable población flotante. Ni Chuquisaca es el dilatado Tucumán: aquí hay frutos y, por consiguiente, posibilidades de situar una población fija que, por el momento, no ha sido posible sujetar por su errabunda forma de vivir. No obstante, en esta cruda evaluación de Carrió sobre el presente tucumano sus protagonistas no forman parte de una solución. Es decir, el visitador no replanifica el desorden que existe en su presente, sino que sobrepone su utopía recolonizadora para la provincia, tal como también la soñó Vázquez de Espinosa en el siglo XVII[7].

De este modo, para Carrió, el distópico Tucumán debe europeizarse, negando (aunque no totalmente) la capacidad de "redención" de los antiguos colonos. Puesto que, como señala el funcionario sobre estos criollos, "estos así están contentos, pero inútiles al Estado, porque no se aumentan por medio de los casamientos ni tienen otro pie fijo y determinado para formar poblaciones capaces de resistir cualquier invasión de los indios bárbaros" (1973: 257),

---

7. Vázquez de Espinosa describe de la siguiente manera el espacio pampino de Tucumán: "Hay en esta tierra grandes llanadas, que llaman pampas, que se pierden de vista y hacen horizontes redondos como en la mar, y a los montes llaman islas, los cuales tienen por guías por no perderse en tan grandes llanadas [...]" (1969: 426). Estas pampas, como mares, y estos montes, como islas, son la metáfora de la pampa tucumana habitada por estos "perdidos" gauderios que el visitador construye. A estas imágenes de la pampa, Vázquez de Espinosa también planteará la idea de penetración y sujeción de los habitantes indígenas del Tucumán, para extraer las riquezas de su tierra: "La ciudad de Salta o Lerma, está entre Xuxuy y Esteco, la cual es de pocos vecinos, aunque rica en tierras fértiles y hermosos valles, abundantes de aguas en cuya comarca está también el valle de Calchaquí, pueblos de Casabindo, Sococha, Cochinca, Moreta y la nación de los Apamatas y otras grandes provincias de gentiles, que si los pocos españoles tuvieran posible para conquistarlas y reducirlas, con que se aseguraba el paso de los que van del Piru a aquel reino, fuera de grande importancia, y aun se había de poner calor en ello, y encargar más aquella población, haciendo mercedes a los que fuesen a ella con que se reducirían aquellas naciones a la fe, y sería la tierra muy rica" (446).

estaría absolutamente justificada la llegada de una mano de obra europea, ordenadora del extenso territorio. Por ello, el verdadero proyecto o plan mayor de Carrió no será el de redistribuir y reordenar a los gauchos, sino el de comenzar a encajonar, con esta renovadora colonización, el libre tránsito de aquellos "perjudiciales" sujetos.

Esta idea de estrechamiento territorial de los gauderios será, para el visitador, la condición necesaria que permitirá cumplir su proyecto para el Tucumán. El proceso de la configuración anecdótica de estos sujetos, la evaluación de su barbarie y su marginalización del proyecto de recolonización interna, llegan a un último punto de resolución. A la pregunta sobre qué se debe hacer con estos hombres inútiles al Estado, que sólo tienen por satisfacción comer carne a destajo, beber sus alojas y yerba mate, jugar al "truco"[8], cantar sus "horrorosas" coplas y vagabundear libremente por la campiña, el visitador tendrá una respuesta certera y planificada. Para él, está claro que seguirá allí el espacio de los montes y las grandes pampas, por donde los gauderios pueden proseguir con su *gaudeamus*, al igual que el peligro fronterizo que amenaza a cualquier proyecto de reordenación. Este peligro tras los montes es la presencia de los indios salvajes que, constantemente, merodean por la provincia. La contención del avance de los indios chaqueños será el proyecto de Carrió para los gauchos, con el fin de que sirvan a la defensa de su europeizado Tucumán. De este modo, no sólo se estrechará el espacio territorial de los indios, sino que también se hará posible la sujeción de estos criollos:

> A éstos [los indios del Chaco] jamás se conquistarán con campañas anuales, porque un ejército volante de dos a tres mil hombres no hará más que retirar a los indios de un corto espacio del Chaco, y si dejan algunos destacamentos, que precisamente serán cortos, los exponen a ser víctimas de la multitud de indios, que se opondrán a lo menos cincuenta contra uno. Para la reducción de éstos no hay otro arbitrio que el de que se multipliquen nuestras poblaciones por medio de los casamientos, sujetando a los vagantes a territorios estrechos

---

8. El "truco" es un juego practicado por los gauderios o gauchos, con bastantes similitudes con el del billar. Se juega en una mesa con tablillas (barandas), troneras (buchacas) y otros implementos. Consiste, en una de sus variantes (truco bajo), en echar con la bola propia la del contrario por sobre la baranda.

y sólo capaces de mantenerlos con abundancia, con los correspondientes ganados, obligando a los hacendados de dilatado territorio a que admitan colonos perpetuos hasta cierto número, con una corta pensión los primeros diez años, y que en lo sucesivo paguen alguna cosa más, con proporción a los intereses que reportaren de la calidad de las tierras y más o menos industria, aunque creo sería más acertado como sucede en algunas provincias de la Europa, el que estos colonos pagasen sus censos en las especies que cogiesen de la misma tierra, como trigo, ganado, en vacas o novillos, carneros, gallinas, etc., para que unos y otros procurasen aumentar estas especies y alimentarse mejor, y sacar de sus sobrantes para pagar el vestido (Carrió de la Vandera 1973: 257-258).

El deseo de que estos vagantes colonos se arreglasen a los preceptos evangélicos tendrá como fin el casamiento, la sujeción a una unidad familiar que servirá de verdadero escudo humano o freno contra las arremetidas de los indios chaqueños. Sin duda, esta solución para los gauchos no es del todo integradora; sólo apuesta por una conversión de la barbarie en civilización, en la medida que tal cambio sea funcional para la explotación por parte del Estado. Tampoco Carrió volverá a insistir en la división de la tierra de los grandes hacendados, sino en situar en ellas un número a definir de inquilinos que pagarán su tributo después de diez años. Casamientos e inquilinaje[9] parecen ser las soluciones más prácticas y rápidas para asentar y amarrar a los gauderios, bajo un sistema agrario forzado que tendrá gran éxito para las oligarquías de los futuros siglos XIX y XX.

Lo que antes era una idea no muy detallada, acerca de la mano de obra europea, ahora se torna una estructura de formas más precisas, calculadas y depuradas. Así, esos sujetos parasitarios, dice el visitador, que "no tienen otra providencia que la de un trozo grande de carne bajo de su ramada" (1973: 258), son las piezas que deseará mover hacia un nuevo proceso de colonialidad. Para este itinerante

---

9. Incluso en su anterior estadía en Salta, Carrió ya había realizado una preliminar propuesta acerca del pago del peonaje y cómo habría que sujetarlos para que no desaprovecharan su sueldo en diversiones ilícitas: "[...] señalarles una tienda, a donde concurren con sus mujeres y familia, y cada uno saca lo que necesita en lienzo, lana o seda, entregándoles en plata una corta parte para pagar el sastre y correr algún gallo, como ellos dicen y que se reduce a comer, bailar y cantar al son de sus destempladas liras" (1973: 214).

de profesión, los itinerantes de oficio deberán ser descritos, primero y, luego, proscritos a los límites de la provincia: su utopía poseerá una demarcación precisa, habitantes claramente identificables (como si fuesen parte de un cuadro de castas) y vagabundos reformados y convertidos en productivos colonos.

Si los gauderios tienen alguna posibilidad de redención y relativa inclusión dentro de una sociedad fronteriza como la tucumana, se deberá a la derrota y exterminio de los indios chaqueños que deben ser el trofeo que corone el proyecto de Carrió. Ni los indios del Chaco ni otros indios participarán como agentes de su modelo recolonizador. Dentro de este proyecto, los indios poseerán una escasa o nula posibilidad de ser posicionados activamente en el tablero social, convirtiéndose sólo en objetos de tal proceso. Sin embargo, los indios no parecen del todo derrotados en este juego: los gauchos, como peones que han de ser en esta estrategia, no van hacia adelante engullendo ordenadamente las cuadrículas o palmos de la tierra tucumana. Por ello, para que la recolonización o reaprovechamiento metropolitanos de estos espacios económicos y sociales sea efectiva, los indios tienen que ser —si se me permite la metáfora con el juego gauchesco del "truco"— la bola despedida fuera de la barandilla, del límite, a fin de no estorbar aquellos procesos que el visitador ya ha diseñado para el Tucumán.

En síntesis, la configuración anecdótica del gaucho, como sujeto fronterizo, caracterizado como holgazán, licencioso, bebedor y principal culpable del derroche de recursos en la provincia, forma parte de otro proyecto de Carrió: la creación de un hombre nuevo, distinto del salvaje[10], con una funcionalidad apropiada a los intereses del Estado. Sin embargo, esta utilización del gaucho no es otra cosa que un medio para conseguir su marginalización de la sociedad virreinal, para la cual el visitador desea una nueva dinámica recolonizadora proveniente de Europa. Los gauchos son, para el autor, un recurso más de los tantos que se malgastan en el virreinato peruano.

---

10. David J. Weber llama a este objetivo la "ciencia de crear a un hombre", la que tiene como principal misión la recomposición de los indios en el sistema religioso español, llevada a cabo en el siglo XVIII por los misioneros de las distintas órdenes, especialmente la jesuita y franciscana (2005: 91).

PARTE II:

BRASIL-COLÔNIA

Autoria, pseudo-autoria e tradução
As formas de sátira em Gonzaga e Gregório de Matos e Guerra

Élide Valarini Oliver
University of California, Santa Barbara

Assim como a sátira de Gregório de Matos e Guerra, conhecida localmente em seu tempo, mas de disputada e difícil atribuição na posteridade, a sátira das *Cartas Chilenas* também teve sua autoria conferida a Cláudio Manuel da Costa e depois, graças aos estudos de Afonso Arinos e Rodrigues Lapa, a Tomás Antônio Gonzaga.

Haveria alguma relação essencial entre anonimato e sátira? Ou seria o anonimato, ou a pseudo-autoria, apenas uma estratégia externa, deliberadamente escolhida para escapar às consequências políticas e policiais do impacto daquela?

Não há respostas simples para estas questões. Examinando a obra de Gregório de Matos, o que se constata, e isto não é nenhuma novidade, é que nem toda sátira a ele atribuída é de sua autoria. Muitas composições anônimas juntaram-se ao corpus da obra do poeta, visto que seus poemas figuravam nos "livros de mão" correntes à época. Como lembra Wilson Martins, o sistema de livros de mão, inevitável num lugar sem tipografia, deve ter salvo a produção poética de Gregório de Matos, mas como já havia acontecido com os cancioneiros camonianos (para lembrar um precedente ilustre), há de tê-la indiscriminadamente misturado com obras de outras origens (*História* 230). Ironicamente, o fenômeno acontece na contracorrente da tradição autoral da sátira, onde muitos de seus praticantes se querem incógnitos propositalmente. Mas essa é uma falsa pista, pois a inflação da obra de Gregório se dá por vários motivos: a falta de edições criteriosas, o desejo de excessiva atribuição de admiradores posteriores que incorporaram toda e qualquer quadrinha anônima à obra do poeta baiano (inclusive com as consequências inevitáveis de tomar o autor como mero plagiador)[1], a necessidade de justificar a fundação de escolas e tendências literárias buscando raízes no passado, etc. Tais liberdades se fundam, em geral, numa atribuição anacrônica à função de autor, como se ela apenas significasse o sujeito de carne e osso, "fonte" psicológica e material da obra.

Seja como for, o próprio Gregório de Matos, que provavelmente não pensava em si como primordialmente um satirista e nem como um *autor* ou poeta, não se preocupou em reivindicar ou deixar de reivindicar obra sua. As sátiras que escreveu e as que lhe foram atribuídas, seja em seu próprio tempo ou posteriormente, foram-se-lhe acumulando em torno de si mais como uma carapaça pesada, e menos como o "capote de algodão" do Boca do Inferno, que, ao que parece, o nosso agora *autor* vestia com orgulho e talvez sem muita temeridade[2].

Por outro lado, E. R. Curtius, já no início do século XX, explodiu a generalizada noção de que haveria uma tradição de anonimato vinda da Idade Média, no sentido psicológico do termo, ou seja, o "desejo" de manter-se anônimo. Seu argumento demonstra que reivindicar ou não a autoria de uma obra dependia de escolha, o que implicava não meramente escolha individual do ser vivente do autor, mas o lugar retórico do mesmo. E o exemplo vem da Anti-

---

1. Acusação levantada ainda em vida do poeta: "Doutor Gregório Gadanha/Pirata do verso alheio". Em Martins 2001: 226. Martins aqui também critica a edição de James Amado (1969) que lê erroneamente "Guaranha" em vez de "Gadanha".

2. Faço alusão ao "capote de algodão" que o poeta gostaria, referindo-se à Bahia, que vestisse no soneto dedicado à cidade da Bahia: "*Oh se quisera Deus, que de repente/ Um dia amanheceras tão sisuda/ que fora de algodão o teu capote*". Em: Gregório de Matos, *Poemas Escolhidos*. Org. José Miguel Wisnik. São Paulo, Cultrix, 1981. Em outro soneto onde o poeta dá "conselhos a qualquer tolo para parecer fidalgo, rico e discreto", o primeiro verso sugere: *Bote a sua casaca de veludo*. O *Florilégio da Poesia Brasileira*, onde pela primeira vez aparecem alguns poemas de Gregório de Matos, foi publicado em Lisboa, em 1850, por Francisco Adolfo de Varnhagen. Em tempo para Machado de Assis poder lê-lo? Não se sabe. Coincidência ou não, seu conhecido conto *A Igreja do Diabo* trata também de capas de veludo com franjas de algodão, e de capas de algodão com franjas de seda.

guidade. Horácio termina o primeiro livro das epístolas dirigindo-se às suas próprias obras. A escolha do anonimato, para Curtius, pode se dar, na Era Cristã, não por autoridade ética ou religiosa, mas por vários outros motivos, dentre os quais boas maneiras, modéstia, falsa humildade, etc., ou seja, ocupando lugares retóricos (*topoi*) tradicionais[3]. Ora, esta observação reforça, ao nosso ver, o uso que fazem os satiristas da atribuição de autoria na sátira enquanto forma literária. Isto é, seria a sátira, enquanto gênero literário, que possibilitaria o uso *flexível* da questão da autoria. Assim, o anonimato, a pseudoautoria ou a suposta tradução seriam estratégias necessárias e essenciais à pratica da sátira[4].

Mas isso nos leva imediatamente ao outro lado dessa faixa de Möbius. O lado de fora da faixa é também o lado de dentro. Se o anonimato, a pseudoautoria ou a suposta tradução fazem parte estrutural da linguagem da sátira e de sua tradição, isso não acontece tão somente para satisfazer as categorias do gênero. São estratagemas necessários que nascem também do teor do conteúdo satírico e da maior ou menor liberdade das sociedades às quais pertencem. O anonimato, a pseudoautoria ou a suposta tradução são estratégias tanto de defesa quanto de ataque. E mesmo que o lugar do autor seja retórico, em muitos casos tal autor acaba pondo em perigo a vida mesma do autor real.

Teria a relativa liberdade de Gregório de Matos vindo de sua posição privilegiada na sociedade colonial da Bahia apenas? Isso nos parece um reducionismo.

Sua sátira compromete a tudo e a todos, não apenas aos portugueses, portanto há que distinguir aí uma qualidade inversa, ou seja: quanto mais se amplia o objeto de ataque, menos direto ou perigoso seus efeitos. Afinal, isto pode provar-se uma característica do sujeito e não de seu objeto. E no caso de Gregório de Matos, parece-nos que o vórtice satírico, que devora a tudo e a todos, se localiza muito

---

3. E. R. Curtius, *European Literature and The Latin Middle Ages* (Princeton: Princeton University Press, 1990). V. "Mention of the Author's Name in Medieval Literature" (515-18).

4. Com relação a Gregório de Matos e Guerra a este respeito e à recepção do mesmo pela posteridade literária no Brasil, ver o artigo de João Adolfo Hansen, publicado neste livro: "Códigos bibliográficos e linguísticos da sátira luso-brasileira atribuída ao poeta colonial Gregório de Matos e Guerra (1633-1696)".

mais numa característica da linguagem satírica ela mesma, ou seja, na capacidade que tem a sátira de, uma vez adotado um paradigma, uma imagem, uma alegoria, escrever-se a si mesma de maneira quase automática[5].

Mas seria a censura do poder colonial português capaz de exercer tamanha sutileza em termos de crítica literária? Vê-se que o caso necessita de um escrutínio literário intenso, capaz de distinguir entre característica essencial da sátira, disposição estilística, lugar retórico e até mesmo psicologia do autor.

Fazemos esta observação sem ironia. Sabe-se que os totalitarismos e as ideologias leem profundamente e até melhor que muito trabalho crítico, as obras literárias que visam a perseguir e a censurar, compreendendo-lhes o âmbito, o alcance e as consequências de maneira contundente e mais rapidamente que aquele, e assim o fazem pois se eximem de ressaltar-lhes as sutilezas e ambiguidades, atividades preferidas dos críticos literários.

Dentre os tantos exemplos de tal prática, no passado e presente, destacamos os teólogos da Sorbonne em sua criteriosa leitura e condenação da obra de Rabelais[6], a Inquisição com relação a Giordano Bruno, ou Galileo; os totalitarismos de direita e esquerda com uma vasta lista de autores, dentre os quais Kafka, Beckett, e Orwell. Mandelstam, por causa de um pequeno poema satirizando o bigode de Stalin, acabou morrendo em um campo de prisioneiros em Vladivostok, na Sibéria. Mais recentemente, o islamismo radical, lançou uma *fatwa* contra Salman Rushdie (que não publicou os *Versos Satânicos* como anônimo), e ameaçou de morte os autores do humorismo satírico dos quadrinhos publicados na Dinamarca e os

---

5. O autor, em relação a essa capacidade assim se expressa: "In other cases, we may sense that satire, once set in motion, acquires a momentum of its own. Once Swift decides that in the clothes philosophy Man is a '*Microcoat*' where the 'soul was the outward, and the Body the inward Cloathing', the very rules of the game invite ironic reversals and satiric strokes. (...) [This] seems not so much part of Swift's larger purpose (laying out the clothes philosophy) as the Lucky stroke prompted by the idea that inner is outer. The satire almost writes itself" (Griffin 1994: 65). Dustin Griffin aqui analisa o que chama de "unstable irony" na sátira.

6. Marcel de Grève (1961) analisa os argumentos tanto da Sorbonne quanto dos calvinistas na condenação a Rabelais. V. *L'Interprétation de Rabelais au XVIe siècle*. *Études Rabelaisiennes*, vol. 3. Genève, Droz, 1961. V. também Robert Marichal, "Rabelais et les censures de la Sorbonne," *Études Rabelaisiennes* 9. Genève, Droz, 1971.

dos cartuns na França. A semente do mal, sem dúvida, é a sátira, e foi por causa dela que, intencional ou indiretamente, seus autores foram indiciados.

No fulcro do tópico, estão o uso e a adaptação que a literatura europeia fez da importante contribuição da herança greco-romana da sátira, o que acabou gerando uma cultura de autocrítica e autoanálise: a capacidade de uma cultura de observar-se de fora, garantindo um lugar para a prática da sátira em maior ou menor medida. Essa medida depende sempre da maior ou menor abertura de uma determinada sociedade a esse lugar crítico privilegiado. Teocracias e totalitarismos buscam suprimir essa observação privilegiada "de fora", porém isto não se dá sem consequências.

Vale observar que nessa *mêlée*, pode-se perseguir tanto a sátira de escopo aberto, cujo interesse e validade superam seu próprio tempo, quanto a sátira de escopo fechado, de interesse tipológico e contexto determinado. A sátira radical tal como a praticada por Swift faz uso de ambas as coisas. *Gulliver's Travels* pode ser lido e apreciado mesmo sem as referências tipológicas à Inglaterra, à monarquia, à política e aos eventos da época do autor. Entretanto, é curioso que a mesma obra, desse autor que é considerado o maior satirista de língua inglesa, tenha sido transformada à força de expurgos e amputações monstruosas, em literatura "infantil". Seria essa uma estratégia societal de defesa (e punição), consciente ou não, contra o poder da sátira?

Isto nos leva ao segundo caso, já que as *Cartas Chilenas*, diferentemente das sátiras universais (aqui no sentido do escopo aberto) de Gregório — que aliás se fundam na conhecida tradição europeia de mofa, escárnio e intemperança verbal — tinham um objeto de ataque explícito e direto, ou seja de escopo fechado. Aqui, as respostas políticas portuguesas foram menos tolerantes. Aqui foi necessário o anonimato e em consequência a pseudoautoria.

Montesquieu, com suas *Lettres Persanes*, e modelo de Gonzaga, também teria razões para temer consequências paraliterárias. A censura, na França, era vigilante. O livro, publicado em 1721 em Amsterdam, saiu com o pseudônimo Pierre Marteau, (apropriadamente um martelo malhando os vícios da França), mas dando como lugar de publicação não a liberal cidade holandesa, mas Colônia (Köln), na Alemanha.

O modelo existente dessa forma de sátira datava de 1669, nas *Lettres Portugaises* de Gabriel de Guilleragues, e uma tradição mais ou menos recente, tal como as *Lettres Édifiantes et Curieuses des Jésuites*, e as de Anne-Marguerite Dunoyer, *Lettres Historiques et Galantes*, escritas entre 1707 a 1717. Posteriormente à publicação de Montesquieu, a tradição confirmou-se num formato bem estabelecido, e sua obra serviu de modelo a numerosas imitações, como as *Lettres juives*, em 1738, e as *Lettres Chinoises*, publicadas no ano seguinte, ambas por Boyer d'Argens.

Na literatura inglesa, Richardson transformou esse modelo no que conhecemos hoje por romance epistolar, se bem que é possível observar que a estrutura das *Lettres persanes* já indique que se trata de romance epistolar. As *Cartas Chilenas* provêm deste modelo, embora no caso de Montesquieu, são os persas que, visitando Paris, escrevem cartas para seus correspondentes na Pérsia, satirizando os costumes e as instituições do governo. No caso das *Cartas Chilenas*, é o destinatário das cartas que recebe do Chile que decide divulgá-las.

Como se vê, à questão da atribuição, do anonimato e da pseudoautoria, agora junta-se a da tradução. Embora não seja característica exclusiva da sátira, também a estratégia da tradução torna-se um artefato literário. A questão aparece implícita, evidentemente, nas obras acima mencionadas, visto que todas essas cartas escritas por estrangeiros teriam que ser "traduzidas" por seus "editores". No caso das *Lettres Portugaises*, a obra gerou e parece que ainda gera polêmica. Apresentada como tradução das cartas de uma monja de um convento de Beja, chamada Mariana Alcoforado, para o Marquês de Chamilly, a obra foi posteriormente atribuída a Gabriel de Guilleragues[7]. De qualquer maneira, trata-se de uma estratégia de transferência.

No entanto, ao aplicar essa transladação, as *Cartas Chilenas* tornam o implícito em explícito[8]. Sua edição *princeps* traz:

---

7. Embora a maioria esmagadora da crítica atual aceite a autoria de Guilleragues, um ou outro crítico, de vez em quando, volta à tona, requentando argumentos em favor da tradução e da autenticidade das cartas. V., por exemplo, Philippe Sollers. *Lettres d'Amour de la Religieuse Portugaise*. Bordeaux: Elytis, 2009.

8. Coincidentemente, Tomás Antônio Gonzaga depois de estudar Direito em Coimbra (bacharel em 1768), acabou exercendo o cargo de juiz de fora em Beja, justamente onde Mariana Alcoforado, a monja e suposta autora das *Lettres Portu-*

Cartas Chilenas em que se contam os sucessos de todo o governo do Fanfarrão Minésio, General de Chile. Escritas na língua castelhana pelo poeta Critilo. Traduzidos em português e dedicadas aos Grandes de Portugal por um anônimo[9].

O prólogo preenche as informações contextuais tão necessárias à sátira, ou seja, a criação fictícia dos falsos contextos de onde provém, ou provêm os textos agora em mãos do anônimo tradutor: num certo porto do Brasil, chegou um galeão vindo das Américas espanholas onde se "transportava um mancebo [...] instruído nas humanas letras". O "anônimo tradutor" trava, com o dito cavalheiro amizade e este lhe confia "os manuscritos que trazia", dentre os quais o nosso anônimo tradutor encontra as *Cartas Chilenas*, que resolve "traduzir na nossa língua, não só porque as julguei merecedoras deste obséquio pela simplicidade de seu estilo, como também pelo benefício que resulta ao público, de se verem satirizadas as insolências deste chefe, para emenda dos mais, que seguem tão vergonhosas pisadas". O anônimo tradutor ainda nos oferece a informação de que mudou "algumas coisas menos interessantes, para as acomodar melhor ao nosso gosto" (796)[10].

Como o curupira do folclore, a sátira tem por estratégia o apagar de seus próprios passos, passos que levam à sua origem: autor, circunstâncias reais a satirizar, dados geográficos, biográficos, elementos factuais, etc. Um conhecido procedimento desse apagamento ou borramento das circunstâncias "reais" da criação desse tipo de ficção encontra-se na dialética entre o "é tudo verdade/é tudo mentira".

Luciano, em *Uma Estória Verdadeira*, anuncia desde o começo que a sua sátira à literatura de viagem fantástica — modelada na *Odisséia*, não passa de mentira. Já Swift, depois que a primeira edição de *Gulliver's Travels* foi entendida por alguns leitores como

---

gaises, vivera. Ali, desde a publicação das cartas mostrava-se a janela (a janela de Mértola) de onde ela teria avistado o futuro amante.

9. Em ortografia atual. Foto do manuscrito disponível na internet: http://www.latinoamerica-online.info/voci03/chilenas.gif. Na verdade, ainda hoje se discute a autoria do prólogo das *Cartas*. Teria sido Cláudio Manuel da Costa, afinal? Vê-se que a questão envolvendo autoria e anonimato é fundamental não apenas para o satirista mas para o crítico e editor.

10. Tomás Antônio Gonzaga, "Cartas chilenas", em *A Poesia dos Inconfidentes. Poesia Completa* (2002). Rio de Janeiro: Nova Aguilar.

um relato verdadeiro, acabou por enxertar um *caveat* em sua segunda edição, inserindo logo abaixo do suposto retrato de Gulliver (extremamente parecido com Swift) a expressão *splendide mendax* [mentindo até mais não poder][11].

Como toda "tradução", o "manuscrito" de Critilo foi devidamente "acomodado ao nosso gosto", que é a forma usual pela qual o autor conta com a indulgência do leitor para descontar as devidas dissonâncias e suspender a incredulidade.

Se há um problema com o prólogo, ele está na confissão, que ao "anônimo tradutor" parecia não apresentar problema nenhum: a de que a publicação das cartas trariam um benefício para "emenda dos mais". Aqui, temos uma definição de sátira em sua forma mais estrita. Serviria a sátira a algum tipo de emenda? Tomás Antônio Gonzaga tem a seu lado Juvenal, certamente, mas cita a Horácio: *Quid rides? Mutato nomine, de te / Fabula narratur...*"[12] o que não deixa de ser interessante, pois mesmo referindo-se ao poder e aos maus governantes, a citação não deixa de implicar o próprio leitor: "Há muitos fanfarrões no mundo, e talvez que tu sejas também um deles, etc." (796).

É a dedicatória da obra, concebida não por Critilo, o "verdadeiro" autor, mas pelo anônimo tradutor que move adiante o objeto de ataque, visto que são aos "Grandes de Portugal" que se dedica a obra, transformando aos atacados em "mecenas". Mas, infelizmente, o didatismo do tom, como um dentista, arranca os dentes da sátira antes da mordida, pois Tomás Antônio Gonzaga, em tom conciliatório e pacificador, explica:

> Dois são os meios porque nos instruímos: um, quando vemos ações gloriosas que nos despertam o desejo da imitação; outro, quando vemos ações indignas que nos excitam o seu aborrecimento. Ambos estes meios são eficazes: esta a razão porque os teatros, instituídos para a instrução dos cidadãos, umas vezes nos representam a um herói cheio de virtudes e outras vezes nos representam a um monstro, coberto de

---

11. Esta expressão em latim é muitas vezes incorretamente traduzida como "mentiroso maravilhoso, ou esplêndido". Significa mentindo esplendidamente, ou mentindo até mais não poder. V., com relação às edições sucessivas e ao uso do retrato de Gulliver/Swift: Janine Barchas, "The Paratext of *The Travels*: Gulliver's Many Faces", em *Gulliver's Travels* (2002) New York: W. W. Norton, pp. 467-479.

12. Horácio, *Saturae*. Sátira 1, versos 69 e 70. Citados pelo autor.

horrorosos vícios. Entendo que V.Exas. se desejarão instruir por um e outro modo (795).

Não que Gonzaga não tenha razão. Mas sua explicação acaba se tornando mera justificativa, senão um pedido antecipado de desculpas[13]. Isso detrai do poder da sátira. E revela algo muito além da convenção literária. Revela que o desejo de ruptura, mais tarde atribuído à Conjuração Mineira, com ou sem dentista, está aqui muito temperado[14]. Se Portugal tivesse bom e justo governo colonial, se Luís da Cunha Meneses não fosse o Fanfarrão Minésio, o sentimento separatista dos conjurados teria tanto ímpeto?

Podemos responder provocativamente e voltando atrás no tempo. Gregório de Matos, com sua sátira de ataque universal, ou seja, seu objeto de ataque de ângulo aberto, exibiria, sim, todos os dentes. A metáfora da *máquina mercante*, em retrospecto, parece conferir um entendimento muito mais profundo e uma crítica mais radical não apenas do governo português, mas de todo o sistema colonial e comercial do mercantilismo capitalista da século XVII. E se o tom em "À Cidade da Bahia"[15] é tingido de melancolia, aprende-se que, com Gregório, a sátira pode unir-se ao sentimento sem que este apague aquela, como costuma acontecer. Talvez a estética barroca, com sua naturalidade pelo oxímoro, pelo quiasmo e pelo paradoxo, tenha facilitado a percepção de Gregório de Matos: o mundo como teatro, o labirinto, o jogo de espelhos.

O fato é que não se pode deixar de reconhecer nos dois autores, duas atitudes satíricas quase opostas. Entretanto, em Gonzaga, a despeito da citação de Horácio e da inspiração em Juvenal, algo o une ao Barroco, afinal foi Baltasar Gracián que, em seu *Criticón*, sua sátira picaresca, criou o personagem *Critilo*. De qualquer maneira, como também deixa claro Gonzaga, a influência de Cervantes nas *Cartas Chilenas* é mais reconhecida e declarada do que realmente presente.

---

13. E tal atitude não está muito distante do teor suave da obra mesma, onde, afinal, Critilo não leva às últimas consequências a natureza de seu próprio nome, pois não critica instituições como a monarquia, o clero, e muito menos Portugal.

14. Para não levar a imagem mais adiante, basta lembrar que o único punido com a pena de morte pela Coroa Portuguesa foi, na verdade, um dentista, o Tiradentes.

15. Matos, Gregório. *Poemas Escolhidos*. Org. José Miguel Wisnik. São Paulo: Cultrix, 1981.

O caso de Gregório é diferente, pois absorveu toda a gama do *Siglo de Oro*. Já havia Quevedo atacado inúmeros contemporâneos com suas sátiras, Juan Pérez de Montalbán, duelou depois de uma feroz crítica com Luis Pacheco de Narváez e, como é amplamente sabido, ridicularizou a Góngora (v. "A una nariz") que respondeu com igual vigor satírico. Gregório acompanhou a tudo isso.

Não se pode definir sátira simplesmente como um gênero literário que necessita de um objeto de ataque. Dustin Griffin observa que não caracterizamos bem a sátira quando dizemos que o satirista quer convencer o leitor de que:

> X or Y is vicious or foolish. We need to supplement the old rhetoric of persuasion with a rhetoric of inquiry and provocation (...) The notion of a rhetoric of inquiry and provocation assumes that satirists — though they may not have answers to all their questions — exercise an overall control over the process of exploration, leading us to raise questions we must then ponder (64)[16].

Griffin discute essa função da sátira em termos de ironia instável. E vemos que Gregório de Matos, com sua sátira de escopo aberto, está em melhor posição em sua retórica de investigação e provocação, mesmo que o poder de sua sátira, em termos de ataque, diminua, visto que se aplica a toda a gente. No entanto, é sua lucidez enquanto satirista que informa o conjunto de sua obra. E nela, vemos, sem dúvida, o uso visceral — e importantíssimo para a história da literatura brasileira — que faz do falar brasileiro da Bahia do século XVII.

Em ambos os satiristas neste artigo, a questão da autoria da sátira acaba num ponto de imbricação. Melhor dizendo, o autor real, físico, de carne e osso, na sátira esvazia-se previamente para dar lugar ao autor fictício, seja ele pseudoautor, tradutor ou anônimo. E o faz tanto porque a estrutura da sátira enquanto gênero literário assim o requer, mas também porque o conteúdo satírico de sua

---

16. Griffin, Dustin, op. cit. Minha tradução: "X ou Y é mau ou tolo. Temos que suplementar a velha retórica da persuasão com uma retórica de investigação e de provocação... A noção de uma retórica de investigação e de provocação presume que os satiristas — embora eles não possam ter respostas para todas as questões — exerçam um controle geral sobre o processo de exploração, levando-nos a levantar questões as quais temos que ponderar".

obra extrapola seu continente formal e literário, e pode, conforme as conjunturas reais pôr em perigo a segurança senão a própria vida do autor "real".

Nenhum gênero literário, nesse sentido, é tão carregado de consequências. Nenhum gênero pode igualar-se à sátira no que tange a essa relação, que exemplificamos acima com a banda de Möbius. Seu poder é devastador não porque seja absoluto, mas porque desabsolutiza o absoluto do poder, relativizando-o, recontextualizando-o, mostrando, afinal, que o Imperador está nu.

A sátira trabalha solapando não os valores cruciais de uma sociedade, mas os falsos valores apresentados como verdadeiros. No Brasil colonial, não eram os santos sólidos do Aleijadinho que causavam espécie, mas os santos do pau oco, aqueles que entravam ou saíam recheados de dinheiro ou ouro contrabandeado. Enfim, se é a própria estrutura da "máquina mercante" que claudica, ela o faz porque, como máquina, funciona cegamente, ininterruptamente, mecanicamente mastigando todo tipo de gente e transformando gente em máquina.

Tanto Gregório de Matos quanto Gonzaga tiveram que deixar a colônia. Gregório de Matos voltou ao Brasil, mas não pôde entrar na Bahia, e acabou seus dias em Recife. Gonzaga foi exilado, mas por causa de sua atuação na Conjuração Mineira. No caso de Gregório, seu exílio estava diretamente relacionado à sátira. Com Gonzaga, a relação entre sátira e exílio seria indireta. Conservou-se o anonimato. Gregório de Matos, inflado de atribuições espúrias, viveu e vive, na posteridade, uma autoria disputada. Gonzaga tardou em ser reconhecido como autor das *Cartas Chilenas*. A análise do estilo é, certamente, a pista que nos conduz à autoria, mas autoria agora mediada pelo tempo e pela História. E para a História da Literatura, pouco importa o autor de carne e osso. Vale a obra, seja ela assinada por autor, pseudoautor, tradutor ou anônimo.

Códigos bibliográficos e linguísticos da sátira luso-brasileira atribuída ao poeta colonial Gregório de Matos e Guerra (1633-1696)

João Adolfo Hansen
Universidade de São Paulo

> ... *tudo, o que aqui vos digo,*
> *ora é zombando, ora rindo*
> Gregório de Matos e Guerra

Neste texto, trato dos códigos bibliográficos e linguísticos da poesia satírica produzida na Bahia no século XVII, retomando o livro que publiquei sobre ela em 1989[1]. Até meados do século XVIII, ela circulou em Salvador e no Recôncavo baiano na oralidade e em folhas volantes. Entre o final do século XVII e meados do XVIII, foi coletada em códices manuscritos por letrados baianos, que a atribuíram ao poeta Gregório de Matos e Guerra (1633-1696), que viveu em Salvador entre 1682 e 1695. Um dos códices, o Códice Rabelo, hoje guardado na Seção de Manuscritos da Biblioteca Nacional do Rio de Janeiro, é a base das edições brasileiras dessa poesia feitas desde o século XIX.

---

1. Cf. João Adolfo Hansen. *A Sátira e o Engenho. Gregório de Matos e a Bahia do Século* XVII. São Paulo: Companhia das Letras, 1989. 2 ed. revista. Campinas/São Paulo: Editora da Universidade de Campinas, 2004.

Os poemas satíricos desse *corpus* poético colonial são inventados segundo os dois subgêneros aristotélicos do cômico, *ridículo* e *maledicência*, com lugares comuns de pessoa da *ars laudandi et vituperandi* do gênero epidítico ou demonstrativo (aspecto físico, nação, pátria, cidade, nome de família, raça, religião, sexo, idade, educação, língua, hábito). Quando compõem os personagens satirizados como tipos de vícios fracos e inofensivos, efetuam o ridículo emulando, em geral, a sátira de Horácio. Quando os personagens têm vícios fortes e nocivos, aplicam técnicas da maledicência, sendo comuns a escatologia, os insultos grosseiros e as obscenidades. Neste caso, emulam principalmente a sátira de Juvenal e a poesia galaico-portuguesa de escárnio e maldizer, como a compilada no *Cancioneiro Geral* (1517), de Garcia de Resende. Nos poemas, os lugares comuns indeterminados de gênero demonstrativo são determinados ou semantizados pela estilização e a paródia de discursos formais e informais do lugar; simultaneamente, o personagem satírico avalia para o destinatário o sentido ético-político do ridículo e da maledicência, dramatizando preceitos jurídicos específicos da teologia política da política católica portuguesa.

Nas figurações dessa poesia, encontram-se as duas funções complementares que Robert Weimann propôs para as imagens do teatro de Shakespeare, *representação* e *avaliação*. Ou seja: é poesia mimética, ou representativa, figurando matérias do referencial discursivo do seu tempo segundo preceitos retóricos da verossimilhança e do decoro do costume grego e latino da instituição retórica; e judicativa, ou avaliativa, especificando no estilo a posição interpretativa que o destinatário deve adotar para receber adequadamente a representação das deformações satíricas segundo a verossimilhança e o decoro de um gênero baixo. Os poemas evidenciam para o destinatário os critérios técnicos aplicados pelo autor à figuração dos temas e permitem estabelecer dois tipos de destinatários textuais, *discreto* e *vulgar*. No século XVII, eram definidos como tipos intelectuais conhecedores dos preceitos retóricos, éticos e jurídicos aplicados à invenção da poesia (*discretos*) e ignorantes dos mesmos (*vulgares*). No caso, as agudezas típicas da racionalidade de Corte ibérica inventadas segundo as técnicas do "conceito engenhoso" ou "ornato dialético" evidenciam a capacidade intelectual do engenho do autor, que faz definições dialéticas das matérias satirizadas e metaforizações retóricas das mesmas. Essa mesma capacidade intelectual especifica a superioridade do juízo do destinatário discreto como tipo capaz de entendê-las e fruí-las. Quando se cruza o discurso dessa poesia com outros discursos contemporâneos de livros de civilidade, "espelhos de príncipes", tratados teológico-políticos, livros de emblemas e empresas, pragmáticas hierárquicas de tratamento, precedências e trajes, atas e cartas da Câmara de Salvador, cartas de governadores para o rei, etc., evidencia-se que as agudezas dos seus estilos, que no Brasil e em Portugal vêm sendo desclassificadas neoclássica e romanticamente como "afetação", "futilidade", "excesso", "jogo de palavras", principalmente desde Luís Antônio Verney, Cândido Lusitano e as reformas do Marquês de Pombal, no século XVIII, tinham em seu tempo também a função política de conferir e negar distinção social por meio das artes, funcionando como elemento ativamente constitutivo da hierarquia na circulação oral da poesia na Bahia do século XVII.

Como se sabe, diferentemente das colônias espanholas da América, nesse tempo a imprensa era proibida no Estado do Brasil e no Estado do Maranhão e Grão-Pará. O livro importado de Portugal existia e circulava, obviamente, mas era muito caro e raro, sempre sujeito à censura do Paço, do Ordinário e do Santo Ofício da Inquisição. Não obstante, houve na Bahia uma cultura do manuscrito, como Marcello Moreira, professor da Universidade do Sudoeste da Bahia, demonstrou em seu doutorado sobre os códices gregorianos, defendido em 2001 com minha orientação na Universidade de São Paulo[2]. Criticando as teorias lachmannianas, neolachmannianas e bedieristas de edição crítica, Moreira fez a proposta editorial de considerar a historicidade da tradição material dos códices manuscritos coloniais para demonstrar que ela é refratária ao que chamou de "teoria da edição que desconsidera seus caracteres históricos". Sua análise dos códices propõe ser necessário observar a unidade dos códigos linguísticos e bibliográficos como elementos que constituem o artefato bibliográfico colonial, demonstrando que não podem ser dissociados numa interpretação histórica de tradi-

---

2. Cf. Marcello Moreira. *Critica Textualis in Caelum Revocata? Uma Proposta de Edição e Estudo da Tradição de Gregório de Matos e Guerra.* São Paulo: Editora da Universidade de São Paulo, 2011.

ções bibliográfico-textuais que tenha por finalidade fazer propostas editoriais dos poemas. Descrevendo os códices gregorianos como artefatos bibliográficos produzidos por uma cultura de escribas cuja existência na Bahia durante os séculos XVII e XVIII comprovou documentalmente, propôs a necessidade de particularizar o conceito historicamente variável de *publicação*, para torná-lo adequado à análise de tradições bibliográfico-textuais produzidas pela manuscritura luso-brasileira.

Na discussão dos códices manuscritos, Moreira retomou o que propus em 1989 no meu livro sobre a sátira atribuída a Gregório de Matos: os conceitos pós-iluministas ou modernos de *autor, obra, público* não podem ser generalizados transistoricamente[3], sendo necessário defini-los historicamente, quando se trata de artefatos manuscritos de escribas coloniais que produzem ou incluem inumeráveis variantes passíveis de ser definidas por meio do conceito de *mouvance* proposto por Zumthor para caracterizar a circulação dos discursos medievais. Na Bahia dos séculos XVII e XVIII, o manuscrito era produzido por padres das várias ordens religiosas e, como Moreira demonstrou, também por escribas profissionais que faziam cópias de livros, compilações de discursos pragmáticos e antologias de poemas e fragmentos de prosa. Os poetas que então compunham poesia, como Gregório de Matos e Guerra, Eusébio de Matos, Manuel Botelho de Oliveira, Tomás Pinto Brandão, tinham a *posse*, mas não a *propriedade privada* das obras. Os manuscritos não circulavam como produtos autônomos e concorrentes em um mercado de bens simbólicos regulado pela livre-concorrência liberal; não existiam, evidentemente, direitos de autor, e noções como "originalidade" e "plágio", que são rotineiramente associadas à categoria estilística *Barroco* nas histórias literárias brasileiras, são anacronismos. Os conceitos de *autor, obra, público* eram outros, pressupondo em sua definição as categorias jurídicas do pacto de sujeição da comunidade do Estado do Brasil à Coroa portuguesa. Pensemos o conceito de *público*.

Evidentemente, "público" não é um fato ou dado positivo, não se podendo generalizar sua concepção liberal para todos os tempos,

---

3. Cf. João Adolfo Hansen. *A Sátira e o Engenho*. São Paulo: Companhia das Letras, 1989.

como ocorre nas histórias literárias brasileiras. Na Bahia do século XVII, o termo *público* significava a totalidade da esfera da representação da subordinação dos três estados da *res publica* portuguesa —*fidalguia, clero* e *plebe* — ao *bem comum* do Império Luso. Nesse tempo, *público* significava a esfera política definida como *pública*, porque era nela que se dava em representação a autoridade real que fundamentava todas as representações do *bem comum* nas quais *público* aparecia como a totalidade da subordinação das ordens sociais, estamentos e indivíduos do Império no pacto de sujeição. Como totalidade jurídico-mística de destinatários integrados em ordens e estamentos em teoria pacificamente subordinados ao Estado, o *bem comum* é figurado nos poemas atribuídos a Gregório de Matos e Guerra como a cena de um teatro corporativo na qual se revela a subordinação do próprio público para cada destinatário textual representado neles. Desta maneira, nos poemas, o *público* colonial é constituído como *testemunho* subordinado à autoridade que dão em representação. Diferentemente do que ocorre a partir de fins do século XVIII com o público das modernas sociedades de classes burguesas, cada destinatário figurado nos poemas é incluído na totalidade pressuposta do *bem comum* como *membro subordinado que deve reconhecer sua posição subordinada*. Por outras palavras, a representação poética reproduz a representação do que cada membro do corpo místico do Império *já é*, prescrevendo, ao mesmo tempo, que *deve ser e permanecer sendo o que já é*, como propõe Hélène Merlin para o público francês do século XVII[4]. Quando a sátira censura e vitupera tipos que corrompem a unidade suposta da concórdia e da paz do *bem comum*, permite comparar os traços que definem o *público* colonial com os traços que caracterizam o público no teatro: heterogêneo e hierarquizado, constituído apenas pelo espetáculo que lhe é dado a ouvir e ver como encenação de sua subordinação, como diz Roger Chartier sobre o público francês do século XVII[5]. De maneira análoga, o autor ou os autores dos poemas não tinham a autonomia crítica pressuposta nas definições liberais e democráticas da posse e propriedade privada das obras, pois também se incluíam na hierarquia como membros subordinados no pacto de sujeição.

---

4. Cf. Hélène Merlin. *Public et Littérature en France au XVII e Siècle*. Paris: Les Belles Lettres, 1994 (30).

5. Cf. Roger Chartier, idem, ibid.

Para especificar o modo da circulação dessa poesia em seu tempo, lembro que a disposição dos lugares comuns nos poemas satíricos constitui tramas narrativas esquemáticas e redundantes, principalmente nos romances de medida velha. Elas são fáceis de memorizar e suas variantes compiladas nos códices evidenciam que essa facilidade permitia a reutilização dos poemas em novas situações de sátira a pessoas do lugar. Nos códices manuscritos, as variantes indiciam a circulação oral dos poemas de maneira semelhante à da *mouvance* proposta por Paul Zumthor para caracterizar as oralizações e recepções da poesia medieval. Aqui, o trabalho de Moreira é fundamental, pois evidencia que a filologia lachmanniana em geral se limita a publicar textos anteriores ao século XIX pressupondo critérios que generalizam transistoricamente o conceito romântico de "obra" como *primeira intencionalidade autoral, originalidade, autenticidade, genuinidade* e *unicidade*. A manuscritura colonial, que inclui e produz a autoria coletiva das múltiplas variantes, não é considerada, a não ser como suporte neutro delas. A não consideração pela crítica da íntima associação dos códigos bibliográficos (a manuscritura e a circulação manuscrita dos poemas) e linguísticos (os preceitos retóricos e teológico-políticos que os ordenam) e sua substituição por categorias expressivas e teleológicas datáveis do século XIX romântico, quase sempre psicologistas e evolucionistas, que aplicam aos poemas a legibilidade do texto impresso, fazem com que hoje, no ensino universitário e na crítica literária brasileira, os poemas satíricos atribuídos a Gregório de Matos sejam muitas vezes julgados toscos, mal feitos e mesmo não poéticos e não artísticos. Nas edições modernas dos poemas, a não consideração da historicidade dos processos materiais de invenção, disposição e comunicação deles pela manuscritura de seu tempo também leva a substituir a pontuação funcionalmente adequada à *actio* da oralização, que os transformava em obras declamadas e momentaneamente compartilhadas por audiências iletradas, pela pontuação gramatical de uma sintaxe normativa moderna, que distribui lógica e impessoalmente as funções gramaticais. Quando se examina a materialidade dos códices manuscritos, encontram-se fundamentos e meios para criticar esses procedimentos.

Como Marcello Moreira demonstra, nos vários volumes do Códice Rabelo, a *dispositio* dos poemas superpõe duas ordens distintas. A primeira é cronológica, disposta segundo as etapas da vida do personagem Gregório de Matos e Guerra que são representadas na *Vida do Excelente Poeta Lírico, o Doutor Gregório de Matos e Guerra,* a biografia de gênero prosopográfico que o Licenciado Rabelo anexou ao códice: Portugal (1648-1682(6?), Bahia (1682(6?)-1694), Angola (1694-1695), Recife (1695-1696). A segunda ordem é retórico-poética e permite especificar a materialidade simbólica do códice, pois dispõe os poemas segundo a hierarquia dos gêneros vigente no século XVII: primeiramente, a poesia lírica (antes a lírica sacra, depois a amorosa); em seguida, a poesia cômica e seu subgênero, a sátira, feita nas duas variantes aristotélicas do cômico, antes o ridículo jocoso e burlesco, depois a maledicência agressiva e obscena; e, ainda, poemas fesceninos, pornográficos. O códice não negligencia a hierarquia das formas poéticas: em primeiro lugar, as italianas, como o soneto, e outras que usam a medida nova ou o verso decassílabo; em seguida, as formas mais populares, ou mais antigas, como os romances de medida velha, em redondilha maior e menor. Com exceção da edição de James Amado, intelectual baiano que, juntamente com Maria da Conceição Paranhos, transcreveu o Códice Rabelo e em 1968 o publicou em sete volumes, que somam cerca de 1200 páginas, as antologias dessa poesia não consideram a ordem dos poemas nos códices manuscritos; assim, quando são publicados na forma que conhecemos, a letra impressa que os transforma em textos legíveis como livro, são retirados e isolados do contexto do códice e autonomizados como obras singulares objeto de contemplação estética.

Não é o que sucede no códice manuscrito, pois é a posição do poema em sua hierarquização retórica que dá sentido às peças como elementos de um conjunto dialógico ou uma espécie de polílogo intertextual, característico de sua improvisação ou declamação oral, que a disposição deles nos manuscritos reproduz. A fixação e a impressão dos poemas como textos para serem lidos como obras esteticamente autônomas destrói a mobilidade inicial inerente a eles e que só existe em suas variações. Obviamente, hoje *lemos poesia,* também quando é poesia colonial. Mas uma história literária descritiva, não teleológica ou não normativa e não nacionalista, não pode ignorar essa primeira normatividade material dos poemas, para evitar juízos estéticos transistóricos e anacrônicos, como os que ocorrem hoje, quando se aplica para classificá-los a categoria dedutiva e positivista *Barroco*, que unifica neokantiana e hegelianamente a multiplicidade das durações históricas contínuas e descontínuas de doutrinas e procedimentos artísticos e poéticos transformados nas práticas simbólicas da Bahia do século XVII. Assim, se a especificação dos códigos bibliográficos pode impedir que os manuscritos coloniais sejam entendidos como simples suportes neutros e invariáveis dos poemas, ela também poderia evitar a formulação de pseudo problemas críticos, como o que é proposto pelas leituras que, ignorando os preceitos retóricos aplicados à invenção dos poemas, generalizam a concepção romântica de poesia como expressão incondicionada da subjetividade, psicologizando os poemas ao perguntar como foi possível que um mesmo homem tenha feito poemas líricos sacros de intensa elevação espiritual ao lado de tantas obscenidades satíricas.

Quando os códices manuscritos são examinados, fica evidente que, neles, a *autoria* é uma função classificatória constituída como o ponto de convergência das diversas versões contemporâneas de poemas que realizam a *auctoritas* do gênero de que eles eram, para quem os juntou nos códices nos séculos XVII e XVIII, outras realizações. Nos códices, a autoria aparece figurada não como a realidade e a forma psicológicas de um indivíduo criticamente autônomo e responsável pela produção dos poemas, mas como dispositivo discursivo. A autoria deriva da aplicação de padrões táticos ou retóricos de classificação pressupostos pela recepção contemporânea — pelo menos, pela recepção contemporânea letrada e discreta — que produzia e lia os manuscritos. No século XVII, fica evidente nos códices, ouvintes e leitores cultos julgavam também a arte com a qual as regras do dispositivo eram aplicadas, ao mesmo tempo que apreciavam a significação e o sentido dos temas tratados. Desta maneira, no Códice Rabelo, a disposição dos poemas permite fazer do *nome* do poeta Gregório de Matos e Guerra um dispositivo de designação de uma *auctoritas* lírica (sacra e profana) e de uma *auctoritas* satírica (ridícula e maledicente), não de uma psicologia expressiva, romântica, liberal e neoliberal. No caso, a autoria tem função classificatória, antes de funcionar como confirmação da origem individualizada dos poemas. Por essa perspectiva, o Licenciado Rabelo pôde compilar textos de proveniências diferentes, por exemplo, paródias macarrônicas que os estudantes da Universidade de Coimbra então faziam da poesia épica de Camões, que atribuiu a Gregório; ou fragmentos de poemas espanhóis, alguns de Lope de Vega e de Quevedo, que também atribuiu a Gregório, porque para Rabelo o *nome* indicava antes um gênero que um autor romanticamente individualizado. Reunindo sob a etiqueta "Gregório de Matos e Guerra" todos os poemas que afirma haver compilado na oralidade e em folhas volantes, Rabelo constitui uma autoridade lírica e uma autoridade satírica. Já foi dito que, em suas escolhas, ele se equivocou quanto à origem dos poemas; mas seu critério não era o de origem.

Para Rabelo, a conceituação de *autoria* pressupunha o conceito latino de *fides, fé* e *boa fé*, que se pode ler em Quintiliano, quando trata da elegia erótica de Ovídio, distinguindo-a dos poemas elegíacos de Galo, Tibulo e Catulo. A diferença entre os estilos deles não é psicológica, pois não decorre da suposta psicologia do homem Publius Ovidius Naso expressa neles, mas consiste na maneira técnica pela qual o *poeta* Ovídio regula a aplicação de tropos e figuras da elocução aos lugares comuns da elegia erótica para tornar os poemas verossímeis, decorosos e persuasivos — ou seja, produtores de *fides*, como discursos dignos de fé. Todos os poetas romanos que se especializam nesse gênero aplicam os mesmos lugares, mas Ovídio é lascivo, Galo mais duro e Catulo erudito, diz Quintiliano. Todos são elegíacos, todos usam os mesmos lugares e utilizam o mesmo verso prescrito para o gênero elegíaco. A diferença artística entre eles consiste na variação elocutiva, ou seja, no intervalo técnico da aplicação particular das palavras aos lugares que todos aplicam. O público romano culto sabe disso e pode dizer *Ovidius lascivus*, julgando o *nome* Ovídio máxima autoridade do gênero, pois realiza com perfeição a *fides* do mesmo de maneira lasciva.

Por outras palavras, Rabelo não ignorava que muitos poemas de seu manuscrito eram de poetas bastante conhecidos no século XVII, como Tomás Pinto Brandão, que veio de Portugal para a Bahia acompanhando Gregório de Matos, em 1682; ou de outros poetas portugueses, Francisco Rodrigues Lobo, Dom Francisco Manuel de Melo, Tomás de Noronha, e espanhóis, Góngora, Lope, Quevedo, etc. Rabelo os junta em sua taxonomia conservando o *nome* de Gregório de Matos e Guerra para denominar o conjunto, uma vez que para ele o nome representa a excelência dos gêneros que o manuscrito ilustra. Desta maneira, considerar a *auctoritas* tal como está composta nos códices manuscritos como *autoria* significa também considerar o público e as obras.

Voltemos aos dois tipos de destinatários, o *discreto* e o *vulgar*, definidos no século XVII, em Portugal e na Espanha, por categorias dialéticas, éticas, teológico-políticas e retórico-poéticas. Os tipos são categorias intelectuais aplicáveis a qualquer indivíduo de qualquer estamento e ordem social, não categorias sociológicas segundo as quais "vulgar" significa "plebeu", "discreto" e "fidalgo". Nos poemas atribuídos a Gregório, o destinatário *discreto* é figurado como tipo dotado da capacidade intelectual de ajuizar a aptidão técnica da invenção da forma poética, valorizando o artifício aplicado. Ou seja, *discreto* é o tipo intelectual caracterizado pelas mesmas perspicácia e versatilidade do engenho retórico e pela mesma prudência política do autor do poema. *Engenho, prudência, discrição* são categorias fundamentais na sociabilidade definida pela racionalidade de Corte divulgada institucionalmente no Estado do Brasil no ensino feito, a partir de 1599, pelos modelos e métodos do *Ratio studiorum* da Companhia de Jesus. Segundo Ignacio de Loyola, a *discretio* não é diferente da *caritas*, pois é a capacidade de fazer juízos justos e prudentes. O tipo intelectual do *discreto* é caracterizado como erudito, conhecedor das artes da memória que lhe permitem reconhecer todos os lugares comuns aplicados na poesia, e prudente, senhor dos protocolos dos decoros hierárquicos. Assim, também testemunha a força do sistema de regras aplicadas à invenção dos poemas em uma posição sinônima da *auctoritas* discreta do autor que é figurada neles. Também o Licenciado Rabelo é um discreto, pois coleciona e transcreve poemas para leitores que são como ele. Por oposição, o destinatário *vulgar* é caracterizado como tipo intelectual sem engenho e sem prudência que só recebe os efeitos dos poemas, sendo sempre definido como tipo intelectual ignorante dos preceitos técnicos que os produzem, ou seja, sendo constituído negativamente pelo manuscrito como incapaz de lê-lo e fazer as distinções dos agrupamentos classificatórios da sua *dispositio*. Isso não significa que, segundo as prescrições do século XVII, os vulgares sejam insensíveis à poesia coletada. Podem ser afetados por ela e reagir a seus efeitos, mas não conhecem ou não compreendem o artifício ou os preceitos retóricos que lhe modelam as formas. Deve-se recordar, no caso, que a representação dos "melhores" de então, feita na Bahia sempre segundo os critérios da "discrição", era objeto de apropriações que a imitavam, emulavam e deformavam continuamente em várias situações em que a hierarquia sofria rupturas para logo recompor-se. O que se evidencia, por exemplo, no ímpeto legisferante da Coroa, cujas infinitas pragmáticas de cortesias, precedências, formas de tratamento e trajes demonstram o empenho de impor e controlar o desempenho das aparências adequadas ao *bem comum*. Propostas como *política perfeição* das representações nas circunstâncias da vida de relação, as agudezas dos discretos do Códice Rabelo tinham vários usos locais. Elas eram aptas, por exemplo, para produzir discursos aparentemente informais, sem proporção, como se não necessitassem de nenhuma ordenação retórica, para serem usufruídos por vulgares. As discussões espanholas da tragicomédia, acusada pelos críticos tradicionalistas, "terencianos" e "plautinos", de mesclar gêneros e estilos de modo inverossímil, não eram desconhecidas dos autores luso-brasileiros desse tempo. Lope de Vega respondeu às censuras de seu estilo afirmando: /.../ *escribo por el arte que inventaron / los que el vulgar aplauso pretendieron, / porque, como las paga el vulgo, es justo / hablarle en necio para darle gusto*[6]. Nas sátiras baianas do século XVII, esta é uma das principais representações do *discreto* como tipo intelectual capaz de se fazer passar por vulgar quando se dirige a vulgares: finge, engenhosa e agudamente, a vulgaridade da falta de discrição, de engenho, de prudência e de agudeza. Em um mundo pautado pela representação, como o da Bahia do século XVII, sempre se representava o lugar comum da *dissimulação honesta* católica oposta à *simulação* de maquiavélicos: entre vulgares, pergunta-se o personagem de um poema atribuído a Gregório de Matos, o discreto é discreto ou já é vulgar, conforme o juízo dos vulgares, que é estúpido e mesmo nenhum? E o que é mais prudente: continuar sendo explicitamente discreto e ser julgado vulgar pelos vulgares? Ou fingir também ser vulgar e, sendo aceito como um deles pelos vulgares, dominá-los?

Muitos equívocos ocorrem quando os poemas satíricos, inicialmente manuscritos e dispostos por Rabelo na ordem retórica do códice que sempre pressupõe a oposição de *destinatário discreto/ destinatário vulgar*, são lidos da mesma maneira como hoje se lê

---

6. Cf. Lope de Vega. *Arte Nuevo de Hacer Comedias en este Tiempo* (1609).

um texto impresso que ignora a retórica epidítica e a hierarquia dos destinatários. Lidos segundo critérios modernos relacionados à literatura impressa, os poemas satíricos atribuídos a Gregório de Matos parecem, como disse, mal escritos e grosseiros, como se fossem rascunhos e borrões. A crítica brasileira tende a considerá-los um gênero menor, propondo que a lírica atribuída ao poeta é superior, pois os poemas sacros e amorosos são muito bem acabados, além de não serem obscenos e impróprios para as famílias. Voltando ao manuscrito e tratando os poemas satíricos como textos manuscritos, evidencia-se que aplicam diretamente o princípio horaciano do *ut pictura poesis*, que prescreve a clareza específica de cada gênero, o número de vezes que o poema deve ser ouvido ou lido e o ponto de vista ou a distância adequada de sua recepção pelo destinatário, reproduzindo, no caso, o movimento ou a circulação das variantes orais. Como se sabe, a sátira é um gênero público; por isso, é uma arte cenográfica inventada para ser oralizada teatralmente em voz alta em uma praça para públicos muito heterogêneos, compostos de discretos e vulgares. Deve ser feita rapidamente, sendo para a poesia o que a caricatura é para o desenho; se, por exemplo, for trabalhada como um soneto lírico, será obscura para vulgares incapazes de apreciar os estilos minuciosamente trabalhados para serem ouvidos ou lidos de perto, várias vezes, como Góngora lembrou com o seu *escribo no para muchos*. Além disso, é feita para ser oralizada uma única vez, porque perde o impacto agressivo se é repetida. Quanto mais "grosseira" ela é, em vários sentidos do termo, melhor funciona, pois sua grosseria pintada esquematicamente como que por uma broxa ou um carvão é diretamente adequada ao modo oral e público de sua recepção. O manuscrito, mediante o dispositivo que aciona, faz saber que ela deve ser ouvida de longe, como naquela assembleia movimentada e ruidosa de que fala Aristóteles, e uma única vez, e com uma clareza absoluta, que é a clareza da obscenidade.

Por outras palavras, os autores das sátiras que circularam na Bahia no século XVII, entre eles Gregório de Matos e Guerra, calculavam muito precisamente, no estilo dos poemas, a exata posição do destinatário, para que recebesse adequadamente os efeitos. Se o destinatário está muito perto ou demasiado longe da representação, não compreende nada. Assim, os estilos da sátira evidenciam um cálculo cenográfico muito racional e preciso. Sua "grosseria", em todos os sentidos, resulta de uma refinada técnica retórica muito racionalmente aplicada à invenção de efeitos grosseiros de significação e sentido, não da expressão de uma psicopatologia qualquer do homem suposto como seu autor. O destinatário vulgar deve receber seu efeito como se não houvesse nenhum artifício em jogo e ela fosse um discurso natural, sem regras; mas o discreto a entende como totalmente artificial ou efeito de um cálculo preciso da verossimilhança e do decoro de um gênero que, com total aptidão técnica, finge o incondicionado das paixões grosseiras e violentas que dominam o personagem satírico e os tipos satirizados. Como diziam os preceptistas do século XVII, um pintor que pinta um focinho torto não peca contra a arte, se a deformação está subordinada ao fim prescrito pelo gênero da pintura. Nos manuscritos, o movimento das variantes permite esclarecer essas significações da primeira normatividade da sátira que é útil considerar quando se faz uma história literária descritiva também dos usos idealistas, românticos e positivistas da categoria *Barroco* hoje aplicada para classificá-la.

Como disse, o primeiro compilador conhecido dos poemas líricos e satíricos hoje atribuídos a Gregório de Matos e Guerra foi um letrado que viveu na Bahia na primeira metade do século XVIII, o Licenciado Manuel Pereira Rabelo. Ele também é autor do texto *Vida do Excelente Poeta Lírico, o Doutor Grégorio de Matos e Guerra*[7], que anexou ao Códice 56. O texto é uma ficção biográfica inventada com lugares-comuns de gênero epidítico ou demonstrativo extraídos dos poemas que compilou e atribuiu ao personagem. Rabelo compõe seu retrato como etopeia, aplicando caracteres da retórica do cômico seguida no século XVII nos dois subgêneros já referidos: o *ridículo*, correspondente aos vícios fracos, e a *maledicência*, correspondente aos vícios fortes. Na sua ficção, compõe o personagem com preceitos do cômico, que em seu tempo não se reduzia ao conceito contemporâneo que identifica *cômico* e *riso*, mas significava, antes de tudo, *feiura, deformação* e *desproporção*: Gregório tem o juízo arruinado e deformado pelo excesso de humor

---

7. Cf. Licenciado Manuel Pereira Rabelo, "*Vida e Morte do Excelente Poeta Lírico, o Doutor Gregório de Matos e Guerra.* In: *Obras Completas de Gregório de Matos e Guerra. Crônica do Viver Baiano Seiscentista.* Ed. James Amado. Salvador: Editora Janaína, 1968. 7 vols., vol. VII.

sanguinário que faz dele um tipo infame, como um *scurra*, um bufão latino. Segundo Rabelo, sua infâmia decorre do seu desejo excessivo ou desproporcional de ser sempre justo. Assim, seus ataques contra a corrupção da Bahia são tão desmedidos em seu desejo de justiça a todo preço que se transformam em discursos excessivos, violentos, obscenos e viciosos. Moralmente vicioso, o personagem — e as sátiras que compõe — são interpretados por Rabelo como "causas segundas" ou instrumentos da Providência divina. Na *Vida*, Rabelo motiva o nome materno do poeta, *Guerra*, propondo que revela que suas sátiras são equivalentes a outras pragas, como a peste e a fome, com que Deus fazia guerra contra os pecados da Bahia. A interpretação é típica do providencialismo católico do século XVII: a obscenidade poética é "causa segunda", no sentido escolástico da fórmula, um instrumento da vontade divina. Logo, segundo Rabelo, mesmo as obscenidades mais sórdidas têm sentido transcendente, que deve ser testemunhado e reconhecido pelo destinatário discreto.

A compilação dos textos atribuídos a Gregório de Matos e a ficção biográfica de Rabelo ficaram esquecidas até 1841. Nesse ano, o Cônego Januário da Cunha Barbosa, membro do Instituto Histórico e Geográfico Brasileiro, escreveu uma paráfrase da *Vida do Excelente Poeta Lírico, o Doutor Gregório de Matos e Guerra* e a publicou no número 9 da *Revista do Instituto,* com dois poemas graciosos que atribuiu ao poeta, "O músico castigado" e "O livreiro golotão" (Barbosa 333-7). Romântico, leu a ficção do retrato epidítico do poeta Gregório de Matos e Guerra como se fosse um documento da vida do homem empírico Gregório. Por outras palavras, substituiu pela psicologia do homem os *loci a persona* retóricos que compõem o personagem, lendo a ficção da *Vida* como um documento histórico da vida do homem. Sua paráfrase foi retomada pelo historiador brasileiro Francisco Adolfo de Varnhagen no *Florilégio da Poesia Brasileira,* publicado em 1850. Varnhagen editou alguns poemas atribuídos ao poeta e censurou obscenidades deles, convencionando signos gráficos para indicar a supressão de palavras, versos e estrofes. Na apresentação biográfica que os precede, eliminou a referência à função providencialista da infâmia do personagem proposta por Rabelo; com a supressão, também eliminou a interpretação teológico-política da função da sátira no século XVII. No lugar delas, utilizou o discurso médico, constituindo o homem Gregório como um vadio de personalidade patológica, cujas taras são as causas da obscenidade de sua obra satírica (Varnhagen 1850: 1). E, principalmente, substituiu o providencialismo católico pelo nacionalismo romântico, afirmando que os excessos indecentes do homem Gregório, vadio e doente, eram evidência da sua oposição nativista contra a Metrópole portuguesa.

Em 1850, o dispositivo retórico de atribuição dos poemas utilizado pelo Licenciado Rabelo já estava, assim, totalmente eliminado e esquecido. Tudo o que Rabelo diz, quando apresenta a compilação, como a informação de que tinha recolhido os poemas da boca de pessoas antigas que haviam conhecido o poeta ou a de que estavam desmembrados e eram atribuições incertas, foi esquecido. Todos os poemas passaram a ser de um homem, Gregório de Matos e Guerra, agora um vagabundo doente, crítico do sistema colonial como um *mazombo* ou nativo do lugar, que prenuncia a Independência do Brasil no século XVII. É a concepção mesma de autoria antiga como *auctoritas* que é eliminada pelo apagamento do dispositivo inicial de atribuição dos poemas e pela interpretação psicologista e nacionalista do retrato de Gregório na *Vida* de Rabelo. Ao mesmo tempo, com a invenção romântica da figura do poeta, muitos julgamentos estéticos da obra atribuída a ele começaram a ser feitos, pressupondo categorias expressivas, psicológicas e mercadológicas, como a *originalidade*, que o século XVII evidentemente não conhecia. Em 1870, o crítico Sílvio Romero, autor da primeira história da literatura brasileira, leu os poemas com categorias do determinismo racial, afirmando que Gregório tinha sido um mazombo ou um brasileiro baiano, homem nem branco, nem negro, nem índio, mas já "filho da terra", que ridicularizara as pretensões separatistas das três raças formadoras da nacionalidade (373-9).

Outras interpretações podem ser aproximadas desse modelo construído no século XIX, que é simultaneamente romântico, psicologista, nacionalista, evolucionista, positivista e racista. Em 1882, sob os auspícios de Alfredo Valle Cabral, então diretor da Biblioteca Nacional, algumas sátiras apógrafas foram publicadas e outras foram censuradas por serem obscenas e indecentes. Nos anos de 1890, José Veríssimo, crítico e historiador da literatura, criticou a falta de originalidade de alguns poemas que são emulações de Quevedo e Góngora, afirmando que Gregório de Matos tinha sido um nevropata, doente mental e, mesmo assim, "canalha genial". Em 1893, apareceu o primeiro livro consagrado ao poeta, com o título *Gregório de Matos*. Seu autor, Araripe Júnior, era determinista e fez de Gregório um exemplar da sua teoria da *obnubilação*, segundo a qual o clima tropical determina o relaxamento moral dos indivíduos, evidenciado no comportamento de Gregório, que havia sido "fauno de Coimbra", no seu tempo de estudante de Direito Canônico, e tarado, no seu tempo de Boca do Inferno na Bahia tropical. Araripe Jr. interpreta as obscenidades da poesia atribuída a ele como expressão pessimista do ressentimento do mazombo colonial de origem fidalga impotente frente à ascensão social de mercadores plebeus, lendo nos poemas também a crítica política à dominação metropolitana. Em 1923, Afrânio Peixoto, da Academia Brasileira de Letras, começou uma edição das obras completas de Gregório de Matos e Guerra que elimina os poemas escatológicos. Denunciados como de muito mau gosto, foram guardados nos reservados do Inferno da Biblioteca Nacional (1923-33). Nos anos 1930, um crítico do Rio de Janeiro, Sylvio Júlio, afirmou que o poeta era "um indecente tocador de viola" e que seus poemas não tinham nenhum valor porque eram plágios de poetas espanhóis do chamado *Siglo de Oro*, como Quevedo. Em 1946, o filólogo Segismundo Spina, professor da USP, publicou, com o título *Gregório de Matos*, uma antologia acompanhada de comentários filológicos, estilísticos e críticos de fundamento romântico. Como disse, em 1968, James Amado e Maria da Conceição Paranhos estudaram 17 códices, a maioria deles da Seção de Manuscritos da Biblioteca Nacional do Rio de Janeiro, e editaram os poemas do Códice Rabelo em sete volumes pela Editora Janaína, de Salvador. Pouco depois, autoridades militares da ditadura civil-militar em Salvador decretaram que o poeta era "subversivo, anticlerical e pornógrafo" e confiscaram 7000 exemplares da edição para queimá-los em praça pública, provavelmente na Praça Castro Alves que, como sabemos, é do povo e do condor. O governador Luiz Viana Filho conseguiu que o auto da fé não ocorresse. A partir dos anos 1970, membros da vanguarda concretista de São Paulo leram alguns poemas atribuídos ao poeta por meio do *Manifesto Antropófago*, que Oswald de Andrade lançara em 1928, propondo que devia fazer parte do *paideuma* da "poesia de invenção", que constituíam poundianamente contra a historiografia literária do crítico Antonio Candido. O músico popular Caetano Veloso participou da mesma reavaliação, pondo em música o soneto "Triste Bahia" como alegoria do Brasil da ditadura militar. Em 1989, em *O Seqüestro do Barroco. O Caso Gregório de Matos*, Haroldo de Campos criticou Antonio Candido por ter excluído o chamado *Barroco* e Gregório de Matos do cânone literário brasileiro na obra *Formação da Literatura Brasileira*, de 1959. Candido data a origem do que propõe como processo de "formação da literatura brasileira" nos poetas árcades mineiros e cariocas do final do século XVIII.

Na avaliação dessa poesia, as histórias literárias brasileiras mantêm os pressupostos interpretativos românticos e positivistas datados do século XIX. As interpretações ignoram a historicidade dos preceitos retóricos e teológico-políticos da invenção dos poemas, também pressupondo que os manuscritos coloniais são suportes neutros deles. Quando pseudoproblemas críticos decorrentes desses pressupostos são formulados, as histórias literárias e a crítica literária brasileira ignoram sistematicamente a *instituição retórica* vigente até os primeiros românticos do século XIX; por isso, só encontram resposta para suas questões críticas na psicologia dos homens autores e na situação econômico-política da colônia, de que os poemas seriam um reflexo.

Nos manuscritos, as didascálias ou comentários que antecedem os poemas como protocolos de leitura esclarecem os preceitos da invenção deles. Por exemplo, a didascália "Enfurecido o Poeta daqueles ciúmes descompostos lhe faz esta horrenda anatomia" afirma que o poeta está fora de si por causa dos ciúmes de sua amante e que compõe uma descrição baixa como "horrenda anatomia" da mesma, seguindo os preceitos aristotélicos da variante maledicente do cômico. A mesma preceptiva se evidencia na didascália "Genealogia que o Poeta faz do Governador Antônio Luiz Desabafando em Queixas do muito que Aguardava na Esperança de ser dele Favorecido na Mercê Ordinária". Conforme a didascália, o poeta pede uma "mercê ordinária" (um favor, talvez um pagamento em dinheiro) ao governador da Bahia, Antônio Luiz Gonçalves da Câmara Coutinho. O governador não atende o pedido e o poeta o ataca de maneira agressiva, própria do gênero maledicente. No ataque, aplica os lugares-comuns referidos do gênero demonstrativo, *loci a persona* ou lugares-comuns de pessoa, inventando satiricamente a genealogia do governador aristocrata. Para compor a infâmia da sua origem, afirma que a mãe de Câmara Coutinho era uma Tapuia, índia bárbara e antropófaga, que foi violentada por um Marau, um pirata francês.

Os críticos brasileiros que não consideram esses e mais preceitos retóricos da ficção satírica parecem pressupor que o personagem satírico é uma imagem exata do homem seu inventor como porta-voz de suas convicções pessoais. Muito ironicamente, como Kernan lembrou com lucidez a respeito da crítica inglesa da sátira elisabetana, o que os críticos biográficos dizem sobre os homens autores de poesia satírica tende a confirmar a existência de um caráter satírico básico em Juvenal, Pope, Byron, Swift e Zé da Silva, como se estivessem sempre se referindo a um mesmo homem irascível, intolerante e violento, que ninguém gostaria de ter como vizinho. Embora possa até ser verdadeiro que muitos desses autores satíricos não foram homens estáveis, diz Kernan, o que efetivamente se esquece com a falácia biográfica é que muitas das características atribuídas à psicologia deles derivam da própria natureza da sátira, gênero que, por definição, figura paixões baixas e excessivas. Assim, lembrando a obviedade que a crítica biográfica ignora — a sátira é poesia; a poesia é ficção; o "eu" satírico é um personagem; o personagem é um tipo fictício; seu caráter moral de tipo fictício também é fictício e inventado tecnicamente pelo poeta com a finalidade satírica de acusar o vício e a depravação — é preciso de novo também dizer o óbvio: os autores de sátiras manipulam o personagem satírico de maneira dramática, constituindo-o como um ator, uma *persona* (16-28).

Etimologicamente, *persona* significa *máscara*. Na sátira, a *persona* é a convenção de uma máscara aplicada pelo poeta para figurar as duas espécies aristotélicas do cômico: o ridículo e a maledicência. Para dar conta dos dois subgêneros cômicos, a *persona* é inventada como um ator investido semântica e pragmaticamente por valores e posições institucionais que asseguram o efeito de sua unidade virtuosa e de sua indignação agressiva. Na sátira atribuída a Gregório de Matos, a *persona* é inventada com categorias e preceitos retóricos, teológico-políticos, éticos e jurídicos repetidos de poema a poema como esquemas de ação verbal. Esquematicamente:

(Persona)		(Tipo satirizado)
brancura	X	não-brancura;
catolicismo	X	heresia e gentilidade;
discrição	X	vulgaridade;
fidalguia	X	plebe;
liberdade	X	escravidão;
honestidade	X	desonestidade;
masculino	X	feminino

Nos poemas, o ponto de vista da *persona* sobre os vícios e viciosos é construído por meio dessas oposições. Formulando-se a si mesma como semelhança virtuosa das categorias positivas, a *persona* compõe e descompõe os tipos viciosos como semelhanças malvadas das categorias negativas. Modelada como o *vir bonus peritus dicendi* da oratória romana, a *persona* é, geralmente, um tipo virtuoso, por isso mesmo indignado contra a corrupção da sua Cidade segundo a *afetação* retórica de indignação, como ocorre, por exemplo, na *Sátira 1, 79*, de Juvenal: [...] *si natura negat, facit indignatio versum.* Quando afirma que a ordem racional do seu mundo está corrompida e que é a sua indignação que faz o verso, a *persona* de Juvenal também afirma ignorar a disciplina poética. Com verossimilhança dramática, propõe que vive em um mundo caótico e, portanto, que também expressa sua indignação caoticamente, como se seu discurso fosse expressão informal da sua ira. Obviamente, é um belo artifício retórico dizer que "não há retórica" no que é dito retoricamente. Se é verdade que as paixões humanas são naturais, elas nunca são informais quando representadas poeticamente, pois sua ficção é mediada por uma forma poética pseudoexpressiva e pseudorreferencial construída por técnicas precisas. A irracionalidade da indignação da *persona* satírica é inventada muito racionalmente, enfim, como técnica de contrafação ou fingimento poético que produz formulações "indignadas" e "excessivas" que podem ser recebidas como ausência de forma, como acontece no caso da crítica brasileira que, como os vulgares do século XVII, ignora a mediação técnica do artifício construtivo do efeito, folclorizando os poemas com interpretações psicologistas improváveis.

Kernan propõe que a máscara do *vir bonus peritus dicendi* modela genericamente o caráter (*éthos*) público das inconsistências e contradições da *persona* satírica como se ela fosse ao mesmo tempo Dr. Jekyll e Mr. Hyde, com uma personalidade pública e uma personalidade privada. A *persona* da sátira atribuída a Gregório de Matos também apresenta tais inconsistências e contradições como tipo *ao mesmo tempo* discreto e vulgar, virtuoso e vicioso, digno e infame. Segundo a crítica romântico-positivista, a causa das inconsistências é sempre a psicologia do homem Gregório de Matos, tido como autor ou origem dos poemas, embora não se conheça nenhum autógrafo dele e nada tenha publicado com letra impressa: doente, fauno de Coimbra, tarado, mestiço, mazombo, nativista, protonacionalista, nacionalista, crítico da ideologia oficial, carnavalesco bakhtiniano, antropófago cultural, ateu, liberal, libertino, transgressor, revolucionário, ressentido, pessimista, reacionário, machista, plagiário, desclassificado, vagabundo, canalha genial, etc. Segundo a convenção retórica, as inconsistências e contradições da *persona* são figurações tecnicamente aplicadas para representá-la como *persona dramática*.

Kernan lembra que, se o personagem satírico permanecesse coerente apenas como personalidade pública, a simplicidade esquemática de seu caráter virtuoso seria totalmente compreensível, mas também pareceria inverossímil, pois ingênua demais para dar conta de um mundo muito complicado como é o seu. No caso, a convenção retórica da sátira prescreve que, em decorrência dos seus violentos ataques aos vícios, a *persona* também adquire características por assim dizer "desagradáveis", que tornam suspeita sua pose de defensor da verdade. Assim, o poeta satírico constrói as inconsistências da *persona* por meio de cinco pares de tensões que são encontráveis na sátira de Juvenal, na poesia satírica medieval e, como demonstrou Kernan, também na sátira elisabetana. Os cinco pares também ordenam a invenção do "eu" da enunciação da sátira atribuída a Gregório de Matos, o que é evidência não propriamente da psicopatologia de homens tão diversos que produziram sátiras em situações históricas diferentes, mas sim da longa duração histórica da técnica retórica de figurar as inconsistências da *persona* que é própria do gênero. Os cinco pares de tensões desautorizam a atribuição das inconsistências e contradições poéticas à psicologia suposta num homem suposto como autor dos poemas, pois são inconsistências fictícias, sempre produzidas pelo cálculo muito racional de uma técnica.

É útil lembrar que, na interpretação antiga das inconsistências e contradições da *persona* satírica agressiva e obscena, há duas vertentes: a peripatética e a estoica. A versão peripatética propõe que a *persona* é o *vir bonus*, o homem honesto, *cives*, cidadão, que se indigna contra os viciosos e os vícios que corrompem sua Cidade; por isso mesmo, sua ira e sua agressão muitas vezes obscenas estão previstas como evidência de sua honestidade ultrajada. A vertente estoica, como é exposta por Sêneca em *De Ira*, afirma que a indignação também é *in-digna*, porque irracional ou excessiva como qualquer outro vício. Sêneca propõe que a indignação é autoindulgência e megalomania tirânica. Ou seja, que a *persona* indignada também é um tipo vicioso. Assim, conforme a vertente peripatética, o personagem indignado é um tipo nobre, superior, honesto e virtuoso; conforme a vertente estoica, não passa de um louco ou apaixonado que vem a público para se vingar. (A concepção estoica aparece diluída psicologisticamente na crítica brasileira que, ignorando os preceitos técnicos da invenção dessa poesia, propõe o "ressentimento" e o "pessimismo" do homem Gregório de Matos como causa dos poemas que lhe são atribuídos).

A tensão *peripatético/estoico* que constitui a *persona* na sátira do *corpus* gregoriano é tema tratado em vários poemas do *corpus*, evidenciando-se como mais uma convenção. Quando não é considerada ou ignorada, confunde-se o *personagem ficcional* com o *homem empírico*, o *efeito semântico obsceno* com uma *causa psicológica* e o *artifício técnico, retórico*, com a *falta de artifício de uma expressão subjetiva informal*. Vejam-se, a seguir, os cinco pares de tensões. A *persona* satírica:

1. afirma ser um homem razoável, dado à simplicidade virtuosa e à conversação pedestre, mas faz um uso extremamente complexo de técnicas retóricas e poéticas para dizê-lo;

2. afirma a absoluta veracidade do que diz, mas distorce as ações hiperbolicamente, para ênfase;

3. vitupera o vício, mas demonstra particular inclinação pelo sensacionalismo e pelo escândalo;

4. postula a finalidade moral da crítica, mas demonstra prazer perverso em rebaixar as vítimas;

5. é sóbria e racional, mas frequentemente adota posições desmedidas e irracionais.

Os cinco pares de tensões modelam toda a sátira gregoriana, com uma pequena restrição ao primeiro deles, pois a *persona* sempre faz questão de alardear sua cultura cortesã de discreto, que a faz melhor que os "néscios" ou "vulgares" da Bahia no exercício das convenções da agudeza (o que não a impede, contudo, de também censurar e vituperar as culteranias gongóricas e defender a convenção da simplicidade e clareza). Assim, por exemplo, no poema que censura Babu ironicamente como "puta" e "bruxa", a *persona* declara o desejo pecaminoso de também se embruxar, para que a esposa morra logo e, livre dela, possa cometer o amor com a bruxa transformada em madrasta de seu filho Gonçalo. No conjunto das sátiras às freiras, a maledicência da *persona,* um velho despeitado com o desdém delas, é construída como autoapologia das virtudes viris do secular desprezado, que fala contra os frades e outros freiráticos que frequentam o convento; de modo geral, a indignação do seu ataque costuma exceder em muito a fraqueza moral do atacado, quase sempre um pobre diabo indefeso, principalmente mulheres desclassificadas, mulatos e negros; a *persona* é misógina e simultaneamente cativa das mulheres; a *persona* as ataca violentamente, quando se recusam a lhe proporcionar o que acusa como vício em outros homens; a *persona* odeia Salvador e seus habitantes, no entanto permanece na cidade e convive com eles, tendo conhecimento de tudo quanto lhes ocorre; a *persona* demonstra um conhecimento minuciosíssimo da mecânica dos vícios, parte por parte, ato por ato, membro por membro, nome por nome, como se frequentasse os rituais obscenos dos *sabaths* das bruxas, as camas dos sodomitas, as putas espacejantes, a intimidade dos quartos, os vícios secretos de freiras e frades; a *persona* é pueril, autoindulgente, vaidosa, estúpida, violenta, malévola, maledicente, despropositada, incoerente — em suma, viciosa, segundo a perspectiva estoica. Ou, como a crítica romântico-positivista rotula o *homem* Gregório: "notabilíssimo canalha", "um nevrótico, quiçá um nervoso", "negligente e obsceno tocador de viola", "malcriado rabugento e malédico", "parasita vitalício", "vadio Diógenes", etc. Vejam-se mais elementos dos códigos linguísticos da sátira.

No Códice Rabelo, o vício se confunde com a feiura física e moral, aristotelicamente dividida em duas: a feiura não dolorosa ou não nociva e a feiura dolorosa e nociva. A feiura física sempre é metáfora da feiura da alma, também dividida em duas, estupidez e maldade. A feiura física nociva e a maldade da alma constituem os vícios fortes, que sofrem a agressão brutal da maledicência. A feiura física não nociva e a estupidez supõem o ataque menos brutal, irônico e desdenhoso do ridículo. Em todos os casos, vícios e viciosos são figurados e vituperados por meio de deformações e misturas que produzem corpos monstruosos a que correspondem os pecados de suas almas. A feiura e suas muitíssimas espécies físicas e morais são interpretadas escolasticamente segundo o preceito geral de que o bem de cada ato é sempre o que convém à sua forma. Formalmente, finalmente, materialmente e eficientemente, os poemas propõem que as ações recebem sua espécie do fim para o qual tende o ato interior da vontade e do objeto a que se aplica o ato exterior. Se o ato interior da vontade visa outro fim — por exemplo, o gozo *contra naturam* — também o ato exterior visa a outro objeto, subvertendo a ordem natural prefixada no Ditado de Deus e sua Igreja. Na sátira, mal é aquilo que contradiz a forma, destruindo-lhe a ordem, por falta; ou negando a existência do que existe naturalmente, por excesso; ou afirmando a existência do que não tem existência. Esses pressupostos são figurados por meio de técnicas retóricas racionais e as representações não podem ser consideradas expressões patológicas informais da psicologia do homem Gregório de Matos, como propõem as falácias biográficas da crítica no Brasil.

A avaliação da estrutura, da função e do valor das deformações e misturas metafóricas deve levar em conta as duas funções referidas — *representação* e *avaliação* — acumuladas na metaforização dos vícios. Pode-se dizer que, quanto mais incongruente é o efeito semântico da figuração deles nos poemas, mais ativa é a função valorativa da enunciação, que dramatiza para o destinatário o ponto de vista da virtude como ponto fixo que estabelece a congruência adequada. Nos poemas, três espécies de procedimentos técnicos são aplicados para produzir as deformações. O mais comum consiste em construir o corpo do tipo vituperado como um ser misto e incongruente, feito de pedaços ou metonímias e sinédoques de referências de campos semânticos disparatados, à moda da pintura cômica de Hyeronimus Bosch: cabelo de vassoura de piaçaba, olhos como pratos, nariz como tromba de elefante, boca como a ponte de Coimbra, dentes de animal, corpo coberto de furúnculos, garras no lugar de dedos e unhas, etc. Outro procedimento é o da amplificação de uma parte do corpo: é o caso do nariz do governador Câmara Coutinho, que chega à praça duas horas antes do dono, ou do *vaso* das *putas*. O terceiro procedimento efetua a obscenidade, no sentido latino do *ob-scaenum, fora da cena*, conferindo vida própria a uma parte do corpo, que realiza ações sujas e indecentes. Por exemplo, o nariz, dotado de vontade própria, fica de cócoras no meio da cara do tipo vicioso e defeca. O efeito de monstruosidade obtido pela autonomização de partes do corpo é intensificado porque um mesmo corpo é figurado como tendo duas ou mais vontades que conflitam nele, como ocorre quando o nariz do tipo satirizado demonstra seu incômodo com o mau cheiro dos seus dentes podres e foge, rastejando pelo rosto, para procurar um túmulo onde o fedor é mais suportável.

As deformações são produzidas por meio de transferências metafóricas de significações marcadas pelos semas /*animado*/ e /*inanimado*/ para outras significações de /*animado*/ e /*inanimado*/. Vejam-se exemplos:

a. Transferência de /animado/ para /animado/

A transferência de /*animado*/ (por exemplo, significações de /*animal*/ transferidas para /*humano*/) é muito frequente na caracterização pejorativa de tipos viciosos como /*bestialidade*/, que os exclui da racionalidade escolástica da boa ordem do corpo político do Estado, ao representá-los como natureza exterior à cultura ou obscenidade. Por oposição, a *persona* afirma-se humana, racional e justa:

> [...] mui formosa Dona Urraca/ [...] quem viu esta *minhoca*?/[...] *focinho de Taoca,*/[...] a mim uma *macaca* (OC: V, 1110); Caveira *mula galega,*/o Deão *burrinha parda,*/Pereira *besta de albarda* (OC: II, 234); Cônego *Abestruz* (OC: IV, 871); [...] foi Lacaio de libréia,/passa aqui de *rocinante* (OC: IV, 904); Frade *caracol,/bote esses cornos* ao sol (OC: II, 337); Por Frei Basílio sais de São Francisco/E entras Frei *Basilisco* (OC, II, 339); Frei *Burro,* ou Frei *Cavalo* (OC, IV, 801); [...] um Mulataço *harpia* (OC: II, 329); [...] porque é mulato:/ter *sangue de carrapato* (OC: IV, 793); pedestre *cavalaria*/toda de beiço furado (OC: I, 199); *Furão* das tripas, *sanguessuga* humana,/com a *lombriga racional* se dana/[...] *Papagaio humano* te perdeste (OC: II, 306); Vós sois mulata *tão mula* (OC: VII, 1563), etc.

b. Transferência de /inanimado/ para /inanimado/
A transferência é operada, geralmente, como descrição fantástica:

"*A cara é um fardo de arroz,*/ que por larga, e por comprida/ é *ração de um Elefante* [...]/A boca desempenada/ é *a ponte de Coimbra*" (OC: II, 281-282).

c. Transferência de /animado/ para /inanimado/
Cícero diz que toda metáfora judiciosa é emprestada dos sentidos, sobretudo da visão, o mais sutil de todos. A transferência metafórica de */animado/* para */inanimado/* produz personificação, que autonomiza a parte incongruentemente contida no corpo. Pela personificação, a *persona* encena a contrariedade entre o indivíduo e espécies dotadas de vida própria que se agitam no seu corpo como a insubordinação obscena de monstros muito pictóricos e dinâmicos:

>Chato o nariz de cocras sempre posto:
>Te cobre todo o rosto,
>*De gatinhas buscando algum jazigo*
>Adonde o desconheçam por embigo:
>*Até que se esconde,* onde mal o vejo
>*Por fugir do fedor do teu bocejo*
>(OC: I, 156)

Olhos cagões, que cagam sempre à porta, /Me têm esta alma torta (OC: I, 156)
*Os olhos dous ermitães,/que numa lôbrega estância/sempre fazem penitência/*nas grutas da vossa cara (OC: VI, 1308).

d. Transferência de /inanimado/ para /animado/
Esta espécie de transferência permite jogos engenhosos em que referências de coisas muito disparatadas figuram tipos humanos, como no poema burlesco em que a metaforização continuada produz uma alegoria imperfeita, *permixta apertis allegoria*, da relação sexual de uma mulher negra que é figurada como barco. Outras metáforas figuram o personagem masculino e sua ocupação de *Capitão* como personagem experiente na condução do barco alegórico. O léxico náutico — *prancha, lancha, proa, banda, popa, quilha, fazer água, calafetar, dar à bomba, brear*, etc. — tem conotações erótico-

-obscenas evidenciadas pelo vocabulário contrastivo, do gênero *gentil*, próprio do lírico-amoroso:

> Ontem, senhor Capitão
> vos vimos deitar prancha,
> embarcar-vos numa lancha
> de gentil navegação:
> a lancha era um galeão,
> que joga trinta por banda,
> grande proa, alta varanda,
> tão grande popa, que dar
> podia o cu a beijar
> a maior urca de Holanda.
> Era tão azevichada,
> tão luzente, e tão flamante,
> que eu cri, que naquele instante,
> saiu do porto breada:
> estava tão estancada
> que se recusava outra frágua
> e assim teve grande mágoa
> da lancha por ver, que quando
> a estáveis calafetando
> então fazia mais água.
> Vós destes logo à bomba
> com tal pressa, e tal afinco,
> que a pusestes como um brinco
> mais lisa, que uma pitomba:
> como a lancha era mazomba,
> jogava tanto de quilha,
> que tive por maravilha,
> não comê-la o mar salgado,
> mas vós tínheis, o cuidado,
> de lhe ir metendo a cavilha.
> Desde então toda esta terra
> vos fez por aclamação
> Capitão de guarnição
> não só, mas de mar, e guerra:
> eu sei, que o Povo não erra,
> nem nisto vos faz mercê,
> porque sois soldado, que
> podeis capitanear
> as charruas d'além-mar,
> se são urcas de Guiné
>   (OC: II, 380-381).

Tais procedimentos retóricos permitem inventar e desestabilizar tipos corruptos de todas as ordens sociais que compõem o "corpo místico" da Bahia: homens, mulheres, índios, negros, mulatos, mamelucos, cafusos, judeus, cristãos-novos, padres, frades, freiras, freiráticos, letrados, tratantes, fidalgos, senhores de engenho, lavradores de canas, governadores, etc. A *persona* afirma que os aplica para reinstaurar a ordem desestabilizada pela corrupção. Assim, a sátira compõe cenas em que a *persona* teatraliza abusos para afirmar o bom uso da autoria figurada como *auctoritas* ou ponto de convergência de emulações verossímeis e decorosas de autoridades antigas e contemporâneas. As definições retóricas da *auctoritas* incluem os termos da definição escolástica da pessoa como unidade da alma. Difundida no século XVII pela educação jesuítica, ela pressupõe as três faculdades que constituem a alma humana como imagem de Deus, *vontade, inteligência* e *memória,* também nas preceptivas retóricas católicas do século XVII, como as de Matteo Peregrini, Gracián Dantisco, Emanuele Tesauro, Sforza Pallavicino, Baltasar Gracián, conhecidas na Bahia do século XVII. Elas prescrevem que, no ato da invenção, a memória do autor recorre a elencos de lugares-comuns do gênero em que compõe. Sua inteligência percorre os lugares, fazendo definições dialéticas deles e, estabelecendo analogias de atribuição e proporção entre as palavras que os figuram, inventa o *ornato dialético, conceito engenhoso* ou *agudeza.* A vontade, definida como faculdade afetiva, permite-lhe figurar a *conformatio* na agudeza, ou seja, figurar a representação aguda como resultado da iluminação da sua consciência pela luz da Graça inata, que lhe aconselha a prudência e o estilo característicos de sua superioridade racional e moral como discreto que compõe a *persona* satírica para censurar e vituperar os vícios. Logo, quando a sátira opõe *virtude/ vício,* a figuração da voz da *persona* e dos corpos dos tipos viciosos é isomorfa da hierarquização dos corpos dos membros do *corpo místico* do Estado definida teológico-politicamente na doutrina católica da monarquia absolutista.

Como se sabe, nos séculos XVI e XVII a política católica foi doutrinada por juristas jesuítas e dominicanos contrarreformistas, que retomaram as autoridades canônicas patrísticas e escolásticas da Igreja. Uma dessas autoridades é o *Comentário* do *Livro V* da *Metafísica,* de Aristóteles, feito por Santo Tomás de Aquino. Nele, trata da unidade de integração do corpo humano, propondo que ela pressupõe a pluralidade e a diversidade dos membros, órgãos e funções como uma integração definida como *ordem*. A integração harmônica dos membros, órgãos e funções do corpo é instrumento para o princípio superior que o rege, a alma. Por analogia, o *corpus hominis naturale*, o *corpo natural do homem*, é termo de comparação para outros objetos que possam ser pensados como "corpos". E o caso da sociedade, comparável ao corpo humano segundo a proporção *cabeça: corpo: rei: reino*. Escolasticamente, a sociedade é um *corpo* de *membros, partes* ou *ordens*; analogicamente, o rei é sua *cabeça* ou razão *suprema*. Dirige-a racionalmente, como a cabeça dirige o corpo, mantendo a harmonia e a ordem do todo que garantem o *bem comum*. Todos os indivíduos do reino, dos escravos até os príncipes da Casa Real, são membros subordinados à cabeça real.

Essa subordinação foi sistematizada doutrinariamente nos textos *De legibus* (*Sobre as leis*) (1610) e *Defensio fidei* (*Defesa da Fé*) (1613), do jurista e teólogo jesuíta, Francisco Suárez, combatendo a tese luterana do direito divino dos reis defendida contra o papa pelo rei anglicano da Inglaterra, James I. Segundo Suárez, a subordinação da sociedade ao rei nasce de um *pactum subjectionis, pacto de sujeição* ou contrato social pelo qual a comunidade, como uma única vontade unificada ou *corpo místico*, abre mão do poder e, alienando-o na pessoa simbólica do rei — *pessoa mística* (*mystica*), *fictícia* (*ficta*) ou *ideal* (*idealis*) —, declara-se *súdita* ou subordinada. Pelo pacto de sujeição, o rei tem o monopólio da violência física e simbólica, conferindo os privilégios que hierarquizam as ordens, os estamentos e os indivíduos do reino. O rei não tem superior, pois ninguém pode obrigá-lo a nada: é *legibus solutus*, livre do poder coercitivo e imperativo das leis. Como rei católico, *deve* necessariamente seguir a força indicativa da lei natural de Deus para que o governo seja legítimo. Doutra forma, torna-se maquiavélico e tirânico, podendo ser destronado e mesmo morto pelos súditos. Diferentemente do mundo protestante, em que o rei é sagrado porque reina por direito divino como enviado direto de Deus para impor ordem aos homens pecadores naturalmente inclinados à anarquia, em Portugal a figura do rei é sagrada porque representa a soberania popular nela alienada. A sacralidade da soberania implica que a desigualdade social é natural; assim, também implica que cada membro *deve* necessariamente contentar-se com a sorte que lhe cabe na hierarquia, agindo de acordo com a sua condição. Como dizia Vieira, o homem monstro é maior que o mundo e não cabe nele. O rei virtuoso que conduz seu povo ao *bem comum* e a submissão harmoniosa dos súditos como *corpo místico* de vontades unificadas na concórdia e na paz do pacto de sujeição são lugares comuns absolutamente centrais na sátira atribuída a Gregório de Matos e Guerra.

No século XVII ibérico, o Direito Canônico que define e regula o pacto de sujeição também regula o sexo, definindo-o como oposição natural de *macho/fêmea*. Segundo seus preceitos, há duas naturezas positivas do sexo como duas naturezas prévias a qualquer prática sexual efetiva. Logo, catolicamente, só há um comportamento sexual natural, positivo, legal e legítimo: o sexo no casamento, que tem por fim a reprodução. Qualquer outra prática sexual que não corresponda a essa determinação é definida como *contra naturam, contra a natureza*. Obviamente, o Direito Canônico não é marxista, nem freudiano ou lacaniano. Não doutrina a diferença sexual como variante posicional livre ou cultural de um *único* sexo, *o sexo humano*, como fazem Marx e Freud, mas determina que há, naturalmente, *dois* sexos ou *duas naturezas do sexo*, o masculino, feito à imagem do Deus-falo, e o feminino, marcado pela falha. Afirmando que toda a humanidade herda o pecado original transmitido no ato da reprodução, o catolicismo substancializa os dois sexos como opostos complementares. Assim, a possibilidade da inscrição livre e diferencial do corpo masculino e feminino em outras convenções culturais da sexualidade é definida moralmente como vício, juridicamente como crime e teologicamente como pecado *contra naturam*. O vício é mal e, como cristãmente o mal não tem existência ontológica, pois é definido como falta de Bem, o vício é falta de ser. Logo, os vícios e suas espécies são ilimitados como não ser, falta, desproporção, deformação e mistura; entre eles, o *vício nefando da sodomia*, reprimido e queimado pelo Santo Ofício da Inquisição.

Deve-se lembrar que os limites da representação satírica dos vícios e viciosos nos poemas dos códices do século XVII são a falta e o gozo. Fazendo a apologia da virtude em todos os casos monstruosos que figura, a sátira propõe para o destinatário que a pureza e a inocência são propriedades exclusivas das instituições existentes. Ler a sátira sem considerar essas determinações teológico-políticas leva a propor sua libertinagem, moral e intelectual, ou sua potência crítica de oposição à regra e transgressão da regra, o que é ingenuamente romântico. Nos poemas satíricos, a obscenidade não é propriamente a afirmação do desejo transgressor das leis existentes, mas a metáfora do corpo vicioso e insubordinado que ocupa a cena imaginária com sua natureza monstruosa. Como uma etimologia latina propõe, o obsceno é *ob scaena*, *fora da cena*, ou signo do que se põe impossivelmente fora da regra como natureza bestial animada de horrível vida própria sem possibilidade de ordenação racional. Klossowski propôs que a obscenidade é uma insubordinação das funções fisiológicas que só existe pela permanência das normas. Por outras palavras, a obscenidade só tem vigência em um campo de normas que a tornam visível e dizível como monstro produzido e controlado pela regra: é o celibato clerical que produz a pedofilia, a sinceridade católica que produz a hipocrisia, assim como a oposição complementar dos sexos masculino e feminino, determinada como natural, é que recua na sodomia e outras práticas pecaminosas. É neste sentido que a sátira atribuída a Gregório de Matos opera. Não para afirmar a obscenidade como transgressão da ordem, como afirmam as interpretações românticas que identificam na obscenidade dos poemas o seu próprio desejo absurdo de liberação de toda norma cultural, mas para efetuar o obsceno como alegoria negativa da ordem.

A sátira funciona como regulação da alma pela *skopia* do corpo: sua finalidade primeira é produzir a alma virtuosa. Assim, os pedaços fantásticos do corpo e de órgãos, fluidos, resíduos, cheiros e membros obscenos que ocupam a visibilidade instaurada pela representação satírica são ordenados pela razão programaticamente perversa da *persona*, que constrói os monstros praticando atos indecentes para imobilizá-los com o ultraje e capturá-los com a economia unitária da alma católica. A sátira teatraliza unidade e mistura, bem e mal, estabelecendo a dissimetria entre eles. Como sempre falta algo na ordem humana, a obscenidade é funcional, explicitando pelo negativo do vício os interditos da Lei. A serviço de uma utopia política — a correção da Cidade e o *bem comum* de um mundo ideal em que o vício não teria lugar — a obscenidade cai sempre *aquém* do seu próprio gesto, como lembra Klossowski. Ela é cega e pueril, bastando observar sua estrutura de repetição. Nos poemas, a repetição dá conta do tipo satirizado figurando-o por meio de um vício que o faz maníaco, como personagem do gesto único, da ação única, do desejo único: o mercador e a sua usura; o padre e a sua luxúria; a puta e a sua venalidade; o governador e a sua tirania; o judeu e o cristão-novo e a sua heresia; o falso fidalgo e a sua presunção; o mau letrado e a sua estupidez; etc. A repetição encena para o destinatário a memória de uma convenção coletiva do corpo e do controle do corpo que explicita as articulações políticas da sátira. Ao construir o vicioso como maníaco, ela também constrói a interpretação obsessiva que o faz não livre, demonstrando que, em todas as ocasiões, só obedece à paixão que o escraviza. Desta maneira, é a não liberdade do vício que permite à *persona* satírica identificar todos os tipos viciosos que vituperam àquilo que é absoluto não valor investido simbolicamente com os valores hierárquicos da política católica ibérica, o excremento ou a *merda*, onipresente nos poemas. Simetricamente inverso do *ouro* do estilo alto das descrições do corpo de damas discretas na lírica, o termo *merda* é aplicado como estilo sórdido. Por extensão, também o baixo corporal e os órgãos reprodutores e excretores são politizados, segundo as mesmas normas hierárquicas que, ao definirem a sociedade como *corpo político*, postulam que a *cabeça*, o rei, é o órgão superior que dirige o todo constituído pelos *melhores*, fidalgos, e pelas partes inferiores dele, a plebe ou a *gente baixa*, definida como partes naturalmente subordinadas como não valor.

Assim, o monstro a ser exorcizado na sátira é sempre a natureza, tratando-se de produzir com sua figuração deformada um corpo regrado pela forma unitária da alma da ortodoxia católica da política monárquica portuguesa. Negativa, a obscenidade é sempre semelhança negativa e malvada da ortodoxia. Seus termos são *topoi* do insulto que hierarquizam e integram. Por exemplo, os insultos compostos dos paradigmas animais do *bode* e do *corno* incluem-se no código de honra com que na Bahia do século XVII homens insultavam homens alegando o comportamento sexual padronizadamente imoral, indecente e obsceno de mulheres da família do atacado. O epíteto *cuco*, corrente em Gil Vicente e Shakespeare para significar *corno*, aparece em muitas sátiras atribuídas a Gregório, como na que é feita contra o governador Câmara Coutinho, combinando-se com outros insultos que desqualificam sua ascendência:

> Pariu a seu tempo *um cuco,/*
> um monstro (digo) inumano,/

> que no bico era tucano/
> e no sangue mamaluco
> (OC: I, 199).

A *persona* satírica sempre afirma o pressuposto de que a corrupção do corpo falseia a ordem natural expressa no *bem comum* pela irrupção do gozo impuro. Em todos os casos, trata-se da regulação do sexo por padrões contrarreformistas. Assim, como ditado da razão (*dictamen rationis*), a voz prudente da *persona* é portadora da consciência moral que designa a regra para os casos particulares de corrupção, estabelecendo o lícito e o ilícito. Sistêmica, propõe a unidade virtuosa como regra de derivação de todos os usos lícitos e ilícitos do corpo; logo, nenhum vício escapa da inquisição do olho e do ditado da *persona*: mesmo o mais venial tem sua casa marcada na tabela das culpas, da blasfêmia à viuvez insatisfeita, do sexo matrimonial incontinente ao adultério, da masturbação solitária ao amor freirático, da sodomia à bestialidade dos que gozam com animais e com o Diabo. Assim, a sátira metaforiza a hierarquia com que o Direito Canônico constitui, regula e reprime os pecados sexuais *contra naturam* segundo graus crescentes de gravidade: gozo ilícito no casamento; gozo ilícito com pessoa de outro sexo fora do casamento; gozo com puta; gozo solitário; gozo com pessoa do mesmo sexo; gozo com animal; gozo com o Diabo. Essas classes de erros, crimes e pecados *contra naturam* constituem grandes unidades de enunciação repetidas e mescladas de poema a poema, conforme os casos representados.

Observando a identidade dos pormenores obscenos sempre repetidos nos relatos de caça às bruxas dos séculos XVI e XVII, Trevor-Roper propôs a existência de uma conexão psicológica entre a ortodoxia repressora e a lascívia sexual dos repressores. Na sátira, essa conexão fica evidenciada, por exemplo, quando os poemas relacionam as tópicas da "puta" e do "adultério" à tópica do castigo exemplar de adúlteros prescrito pelas instituições portuguesas. Em vários poemas, a *persona* satírica é um adúltero que propõe o gozo ilícito a uma mulher, ao mesmo tempo em que representa a regra da sua proibição e suas consequências: "[...] casemo-nos, que o perigo,/ que eu corro, é ser açoutado/por duas vezes casado" (OC: III, 755); "[...] casemos, se vos contento,/e a segunda vez casado/se me virdes açoutado,/ isso mesmo é casamento" (OC: IV, 821). E, encenando a sexualização do gozo do castigo:

> Se a justiça me açoutar
> por casar segunda vez,
> açoutado, em que me pês,
> vos hei de alegre gozar:
> quero as ruas passear
> arrastando mil baraços
> entre os alcaides madraços
> e o algoz após de mim [...]
> (OC: IV, 822).

Metaforizando preceitos da teologia católica, os poemas repetem incansavelmente que *mulier corpus viri, a mulher é corpo do homem,* como diferença inferior submissa ao poder do macho que compensa a falta. Como se sabe, cristãmente só o homem foi feito à imagem de Deus. A mulher é *vaso do marido,* conforme a piedosa fórmula de São Paulo. Uma vez que a mulher não foi feita à imagem de Deus, a marca da falha é dada como natural e caracteriza a todas, ainda as honestas: *"Mujer eras, falsa fuiste,/falsa devias de ser,/ pues si nasciste mujer,/obras como qual nasciste"* (OC: IV, 948).

Marcada originalmente como /negativo/, a classe "mulher" é conatural às subdivisões da mesma falha constitutiva: "honesta"/ "desonesta": "[...] A mulher fonte de enganos/por melhor aproveitar-se/ começa hoje a desonrar-se,/e acaba de hoje a dez anos" (OC: V, 1248). Potencial e atualmente, a mulher é sempre Eva: "Eva falta, e Eva mente,/e tem-me enganado enfim,/com o que a Eva para mim/é pior, que uma serpente" (OC: V, 1256). À distinção teológica juntam-se outras, que particularizam a culpa sexual: distinções raciais, como as de "mulata", "negra", "branca"; jurídicas, como as de "solteira", "casada", "viúva", "freira"; morais, como as de "casada honesta" e "amancebada", "séria", "de vida airada", etc., todas elas distinções políticas.

Como hipertrofia dessa hierarquia natural, a sátira autonomiza o órgão sexual feminino, o *vaso,* para constituir a *puta,* definindo-a como a *mulher-vaso* que é, por excelência, paradigma do duplo impuro do paradigma virginal: a *puta* é *Eva atroz* (OC: II, 387). Na metáfora *puta,* a função *vaso* aparece selvagemente insubordinada *contra naturam:* "[...] jamais a ninguém te negas,/tendo um vaso vaganau" (OC: III, 571). Ou:

> Elas por não se ocuparem
> com costuras, nem com bilros,
> antes de chegar aos doze
> *vendem o signo de Virgo.*
> Ouço dizer vulgarmente
> (não sei, é certo este dito)
> que *fazem pouco reparo*
> *em ser caro, ou baratinho.*
> O que sei é, que em magotes
> de duas, três, quatro, cinco
> as vejo todas as noites
> sair de seus esconderijos
> (OC: I, 23-24).

Nos poemas satíricos, o termo *puta* é hiperinclusivo, assim, sendo aplicado para significar o duplo em todos os casos em que a regra não é observada. Genericamente, significa /*contra naturam*/. Por exemplo, nos poemas em que o governador Câmara Coutinho fala "como putana", o termo *puta* significa o pecado político da tirania. Em outros casos, o termo é aplicado como insulto, como na usadíssima locução "filho da puta", e relaciona-se ao imaginário da honra fidalga e seus *topoi* de "origem" e "limpeza de sangue". Sendo aplicado como injúria da mãe, o insulto constitui o filho como "bastardo" e o marido como "corno", coisas evidentemente gravíssimas em sociedade ordenada pelo código de honra aristocrático fundamentado na herança do sangue e do nome de família.

Nos poemas, a oposição *pecado/ virtude* é extensiva a todos os corpos, tanto machos quanto fêmeas. O alvo do ataque é tudo quanto é duplo: sexo venal ou promíscuo ou incontinente; atos *contra naturam*, masturbação, sodomia, bestialidade; sinédoques do duplo: genitais, esperma, mênstruos, escatologia, fluidos, gases do corpo. Se há um sexo honesto, lícito segundo regras — catolicamente, "melhor casar-se que abrasar-se", "engendrar servos do Deus Pai", "dar o devido ao esposo requerente", etc. —, ele se torna ilícito como prática *contra naturam*: "Nada é mais vergonhoso que amar sua mulher como à adúltera e à prostituta. O amante demasiado devorado de amor por sua mulher é adúltero". Assim, também a sodomia, o coito impetuoso, os jogos amatórios que não visam à reprodução. Sem eufemismos, a sátira compõe a "putaria anciana" (OC: III, 624) atacando-a como mal *contra naturam* que corrompe a Cidade: desejo incontinente e poder de "vender amor a todo o mundo" (OC: V, 1127). A *puta* é onipresente na sátira. Caráter e tipo, sua simples nomeação figura a inimizade de relações que mimetizam negativamente, pelo avesso, a *virtus unitiva* do amor do *bem comum*. Não por acaso a sátira associa a *puta* ao Demônio e à Morte. Fingimento, dissimulação do amor, a *puta* é "dissoluta", termo de extrema frequência nos poemas, que a traduzem como causa e efeito do mal: corrompida, corrompe. O termo é hiperinclusivo, como disse, podendo significar não só a mulher, mas todos os tipos e casos e eventos em que a concórdia e a paz do *bem comum* se encontram subvertidas por relações de troca ilícita: comerciantes usurários e ambiciosos, frades simoníacos e lascivos, governadores tirânicos, magistrados venais, homens e mulheres desonestos, pseudo fidalgos, etc.

Assim, todas as ações e as descrições dos tipos viciosos são absorvidas pelo *vaso* de dimensões arquetípicas, fantasticamente amplificadas: "Esse vaso encharcado, qual Danúbio/dá a crer, que és puta inda antes do dilúvio:/tão velha puta és, que ser podias/Eva das putas, mãe das putarias,/ e por puta antiqüíssima puderas/dar idade às idades, e era às eras" (OC: V, 1167).

A figuração de estilo sórdido modela nos excretos e na bestialidade as figuras da infâmia infigurável. Como disse, sua fundamentação é teológico-política. Essencialmente, os fins e os "doces objetos" das ações da *puta* são *contra naturam* porque sua vontade pecaminosa é ilegítima e se autonomiza como *vaso* monstruoso. A discórdia dos atos e a discórdia das vontades figuradas e condensadas exemplarmente nela são irracionais, o que é uma das razões da extrema frequência das metáforas animais e dos termos insultuosos com que os poemas formulam a estupidez e a loucura, como *zote*, *néscio*, *besta*, *asno*, *alarve*, *asnal*, etc. Figurado como animal irracional, o tipo vicioso não é livre, pois, escolasticamente, em todas as ocasiões só obedece à vontade do apetite que o escraviza.

Portanto, quando encena a morte da alma na vida selvagem das partes viciosas, a obscenidade é um teatro do medo: seu gesto abre um túmulo edificante e este é um significado plausível para o apelido de Gregório de Matos, *Boca do Inferno*. A sátira é eficaz, tanto por sua depravação quanto por seu didatismo, para aqueles homens que as instituições do século XVII tatuaram e ainda tatuam no século XXI com as marcas da falha e da culpa. Aqueles homens, enfim, para quem a existência de Deus e o espetáculo da morte forneciam e ainda fornecem providencialmente o sentido da vida e das práticas do corpo.

Os "poetas maldizentes" na *Primeira Lição* de Benedetto Varchi sobre a poética

Subsídios para a diferenciação de sátira e jambo no corpus poético atribuído a Gregório de Matos e Guerra

Marcello Moreira
Universidade Estadual do Sudoeste da Bahia

A *Primeira Lição* de Benedetto Varchi sobre a poética

Benedetto Varchi, em sua proposta de estudo da poética, subdivide sua análise em três seções que deverão, respectivamente, responder às seguintes questões: 1) em que seção da filosofia se deve inserir qualquer reflexão sobre a poética?, especificando-se nessa mesma divisão se ela é ciência, arte ou outra coisa qualquer, e também, qual o grau de nobreza que se lhe deve atribuir frente a outros saberes, sejam eles artísticos ou científicos (1590: 570); 2) qual é a matéria ou o objeto da poética e de que instrumentos ela se serve?, especificando-se na resposta se sua suposta matéria própria e instrumentos lhe garantem autonomia frente a outras artes e ciências, escrutando-se ao mesmo tempo os limites dessa autonomia e distinção (570); 3) qual é o fim e utilidade da poética?, partindo-se do pressuposto de que, para que seja, é necessário que se explique essa existência por sua utilidade e fim.

As respostas de Benedetto Varchi a essas questões que ele próprio se apresenta partem, em um primeiro momento, da produção de distinções conceituais concernentes às ideias centrais de seu questionamento "filosófico", como se demonstrará adiante. Segundo ele, a confusão terminológica e, por conseguinte, conceitual, é normalmente óbice a que se chegue a um resultado satisfatório em qualquer inquirição filosófica, o que o move a distinguir logo de início o que sejam "poeta", "poética", "poesia" e "poema":

> Ma perche in tutte le scienze bisogna primieramente intendere i termini, & in tutte le dispute fuggire sopra ogni cosa l'equivocazione, cioè scambiare i significati de' vocaboli, e pigliare vn nome per vn'altro, però dichiararemo la prima cosa questi quattro termini, o vero nomi: poeta: poetica: poesia: & poema (570).

Benedetto Varchi parte, em sua conceituação dos termos "poeta", "poética", "poesia" e "poema", do verbo grego Ποιεῖν, que, em grego, significa "fazer", de que deriva ser a poética, segundo ele, propriamente "*fattiva*", aquela que faz (570). Dando continuidade à sua reflexão, diz Benedetto Varchi que em todas as coisas que se fazem são necessárias, para além da matéria de que são feitas, o que segue (tomando-se como termo analógico a *ars aedificatoria*): 1) o que faz (no caso do edificar, o arquiteto, de que deriva, por analogia, no poetar, o poeta); 2) a arte mediante a qual algo se faz (no caso da edificação, a arquitetura, o que, por correlação, implica dizer para a poesia, a poética); 3) a ação propriamente dita (no caso da *ars aedificatoria*, a edificação, o que faz entender, por analogia, a poesia no caso da poética); 4) a coisa feita (no caso da arquitetura, o edifício e, no da poesia, o poema) (570). Segundo Benedetto Varchi, em seu escrito evitar-se-á tomar a ação (poesia) pelo produto (poema), o que comumente se vê na maior parte das preceptivas poéticas: "se bene la poesia si piglia molte volte per lo poema" (570), o que, infelizmente, não ocorre. Atendendo-se, portanto, ao que a palavra de fato significa, poder-se-ia chamar poeta, sem nenhuma impropriedade, a todo aquele que fizesse algo, independentemente do que fizesse, sendo as palavras *poeta* e *fattore* sinônimas. No entanto, gregos, latinos e toscanos empregaram o nome genérico "poeta" para designar uma espécie dentre os fazedores, ou seja, aqueles que com excelência faziam poesia e versos:

> Che poeta nõ vuole dire altro ne in Greco, ne in Latino, ne in Toscano, se non fattore: Onde chiunche fa che che egli si faccia, si potrebbe chiamare poeta, se non che gli Antichi così Greci, come Latini, i quali seguitarono ancora i Toscani chiamarono col nome del genere, cioè poeta per vna certa eccellenza, e maggioranza solamente coloro i quali i versi & le poesie facevano (Varchi 1590: 570-571).

Essa reflexão inicial de Benedetto Varchi faz pensar que ele, assim como Aristóteles, a quem se propõe imitar, asseverará que a poesia é de fato uma técnica como qualquer outra, mas um pouco à frente ele dirá que ela não é técnica, e que, apesar de Ποιεῖν significar "fazer", excluirá a poética dos "factíveis", subdivisão da filosofia prática ou ativa.

É preciso agora retornar à reflexão de Benedetto Varchi sobre a relação entre filosofia e poética, para que se possa atender à injunção de uma perquirição sistemática como a propôs o próprio Varchi em sua subdivisão da matéria e de seu tratamento inquisitivo.

Segundo Benedetto Varchi, a filosofia compreende tudo o que é. Divide-se em filosofia "real" e filosofia "racional". A filosofia real, "que é aquela que trata das coisas" (571), se subdivide, por seu turno, em filosofia contemplativa ou especulativa, de um lado, e em filosofia prática ou ativa, de outro. A filosofia contemplativa ou especulativa se subdivide, outrossim, em metafísica, física e nas quatro matemáticas: aritmética, música, geometria e astrologia. A filosofia prática ou ativa se subdivide em agível (*agibile*) e em factível (*fattibile*); sob a filosofia agível se compreende toda a filosofia "humana" ou civil, que contém a ética, a econômica e a política. Sob a factível são subsumidas todas as artes mecânicas (571). A filosofia racional, que concerne às palavras, mas não às coisas, não é verdadeiramente, segundo Benedetto Varchi, parte da filosofia, mas um seu instrumento, e compreende a lógica e a dialética, entendendo-se por esta última não tanto a tópica quanto a sofística e a probabilística. Nela incluem-se, ainda, segundo Benedetto Varchi, a retórica, a poética, a história e a gramática, as quais, não se podendo subsumi-las nas três subdivisões da filosofia contemplativa ou especulativa, nem nas duas subdivisões da filosofia prática ou positiva, não podem ser chamadas nem de ciências nem de artes, mas antes de "instrumentos" ou "faculdades":

> La filosofia razionale, la quale fauellando di parole, e non di cose, non è veramente parte della filosofia, ma strumento, comprende sotto se non solo la loica, intendendo per loica, la giudiziale; e la Dialettica, intendendo per dialettica, non tanto la topica, quanto eziandio la sofistica, & la tentatiua; Ma ancora la rettorica, la poetica, la storica, e la Gramatica; Le quali non caggendo ne sotto alcuno di i tre habiti specolatiui, ne sotto l'habito agibile, ne sotto il fattibile, non si possono chiamare veramente ne scienze, ne arti, ma piu tosto strumenti, e facultà. Onde si vede manifestissimamente che la poetica non è propiamente ne arte ne scienza, ma facultà (571).

Como se vê, a poética não é ciência, pois não se pode colocá-la sob as subdivisões da filosofia contemplativa ou especulativa e, também, sob a subdivisão dita "agível" da filosofia prática ou ativa; não é arte, pois também não se pode colocá-la sob a subdivisão dita "factível" da mesma filosofia prática ou ativa, pois essa só respeita às artes mecânicas. Chamamo-la, no entanto, "arte", porque foi reduzida a preceitos e regras pelos tratadistas: "Et se si chiama arte, si chiama non perchè sia veramente arte, ma per lo essere ella stata sotto precetti ridotte, E sotto regole." (571). Considerando-se pertinente a divisão da filosofia proposta por Benedetto Varchi, e derivando dessa divisão o grau de nobreza que se deva atribuir à poética dentre o conjunto de todas as ciências e artes, pode-se dizer que ela é superior a todas às artes, porque mecânicas por necessidade, conquanto inferior a todas às ciências, sejam elas contemplativas ou ativas. Benedetto Varchi, ao considerá-la como pertinente à filosofia racional, assevera ser a poética inferior à lógica, à dialética e à retórica, embora superior à história e à gramática: "Onde come il Poeta è più nobile del gramatico, e dello storico, così è men degno del loico, del dialettico, e del retore" (572). Redunda do exposto que, se a poética é parte da filosofia racional, sendo uma de suas subdivisões, e estando todas elas inter-relacionadas, não se pode ser bom poeta se, ao mesmo tempo, não se é bom lógico e bom dialético; o melhor poeta, portanto, é aquele que se sobressai em todas as subdivisões da filosofia racional: "Che essendo la poetica o parte, o spezie della loica, pigliando per loica tutta la filosofia razionale, nessuno può essere poeta, il quale non sia loico: Anzi quanto ciascheduno sarà miglior loico, tanto sarà ancora più eccellente poeta [...]" (572).

Com o objetivo de demonstrar qual é a matéria ou o objeto da poética e o tratamento que se lhe dispensa quando o poeta dele se apropria, Benedetto Varchi afirma que toda a filosofia racional tem por objeto o "ente racional" (*l'ente razionale*), de que deriva ter cada subdivisão da filosofia racional por objeto uma parte do "ente racional" (573). E porque o "ente racional" nada mais é do que a "oração" (*orazione*) ou ainda o falar/discurso (*il parlare*), cada subdivisão da filosofia racional tem por objeto uma parte do falar/discurso, de que faz parte a "oração": "E perche l'ente razionale non è altro, che l'orazione, o vero il parlare, manifesta cosa è, che ciascuna delle facultà razionali harà per subbietto alcuna parte del parlare" (573). Todo falar/discurso, segundo Benedetto Varchi, por necessidade se subsumi em um desses cinco modos: é verdadeiro, é provável, parece bem provável, não o sendo, é persuasivo, é fingido e fabuloso, o que concerne respectivamente à lógica, à dialética, à sofística, à retórica e à poética:

> Ora ciascuno parlare è in vno di questi cinque modi o vero, & questo s'appartiene al loico, cioè al dimostratiuo, o probabile, e questo s'appartiene al dialetico, cioè al topico; o pare ben probabile, ma in vero nõ è, e questo s'appartiene al sofista: o è persuasivo, cioè fa fede, & ingenera nõ isciezza ma oppenione, e questo s'appartiene al retore; o è finto, e fauoloso, e questo s'appartiene al poeta (573).

Cada modo é a matéria ou o objeto de cada uma das subdivisões da filosofia racional, e para cada uma dessas matérias há uma modalidade de tratamento que lhe é correspondente: o silogismo demonstrativo, o silogismo tópico, o silogismo sofístico, o entimema e o exemplo, de que deriva comparativamente a inferioridade da poética frente à lógica, à dialética, à sofística e à retórica, pois o exemplo é inferior não apenas ao silogismo demonstrativo, mas também às outras modalidades de tratamento das matérias próprias das outras subdivisões da filosofia racional:

> Onde come il loico vsa per suo mezzo il piu nobile strumento, cioè la dimostrazione o vero il silogismo dimostratiuo; così vsa il dialettico, il silogismo topico; il sofista, il sofistico, cioè apparente, & ingãneuole: Il retore l'entimema; Et il poeta, l'essempio, il quale è il meno degno di tutti gl'altri, è adũque il subbietto della poetica il fauellare finto, e fauoloso, & il suo mezzo, o strumento, l'essempio (573).

Para Benedetto Varchi, a hierarquia de modos e instrumentos sinaliza uma apreciação positiva da linguagem "racional", definida como instrumento intelectual capaz de superar a mera opinião e, por essa razão, a dialética deve preceder a retórica como dispositivo ou faculdade de controle do propriamente opinativo que caracteriza esta última. Se pensarmos, seguindo o raciocínio de Benedetto Varchi, que a retórica "fa fede [...], ingenera nõ isciẽza ma oppenione", e considerando que o opinativo confina com o aqui e o agora, dependendo o provável do tempo e do espaço, porque os seres humanos são criaturas históricas, o discurso seria sempre retórico. Pode-se dizer que as premissas em que se basearia o retor para a composição de sua demonstração entimemática seriam os *archai*, "*dominant assumptions*", como os definiu Ernesto Grassi (2001: 18-34), de que também se valeria o poeta e de que dependeria a verossimilhança poética (Genette 1969: 71-99). No caso da poesia, a figuração fabulosa que finge verossímeis só pode fingi-los porque, em última instância, finge *archai* fabulosamente figurados. A história, ao desvelar, por comparação e contraste, a historicidade dos *archai*, ao evidenciar a particularidade de seus usos e ocorrências, tornaria manifesta no opinativo a opinião.

Benedetto Varchi, em seguida, afirma que discorda daqueles para quem as faculdades racionais não têm uma matéria ou objeto específicos, mas estão a serviço de todas as artes e ciências, como se vê no caso tanto da retórica quanto no da dialética. Ele responde àqueles que o questionam dizendo que, ao se aprender uma das faculdades racionais, é preciso demonstrar que têm não apenas matéria ou objeto próprios, mas também que essa matéria ou objeto depende de um tratamento que lhes seja específico, o que não impede que ciências ou artes se valham dessas faculdades racionais como um de seus expedientes ou procedimentos constitutivos, e — o que poderia parecer paradoxal, conquanto não o seja —, muito menos, que algumas dessas faculdades racionais, como a poética, por exemplo, se apropriem de outras faculdades racionais, como a dialética, para produzir o produto que lhe é próprio, o poema (573). Desse modo, pode a poética apropriar-se da dialética para a produção — como será prática corrente no século XVII — de agudezas, quando a comparação entre conceitos estabelece dialeticamente suas semelhanças e diferenças para sintetizá-las em uma forma "nova e inesperada, que espanta e maravilha. A forma é uma metáfora e, quando continuada, alegoria. A agudeza resulta de uma operação dialética, como análise, e de uma operação retórica, como tropo ou figura, por isso os retores seiscentistas costumavam chamá-la ornato dialético" (Hansen 2006: 90).

Benedetto Varchi, ao responder à última questão preliminar para que se pudesse compreender a natureza da poética, afirma-nos que tudo o que há sob o mundo sublunar foi criado por Deus em benefício do homem, ou criado pelo homem para esse mesmo fim, afirmação essa com que abre sua lição frente aos membros da Academia Florentina no segundo domingo de outubro de 1553, e, também, que se repete muitas vezes ao longo do texto que ora analisamos. Assevera, em seguida, que se não pode duvidar de ser a poesia uma daquelas coisas que "são e se fazem sob o céu" (1590: 574), o que implica imediatamente o ser o seu fim o benefício do homem e a consecução de sua felicidade. Esse benefício e felicidade que a poesia deve nos proporcionar é algo que ela comparte com todas as ciências, artes e faculdades, diferenciando-se umas das outras na "diversidade dos modos de se conseguir a felicidade": "ma la loro differenza consiste nella diuersità del modo di fare conseguire cotale felicità" (575). Algumas dentre elas, como as ciências especulativas, aperfeiçoam a alma de forma imediata e com instrumentos mais nobres; outras, como as ciências ativas, aperfeiçoam-na de forma mediata e com instrumentos um pouco menos nobres. Quanto às artes factíveis, que atendem às necessidades do corpo, também contribuem para a felicidade do homem, pois sendo o corpo um instrumento da alma, formando com ela uma unidade, aquilo que lhe presta serviço por necessidade também presta serviço e é útil à alma, donde se deduz que as artes mecânicas, nem que seja de forma secundária e mediata, produzem a felicidade. Benedetto Varchi, em defesa de seu argumento a favor da utilidade das artes, cita Aristóteles e nos diz que o Estagirita declarara que a "felicidade era o agregado de todos os bens", do que redunda não ser alguém feliz se não é, por exemplo, são (575). Tanto ciências como artes, como se viu, têm um fim, aquilo que primeiramente se deseja e que por último se obtém. A perfeição das ciências frente às artes é que no caso daquelas a perfeição deriva do seu próprio objeto, enquanto que no caso das artes ela deriva, sobretudo, do fim a que se ateve.

Todas as ciências, faculdades e artes ensinam, portanto, o homem a ser feliz, promovem o seu benefício, aperfeiçoam-no. Sem o domínio de cada uma delas, é impossível que um homem chegue ao seu fim, que é a felicidade. Esta se obtém quando os homens são necessariamente bons, doutrinados para o bem pelo conjunto de ciências e faculdades, pois cabe à filosofia moral, ou seja, à ética, ensinar a distinguir a virtude do vício; pode-se ainda promover a introdução de hábitos virtuosos e a remoção de práticas viciosas mediante prêmios e castigos, o que compete às leis, ramo da política; pode-se eliminar o vício e promover a virtude pelo vitupério de um e pelo louvor da outra, o que cabe à retórica; à poética cabe a imitação de homens, ora viciosos, ora virtuosos, que nos sirvam de "exemplo", modo próprio da poética, devendo-se representar um homem virtuoso ser digno de prêmio tanto da parte de Deus quanto da parte dos homens:

> In nessuno di questi modi sbigottisce da' vizij, & infiamma alle virtù il poeta, ma solo, o principalmente coll'imitare, cioè col fingere, & rappresentare, introducendo, per atto d'essempio, hora vn huomo vizioso, il quale degno supplizio sortisca delle sceleraggini sue, hora vn virtuoso, al quale degni premij delle sue virtù ò da Dio, o da gl'uomini tenduti siano (576).

É óbvio que o caráter imitativo da poesia e a tipologia de caracteres passíveis de imitação deriva da *Poética* (1448a), conquanto Varchi, como muitos de seus contemporâneos, sinta a necessidade de declarar a utilidade da poesia por sua capacidade de instrução moral edulcorada com um pouco de deleitação.

A capacidade da poesia de persuadir o homem a emendar-se de seus vícios e de aderir à virtude deve-se ao fato primeiro de a maioria dos homens não poder suportar as fadigas inerentes ao aprendizado das ciências e virtudes tal como ensinadas pela filosofia moral;

a poesia, por meio da imitação de figuras exemplares de virtudes, ou contra-exemplares de vícios, não só não fadiga, mas, sobretudo, deleita. Mas, há um segundo fato a considerar na eficácia da persuasão da poesia, pois, segundo Benedetto Varchi, "quem é que não sabe o quanto se comovem os ânimos ao ver-se representar uma coisa não aprazível ou terrível sob forma espantosa e abominável?" (577). A poesia, ao imitar caracteres (*ethe*), produz uma intensificação, pela representação, de vícios e virtudes, causa essa promotora da maior aderência, porque prazerosa, conquanto misturado o deleite ao terror, do vulgo àquilo que a poesia tem a lhe ensinar: "Anzi ha tanta forza questa rappresentazione, che non solo ci fa aborrire le cose per lora natura noceuoli, e sozze, ma ancora le belle, e gioueuoli, solo, che sotto contraria forma rappresentate ci sieno" (577).

Mas essa intensificação, pela representação, de vícios e de virtudes, deve-se também ao procedimento de "encenar" as ações dos caracteres, o que prevê a "caracterização" da cena em que uma dada paixão é encenada (correspondência retórica e eticamente prevista da proporcionalidade entre caractere e cena), doutrina essa que Benedetto Varchi exemplifica por referência ao *Inferno* e ao *Paraíso* de Dante, e, também, por remissão à tragédia, gênero em que a *mimesis*, em oposição à *diegesis* (Genette 1969: 49-69), produziria a máxima intensificação da vividez da representação:

> Io per me non posso indouinare chi colui sia, il quale legendo l'inferno di Dante, non prenda in estremo horrore, & abbominazione tutti i vizij, e per lo contrario leggendo il Paradiso nõ arda tutto d'infinito Desiderio di diuenire giusto, e pio, l'vno per fuggire quelle pene, e l'altro per fruire quei gaudij ombrati, anzi dipinti con si bei colori dal poeta. Ma qual cosa si può immaginare men credibile, che questa, e pur è veríssima, che in leggendo alcuna poesia come, per cagione d'essempio la morte del Conte Vgolino in Dante, sentimo in vn medesimo tempo due contrari, tristizia, e piacere, diletto, e noia? Donde potemo immaginare quel, che faremmo se le vedessimo recitare, e rappresentare in Tragedia, la quale Aristotile tiene contra l'opinione di Plátone, che sia la piu perfetta, e piu nobile maniera di Poesia, che si ritruoui (Varchi 1590: 577).

A diferença entre *mimesis* e *diegesis* é exposta por Benedetto Varchi na última seção de sua lição, a partir da *Poética* (1448a) em que diz que uma mesma ação, a de um rei, pode ser imitada por vários poetas, que se valem do mesmo verso, o hexâmetro, por exemplo, mas se um deles fala sempre, se outros fazem falar sempre ao caractere representado, e se outros ainda misturam a *mimesis* e a *diegesis*, ora falando o poeta, ora o caractere, tanto melhor será o poema quanto melhor for a imitação, concebida a excelente como a unidade do modo mimético de representação:

> Perche possono (poetas) imitare vna cosa medesima verbigrazia l'azzioni de i Re, e colle medesime cose, verbigrazia col verso esametro, ma fauellano essi sempre, come fece Hesiodo, e Vergilio nella Georgica: alcuna volta fanno, che sempre fauelli altri, come fece il medesimo seguitando Teocrito nella Boccolica, & come fa quase sempre il Petrarca. Alcuna volta parte fauellano essi, & parte introducono altri à fauellare, come fece sempre Homero, & Vergilio nell'Eneida, & il Petrarca ne' Trionfi, & Dante nella commedia. Nella qual cosa deuemo sapere, che quanto meno fauella il Poeta tanto è l'imitazione maggiore, e conseguentemente piu lodeuole il poema [...] (579-580).

A imitação, em Benedetto Varchi, é imitação de ações, e diz que toda e qualquer ação pode ser objeto de imitação, conquanto os trágicos imitem as ações ilustres dos reis e os cômicos as ações "privadas" de pessoas baixas e humildes (582). O importante na preceptiva, para ele, é a prescrição de que só se possa imitar, em um poema, uma única ação: "Non fu già senza grandíssimo auuertimento posto azione nel numero del meno, non azzioni in quelo del piu, perche niuno poeta puo in vna poesia, o poema solo imitare piu, che vna sola azzione d'vna persona sola" (582), o que o leva em sua lição a criticar Ludovico Ariosto pelo que se propôs ao início de seu poema: "Le Donne, e i caualier, l'arme, e gl'amori,/Le cortesie l'audace imprese io canto". A ação imitada, por seu turno, deriva de afetos, pois se pintores e escultores imitam principalmente o corpo (*il di fuori, cioè i corpi*), os poetas imitam o ânimo e fingem verossímeis passionais proporcionados ao caractere figurado, expresso o afeto sobretudo na fala dos caracteres, dependente do que Benedetto Varchi denomina "costume":

> quelle differenze, che sono da vna persona à vn'altra per cagione o del sesso o condizione, o della professione, o della età, o de' paesi, o per al-

tre cagioni Percioche altri costumi hanno gli huomini, & altri le donne, altri i liberi, che i serui, i giouani, che i Vechij, i litterati, che i Soldati, i Greci, che i Latini, o Toscani, & così di tutti gli altri, come ne demostra dottamente Horazio nella sua poética (583).

Mas, se a imitação tem por objetivo ou fim a promoção da virtude e a evitação dos vícios, os poetas que, ao invés de castigarem o vício e de exaltarem a virtude, obram em diferente sentido, devem ser considerados como o mau médico, ainda piores do que ele, pois matam a alma, não apenas o corpo (585):

> hanno (os poetas) nondimeno tutti quanti vn fine medesimo tante volte detto da noi, di giouare à gl'huomini, e tutti quegli, che non fanno questo, non sono poeti, e tutti quelli, che fanno il contrario, meritano non solamente biasimo, ma gastigo, se già il fine, che gli mouesse, & il modo del farlo, non fusse buono, perche dal fine s'hanno à giudicare principalmente tutte le cose [...] (585).

Aqueles que não merecem ser chamados "poeta" são agrupados por Benedetto Varchi em quatro grupos assim denominados: "*plebei*", "*ridicoli*", "*disonesti*" e "*maledici*", detendo-nos por ora neste último agrupamento.

Quem seriam para Bendetto Varchi os poetas designados pelo apelativo "maledici"? A palavra remete para o português "maldizente" e para a prática do "maldizer", assim nomeada na poética apensa ao *Cancioneiro Colocci-Brancuti*, também chamado de *Cancioneiro da Biblioteca Nacional* de Lisboa, por que se define um dos gêneros de vitupério dos trovadores galego-portugueses. Mas o que significaria exatamente em Benedetto Varchi? Os "maldizentes são todos aqueles que escrevem poemas vituperantes, não movidos pelo desejo de combater os vícios, como fazem os satiristas (o que diferencia imediatamente satiristas de maldizentes), mas sim pelo ódio, por uma natureza verdadeiramente má, ou por dinheiro, ou por prazer e divertimento (o que revela também sua má natureza), e devem ser expulsos das repúblicas bem ordenadas e teriam sido causa de que Platão desejasse vê-los alijados de sua República ideal. Os maldizentes, que ferem com palavras, infamando concidadãos, se pudessem, feririam de modo outro as pessoas que infamam. Benedetto Varchi lembra que os maldizentes são punidos pela lei e, do ponto de vista da filosofia política, são considerados desonradíssimos como cidadãos:

> Maledici sono tutti quegli, i quali non per riprendere i vizij (come fanno i Satirici, o ad altro buon fine, ma o per loro cattiua Natura, o per odio, o per preghi, o per danari, o per sollazzo scriuono male d'Altrui, e quegli (dice Arist.) s'hanno à scacciare delle Rep. bene ordinate, perche chi s'auuezza à dir male, s'auuezza anco à fatlo, & chi offende vno colle parole, l'offenderebbe anco (se potesse) co' fatti, e molti credono, che questi tali (come poco di sotto si verdrà) fussono cagione, che Platone non volesse poeti nella sua Rep. e come sono infami e puniti per le leggi, così ancora in la politica sono disonoratissimi, se già non dicessero il vero, mossi da cauta, o da altra giuta cagione (589).

Maldizer e maldizentes nas ordenações do Reino Português

As cartas de maldizer, como eram, ao tempo da promulgação das *Ordenações Afonsinas*, chamados os escritos vituperantes de natureza poética — podendo designar ao mesmo tempo os que não o fossem —, são objeto de regulação desde antes de Dom Afonso V (1432-1481) concluir sua revisão da legislação do Reino Português. Nas *Ordenações Afonsinas*, fala-se das cartas de maldizer em um de seus títulos, o de número CXVII do quinto livro, em que recebem tratamento pormenorizado. Uma das características mais duradouras do vitupério enquanto prática cultural na Península Ibérica diz respeito ao ser lançado ou afixado em lugares públicos ou privados de forma encoberta. O título CXVII das *Ordenações Afonsinas* lê: "Das Cartas defamatorias, que se lançam encubertamente por mal dizer" (1792: 384). Cabe ainda referir que o título CXVII remete explicitamente à legislação promulgada sob Dom Duarte, que já se ocupara da mesma matéria: "El Rey Dom Eduarte meu Senhor e Padre, de muito louvada e famosa memoria, em seu tempo fez Ley em esta forma, que se segue"; em assim sendo, as cartas de maldizer são objeto da legislação portuguesa desde pelo menos Dom Duarte. Quanto ao que se compreende por "cartas defamatorias", sinônimo de cartas de maldizer, pelo extrato que se segue sabemos estarem alguns gêneros de poemas vituperantes nelas incluídas, como um seu tipo, sob a rubrica "trovas":

Dom Eduarte pela graça de Deos Rey de Portugal, e do Algarve, e Senhor de Cepta. A quantos esta Carta virem fazemos saber, que por quanto alguũs escriptos, trovas, e outras cartas de mal dizer se lançaõ em alguũs lugares, pera se darem ou dizerem aquelles, que dezejaõ de defamar, ou a outros que as pobliquem, ou se diga o contheudo em ellas, e nom se pode saber quem as fez, pera lhes seer dada tal pena como merecem: querendo nós em ello poer castigo mandamos, que se alguem tal escripto achar aberto, e o leer, que o rompa logo, de tal guisa que se nom possa leer, sem mais fallar no que em elle achou; ca se o publicar, ou mostrar, ou a alguma pessoa em ello fallar, haverá tal pena, como mereceria aquel que o fez, e aver-s'a por Author; e se achar carta cerrada, logo a abra, e veja, e nom há de cerrada; e se vir que he de mal dizer, logo a rompa como dito he; e se for d'outras cousas, pode-a dar a quem vier; e finalmente cada huũ saiba, que d'aqui em diante de qualquer carta ou escripto, que der ou publicar, será theudo a responder como se o fizesse, quando razoado Autor nom der, e o provar (*Ordenações Afonsinas* 1792: Livro V, 384-385).

A carta de maldizer visa a infamar alguém, mas de forma anônima, e o anonimato, pelas próprias sanções legais a que estavam expostos os fautores das cartas, será sua forma regular de circulação no Império luso até o início do século XIX. São as cartas, como se pode verificar no extrato acima excertado, sempre lançadas em lugares em que se dão a ler, e embora se dirijam também àquele que é a matéria do vitupério, são precipuamente objeto de recepção pelo público, encarregado, por uma prática arraigada de socialização, que as *Ordenações* desejam combater, de fazer circular a informação que contêm. "Publicar" significa, portanto, pôr em circulação a obra vituperante, seja por meio da fatura de novas cópias, seja por meio da partilha oralizada dos poemas (*A Sátira e o Engenho; Critica Textualis*). Com vistas a reprimir a prática de socialização desses escritos, castiga-se aquele que os publica como se fosse aquele que os compôs. Declara-se, outrossim, no título CXVII, que a pena àquele que compõe cartas de maldizer deve ser maior do que aquela destinada aos que maldizem publicamente, pois, ao maldizer, os primeiros associam a malícia ao segredo, que objetiva a impunidade, mal a ser evitado em um Estado bem constituído. O incumbir-se do pôr em circulação as cartas de maldizer torna-se um risco a partir da promulgação das leis portuguesas sobre a matéria, pois aquele que as publica, se não puder provar que outrem é seu autor, no caso de ser pego publicando-as, será punido como se o fosse — mecanismo de coerção alicerçado na certeza de que ninguém se apresentará para reclamar a autoria de um vitupério.

O Conteúdo do título CXVII das *Ordenações Afonsinas* não se altera até a época em que foram promulgadas as *Ordenações Filipinas*, o que atesta que a "inércia" da legislação é correlata à persistência de uma prática social que demanda o controle por parte das autoridades. Nas *Ordenações Manuelinas*, por exemplo, encontra-se o texto das *Ordenações Afonsinas* quase *ipsis litteris*:

> POR QUANTO alguũs escriptos de trouas, e outras cartas de maldizer se lançam em alguũs luguares pera se darem, ou dizerem a aquelles, de que desejam de defamar, Mandamos, que se alguũ tal escripto achar aberto, e o leer, que loguo o rompa, de tal maneira, que se nom possa leer, sem mais falar, nem pubricar o que se nelle achou; e pubricando-o, ou mostrando-o, ou se algũa pessoa em ello falar, Mandamos que aja aquella pena, que aueria aquelle que o fez.
>
> E se o tal escripto, ou carta, que assi achar, for çarrada, e nom teuer sobrescripto, abra-a, e se viir que he de maldizer, loguo a rompa como dito he; e se d'outras cousas for, pode-a dar a quem viir que veem enuiada: e pubricando o dito escripto, ou carta de maldizer, que assi achar, ou amostrando-a algũa pessoa, aja aquella pena que aueria o que a fez (*Ordenações Manuelinas* 1797: Livro V, 235-236).

Quando as cartas de maldizer ou os pasquins eram disseminados sob forma manuscrita, as cópias podiam ser feitas por aquele que desejava publicá-los de forma mais ampla, mas também podiam ser contratados os serviços de um "homem que vivia de escrever", copista profissional que se incumbia de produzir as cópias de acordo com um contrato firmado pelas partes contratantes, que fixava a qualidade da cópia, sua natureza bibliográfico-textual, etc. (Moreira, *Litterae Occident*). Embora possa parecer absurda a contratação de um copista para a reprodução de papéis vituperantes, ela assim não se afigurava a muitos homens do Império Português, prática por nós atestada com abundante documentação para o século XVIII luso-brasileiro (Moreira, *Litterae Adsunt*), prática essa, sem sombra de dúvida, derivada de congêneres metropolitanas que devem remontar ao início do XVI ou até mesmo a antes do século XVI.

Passemos agora a um outro tipo de discurso, o teológico, para ver como teologia e direito, como teologia e *ius* convergem no que concerne a definir algumas modalidades de vitupério como nocivas à *res publica*.

Maldizer, maldizentes e a "restituição" nos manuais de teologia moral

Para que possamos compreender porque algumas modalidades ou gêneros de poesia vituperante eram ajuizados tão nocivos à república e porque há, na legislação de Portugal, das *Ordenações Afonsinas* às *Filipinas*, título que lhes é correspondente, em que se prevê as penas para os compositores de "maldizeres", faz-se preciso, agora, entender o que são honra e fama no mundo ibérico dos séculos XVI e XVII, fama e honra em constante perigo.

Enrique de Villalobos, um dos muitos autores de manuais de confessores do século XVII, que replica definições anteriormente presentes em tratados de teologia moral e em manuais de confessores do século XVI, como o de Azpilcueta Navarro (1570), com que o cotejamos, ao discorrer sobre fama e honra, assevera, definindo-as, que honra e fama não são a mesma coisa, conquanto o vulgo muita vez as confunda. Segundo ele, "fama" é a opinião pública concernente à boa vida de uma pessoa qualquer, de que deriva ser ela muito estimada. A "honra" nada mais é do que a reverência que pública e manifestamente se demonstra a alguém pelo reconhecimento de sua dignidade e excelência. Pode-se quitar a honra por uma palavra ou obra, em presença, quando, por exemplo, trata-se alguém pelo uso de forma de tratamento não condizente com a qualidade da pessoa a que se dirige a forma de tratamento. A fama, no entanto, diferentemente da "honra", pode ser roubada a alguém em ausência, ou seja, posso quitá-la por detração, infamação, murmuração, sem que precise, por necessidade, revelar-me como infamador, detrator ou murmurador:

> La fama, es la opiniõ que se tiene de la buena vida de una persona. La qual es de mucha estima. La honra es la reuerencia, que exteriormente se deve hazer a uno por su virtud, dignidad, ó excelencia. Quita

se la honra de palabra ò obra, en presencia, y la fama se quita por detraction, ò murmuracion, en ausencia (Villalobos 1640: 175v-176r).

Enrique de Villalobos, em capítulo de seu livro que trata da "restituição", afirma que todo aquele que infama a outro injustamente tem a obrigação de compensá-lo, compensação essa que ele designa como "restituição", ou seja, devolver a outrem o que se lhe tirou indevidamente (176r). Para que se seja obrigado à restituição, são necessárias três condições: 1) que se haja, com efeito, quitado ou manchado a fama de alguém; 2) Que se quite a fama injustamente; 3) Que o infamado não tenha recuperado a fama por outro meio que não o da "restituição" (176r). O que interessa a nós para a compreensão do caráter deletério de alguns gêneros de poesia vituperante é, por ora, se esses vitupérios de fato quitam a fama e, se a quitam, se o fazem injustamente. Enrique de Villalobos, ao falar da infâmia "bolada", ou seja, refletida e conscientemente composta com o fito de atingir alguém, diz: "Quando uno infamó otro delante uno, ó dos y despues boló la infamia, que suele suceder mas de ordinario quando va en verso, está obligado a restituir toda la fama" (176r).

Fica patente do fragmento excertado que o poeta maldizente, que concebe o vitupério com o fim de quitar a fama de alguém, só atinge seu objetivo se a infamação referir o infamado, pois a crítica de um vício sem nomeação do vicioso não é infamação, antes, ação salutar que cabe à poesia empreender, como no-lo ensinou Benedetto Varchi e tantos outros preceptistas desde Horácio. Em caso de infamação poética, cabe ao poeta infamante restituir o que quitou.

Não nos esqueçamos de que o próprio Benedetto Varchi em sua *Primeira Lição* sobre a poética, por nós analisada na primeira seção deste artigo, referiu leis que puniam, também em Florença, os poetas *maledici*, que deveriam ser excluídos das bem ordenadas repúblicas. Se há maus poetas — não porque compõem mal ou mal escrevem seus poemas, mas maus porque faltos de boa índole, movidos por más paixões —, e se eles devem ser punidos pela lei, e, segundo os teólogos, obrigados a restituir a fama que quitaram a outrem injustamente, poética, teologia e direito concordam em que há gêneros de vitupério que não educam, que não são úteis.

João Adolfo Hansen, ao distinguir dois tipos de feiúra concernentes ao corpo, a "não-dolorosa (não-nociva), e a dolorosa (nociva)", e outros dois, respeitante à alma, "a feiúra derivada da estupidez e a feiúra derivada da maldade", assevera que: "a feiúra do corpo dolorosa e a feiúra do ânimo derivada da maldade são deformidades fortes que causam horror, objeto da maledicência da sátira; as outras duas, a feiúra do corpo não-dolorosa e a feiúra do ânimo derivada da estupidez, deformidades fracas que causam o riso, são objeto do ridículo na comédia" (2003: 72). João Adolfo Hansen afirma ainda que:

> Quando o poema aplica a prescrição "rindo" (*ridículo*), constrói a *persona* satírica como um tipo civil que extrai das fraquezas alheias a ocasião para um divertimento irônico e levemente desdenhoso, que imita o modelo horaciano da *satura*. Quando aplica o preceito "zombando" (maledicência), inventa a *persona* como um tipo vulgar que agride com sarcasmos e obscenidades. A matriz desse subgênero é a sátira de Juvenal, retomada nas cantigas de escárnio e maldizer da Idade Média portuguesa e nos séculos XVI, XVII e XVIII, em Portugal e no Brasil (2003: 72-73).

Parece-nos que não há como discordar de João Adolfo Hansen no que respeita à compreensão da sátira como gênero constituído por preceitos técnicos reciclados da tradição greco-latina, com função mimética e também avaliativa (69 70); mas nos parece que a distinção feita por Benedetto Varchi entre satiristas e poetas *maledici*, louváveis os primeiros e criticáveis os segundos, implica considerar a prescrição "zombando", ou seja, a maledicência — em que o poema, ao aplicar o preceito "zombando", "inventa a *persona* como um tipo vulgar que agride com sarcasmos e obscenidades" —, como restrita ao que Antonio Minturno chamou, na *Poetica Toscana*, anterior à *Primeira Lição* de Varchi, propriamente "jambo", gênero de vitupério distinto da sátira.

Antonio Minturno principia sua reflexão sobre a sátira e o jambo por um lugar-comum da poética dos séculos XVI e XVII, que prevê algumas espécies de vitupério como medicina da alma, sendo, por conseguinte, um correlato da arte médica, que tem o corpo por objeto. É Antonio Minturno quem melhor explicita a correlação acima referida:

> Come adunque le infirmità, e le ferite del corpo direste esser materia della Medicina, come di quella, che in loro si rivolta: così le passioni, e le piaghe dell'animo soggetto di questa Satirica Poesia chiamereste. E, perciochè l'una e l'altra ha per suo fine la sanità, quella del corpo, questa dell'anima; similmente, ha cura di sanare, quella con le cose, questa con le parole; quella con amara bevanda, questa con acerba riprensione (Minturno 1725: 272).

É óbvio que a correlação serve para justificar a prática da escrita de versos satíricos, pois negar sua utilidade seria negar aquela da medicina, na medida em que a correlação entre satirização e arte médica é-nos apresentada de forma silogística. Embora a sátira objetive a correção dos vícios e o estímulo da virtude, não se identifica jamais com a filosofia moral, como também o asseverou Benedetto Varchi em sua *Primeira Lição*:

> Ma, perciocchè la Filosofia è medicina di quelle malattie, onde l'anima s'inferma, e'l Filosofo riprende per sanarla; intenda il Satirico scrittore, che non s'appartiene a lui quel, ch'è propio della Filosofia, il trattare della vertù, e delle cose, che loro si contrapongono: ma il riprendere altrui festevolmente, nè senza sdegno con versi, per li costumi ammendare (Minturno 1725: 272).

A definição de poesia satírica fornecida por Minturno permite ainda diferenciá-la da poesia jâmbica, a primeira "è imitazione di una viziosa, e biasmevole faccenda, con versi nudi e puri, e con parlare semplice e netto; ma sì bene acuto, per la vita ammendare; ed universalmente più tosto, che particolarmente", enquanto a segunda "i vizi dé particolari acerbamente pungendo riprende" (272). Desse modo, a sátira é um análogo da medicina, um remédio para a alma, contrariamente ao jambo, que, ao atacar os vícios dos "particulares", repreendendo-os acerbamente, acaba por infamá-los, ao comprometer publicamente, como diria Enrique de Villalobos, "a boa opinião que se tem da vida de uma pessoa".

Ainda segundo Minturno, os efeitos positivos da primeira sobre o corpo enfermo da república se fazem sentir de forma eficaz, pois o poeta satírico, como o médico, "per ingannare il gusto dello 'nfermo, tempera la medicina con quel soave condimento, che non fa nella bocca l'amaro di lei sentire" (272), sendo esse "soave condimento" o riso: "col qual riso nascondendo lo sdegno, astutamente a riprendere s'introduce" (272).

A partir dos extratos da *Poética* de Minturno, parece ficar clara uma distinção entre a sátira e o jambo, sendo este último uma invectiva, pois, ao escarmentar o vício, só o faz vituperando o vicioso — que, embora pintado como figuração de um tipo universal (o frade fodinchão, por exemplo), apresenta, ao ser figurado fabulosamente pelo fingimento verossímil que o compõe justamente como vicioso, traços miméticos remetentes a referenciais discursivos locais, que particularizam para a recepção essa universal figuração. Esse procedimento gera tal derrisão, que a infâmia é inevitável, porque o jambo gera a murmuração.

Cremos que a distinção entre figuração satírica e figuração jâmbica é de fundamental importância para a produção de uma concordância em campos discursivos coetâneos, como poética, teologia e direito, o que nos leva, por fim, a concluir que a maior parte do *corpus* poético colonial seiscentista e setecentista atribuído a Gregório de Matos e Guerra é composto por jambos, mas não por sátiras, diferenciação essa que explicaria vários passos da *Vida do Excelente Poeta Lírico, o Doutor Gregório de Matos e Guerra*. Se a *Vida* é ficção e é espécie de memória panegirical, faz-se preciso compreender a verossimilhança de todas as suas passagens, sobretudo daquelas em que se declara a má fama do poeta como satirista (na verdade, com autor de vitupérios de tipo jâmbico), causadora de medo nos homens bons da Bahia e de Pernambuco, por exemplo, o que passaremos a escrutinar a seguir.

I - A *vida*, os livros de mão e a disposição teológico-político-retórica dos poemas

A defasagem existente entre o período de produção dos poemas atribuídos a Gregório de Matos e Guerra, por um lado, e o de sua compilação e textualização, por outro, resultou em que a poesia seiscentista, no interior das grandes coleções codicológicas, os livros de mão, já se afigurava como discurso fora do ato que o produziu. Produção/enunciação e registro escrito não são, no que respeita às coleções poéticas de textos gregorianos, fenômenos coetâneos. O distanciamento histórico entre a produção/enunciação do discurso poético e o seu registro pela escritura explica, dentre outras coisas, a formulação da VIDA/DO/Excellente Poeta Lirico/O DOUTOR/ GREGORIO DE MATTOS/GUERRA. Como afirma João Adolfo Hansen: "Apologia, o texto estabelece a legibilidade doutrinária da sátira atribuída ao poeta segundo critérios barrocos que o compõem e interpretam, retórica e teologicamente, como personagem. Ficção integra-se no gênero do retrato biográfico encomiástico" (*A Sátira e o Engenho* 1989: 13).

A *Vida* articula a defasagem existente entre a produção/enunciação do discurso poético gregoriano e sua escritura e textualização dadas posteriormente — de que o Licenciado Manuel Pereira Rabelo é um dos responsáveis — com a composição da memória panegirical. A articulação é mais do que pertinente ao caso em questão, na medida em que o gênero epidítico, no subgênero encômio, pode apresentar-se como discurso *sub specie praeteritorum*, como o provam exemplarmente *De uiris illustribus*, na Antiguidade, e *Le vite de più eccelenti pittori, scultori et architetti*[1], no Quinhentos, obras que Manuel Pereira Rabelo e os outros autores da *Vida* devem ter conhecido.

Nas duas primeiras linhas da versão da *Vida*, que nos é apresentada como texto introdutório à coletânea de poemas coligidos nos quatro volumes do *Códice Asensio-Cunha*, declara-se: "Abreviarey a vida de hum Poeta pouco cuy-/ dadoso de estendêlla nos espaços da eternidade, que lhe-/ franqueou as portas" (*Asensio-Cunha*: vol. I, 1). Como se assevera nas linhas extratadas, o poeta não se ocupou

---

1. No aviso aos leitores — Carlo Manolessi a Lettori —, inserido na edição das *Vite* de 1647, o editor, Carlo Manolessa, declarava estar esforçando-se por continuar a obra de Giorgio Vasari, já que objetivava compor as *vite* de artistas surgidos ou após Vasari ter finalizado o seu trabalho ou depois de este último ter falecido. Solicitava para tanto a colaboração dos leitores, pois esperava que esses lhe enviassem informações respeitantes a artistas cujas *vite* necessitassem ser escritas, estando a maioria deles, como se depreende da leitura do texto de Manolessa, já mortos. O encômio caracteriza-se assim como discurso, nas *vite*, que constitui uma memória, no presente, por meio da recuperação de feitos passados ainda não dignamente celebrados, mas que necessitam sê-lo — procedimento este já relatado por Aristóteles, mas que não se configuraria, no que diz respeito ao tempo em que se desenvolve a ação a ser encomiada, como procedimento característico das espécies do epidítico, que se desdobrariam, no presente da enunciação, fazendo remissão a feitos coetâneos (*Retórica*, I, iii, 4).

de perpetuar sua memória. O que significa, contudo, na versão da *Vida* ora analisada, o ser pouco cuidadoso de estender a mesma vida nos espaços da eternidade?

A *Vida* é encômio, memória panegirical. Como elemento textual que compõe um artefato bibliográfico, entretanto, e que proporciona organicidade e coesão internas a esse mesmo artefato, como veremos adiante, para além de justificar sua fatura, a *Vida* não deve nem pode ser lida separadamente da unidade artefactual de que é elemento constituinte e que é, em suma, uma unidade bibliográfico-textual.

A *Vida* justifica-se na medida mesma em que ela justifica a construção de um monumento eficiente para a perpetuação de uma memória de que ela faz parte. É justamente o declarar a falta de cuidado do poeta em perpetuar sua própria memória o que possibilita ao licenciado Manuel Pereira Rabelo e demais autores das várias versões existentes da *Vida* intervir como agentes que a produzem de maneira eficaz. Pode-se dizer que a *Vida do Excelente Poeta lírico, o Doutor Gregório de Matos e Guerra*, como panegírico, independe de quaisquer outros textos para ser compreendida, já que nela se encerram os elementos constituintes da memória panegirical, ou seja, prosopografia e demais partes da *effictio*, etopéia e cronografia. Contudo, o panegírico a Gregório de Matos e Guerra é paradoxal, pois, embora suficiente enquanto discurso encomiástico para a promoção do louvor de um poeta, ele se afirma, no que contradiz a tradição dessa espécie do epidítico, logo nas primeiras linhas, insuficiente para comemorar a excelência de um poeta, pois como declará-la, se não se tornar possível apresentá-la para o ajuizamento dos pósteros?

Conquanto continuador de uma tradição retórica oriunda da Antiguidade, Rabelo e outros letrados coloniais rejeitam a tradição memorativa do panegírico em que o comemorar e o memorar, núcleo do discurso elogioso, orna os homens e os feitos sem, entretanto, no que diz respeito ao louvor dos poetas, patentear a justeza do encômio por meio do fornecimento de poemas que funcionariam como provas a roborar os procedimentos argumentativos típicos dessa espécie do subgênero elogioso. O que está implícito no intróito do panegírico composto por Rabelo e outros homens de letras é a necessidade de apresentar, a par da exposição regrada de eventos e feitos que constituem a matéria por excelência da memória panegirical, aquilo que é sua justificativa primeira, ou seja, o produto do poetar, pois não seriam eles, no caso do poetar, os *gesta/praxeis*, que moveriam ao louvor?

Se os fastos dos grandes não podem ser recuperados a não ser por meio da escrita que os representa, que, na verdade, os institui como memória, as obras poéticas de Gregório de Matos e Guerra, das quais há mais do que meras notícias que proclamem sua excelência, podem ser apresentadas aos leitores como evidência de sua excelência. Não há, por conseguinte, encômio ao poeta, efetiva preservação aos pósteros dos *gesta poetae*, caso não haja, para além do panegírico, o monumento codicológico que preserve a memória por excelência do exceler no poetar — a poesia —, a ser produzido por meio de um conjunto de práticas e de fazeres consubstanciados nos códices poéticos setecentistas que chegaram até nós. A memória a ser construída, conquanto encontre no encômio a sua justificação discursiva, não pode ser separada, por conseguinte, do monumento codicológico que organiza a produção poética atribuída ao poeta e que, ao fazê-lo, preserva-a. A atividade colecionadora da poesia atribuída a Gregório de Matos e Guerra justifica-se como ato que visa à perpetuação de uma memória, na medida em que a coleção poética instaura-se como monumento ou padrão cujo fim é impor-se, em sua materialidade imanente, à ação destrutiva do tempo. Há como enaltecer o exceler de um poeta se não houver memória do seu poetar? Portanto, não apenas a *Vida*, mas sim o códice de que a *Vida* é um elemento constituinte celebram a memória do varão digno de enaltecimento, de fama e glória imorredouras, ao constituí-la textual e bibliograficamente; o códice poético é, por conseguinte, simultaneamente, memória e monumento[2].

---

2. Não seria possível discutir aqui as razões que justificavam a preservação da poesia atribuída a Gregório de Matos e Guerra em fins dos Seiscentos e ao longo dos Setecentos. Lembremos apenas que, desde a Antiguidade, o uso da palavra para a promoção da concórdia entre os membros da comunidade política era motivo para a inclusão da eloquência e da poesia como elementos constituintes da *scientia civilis*. Como o Bem comum é o mais alto fim das organizações humanas, e como a retórica e a poesia podem convergir para sua produção e manutenção, o desenvolvimento das reflexões que justificavam o poetar por seu caráter educativo encontrou respaldado em escritos antigos, com grande voga de composição de poéticas e de retóricas sobretudo a partir do século XVI. No *De inventione* (I, 5), afirma-se: "Civilis quaedam ratio est, quae multis et magnis ex rebus constat. Eius quaedam magna et ampla pars

A articulação promovida pela *Vida* entre o período de produção/enunciação do discurso poético e sua escritura e textualização pode ser compreendida então como o esforço de Manuel Pereira Rabelo e outros para impedir que a memória de Gregório de Matos e Guerra fosse destruída pelo tempo e pelo descuido do próprio poeta. Segundo Rabelo, as poesias de Gregório, como ocorrera antes, enquanto o poeta ainda vivia, ao tempo de Dom João de Alencastre, encontravam-se "desparcidas", palavra esta que remete ao substantivo dispersão. Circulando oralmente ou transmitidas por meio de folhas volantes, folha única ou pedaço de folha em que se copiavam textos da mais variada natureza, pela própria fragilidade dos suportes era necessário intervir na circulação e apropriação dos poemas, a fim de garantir-lhes uma mais longa sobrevivência. O códice poético é o remédio encontrado pelos letrados coloniais para frear a dispersão.

---

est artificiosa eloquentia quam rhetoricam vocant. Nam neque cum eis sentimus Qui civilem scientiam eloquentia non putant indigere, et ab eis Qui eam putant omnem rhetoris vi et artificio contineri magnopere dissentimus. Quare hanc oratoriam facultatem in eo genere ponemus, ut eam civilis scientiae partem esse dicamus." E, para além da leitura das obras de Cícero, nas quais se articula a relação entre retórica, política e ética, há que se levar em conta que a leitura do *Protágoras*, a partir da Idade Moderna, teria levado muitos a incluir a poesia na filosofia prática, junto com a política e a ética, pois ela visaria à formação dos cidadãos e à ordenação das relações entre os membros da comunidade política, já que forneceria os modelos a serem emulados (e pela negatividade de tudo o que lhes era oposto, a serem rejeitados) por aqueles a quem se tentava incutir o que integrava o ideal de *paideia*: "And when the boy has learned his letters and is beginning to understand what is written, as before he understood only what was spoken, [326] they put into his hands the works of great poets, which he reads sitting on a bench at school; in these are contained many admonitions, and many tales, and praises, and encomia of ancient famous men, which he is required to learn by heart, in order that he may imitate or emulate them and desire to become like them." Deve-se ainda considerar a leitura ciceroniana da *Retórica* de Aristóteles a partir dos Quinhentos, em que a supracitada relação entre retórica, política e ética estendia-se também à poética, como o esclarece, por exemplo, a leitura de Ieronimo Zoppio (153): "a quello che si dice che la Poetica non è parte della Filosofia Morale; s'oppone de la rhetorica, la quale ha somiglianza con la poetica, & di essa nel medesimo modo si danno precetti; & nondimanco la rettorica, è chiamata da Arist. nel primo della Rhet. cap. 2 vers. Ex quo efficitur, parte della civile; & vien confirmato da cicerone nel primo de Inventione cap. De iuri Civili, & partibus eius." É essa mesma compreensão da poesia como parte da *scientia civilis* que leva Giraldi Cinthio (15) a dizer: "La Poesia et la Philosophia erano differente tra lor dinome, ma in sostanza erano una cosa medesima."

Mas a articulação entre o período de produção/enunciação dos poemas e o período de registro desses mesmos poemas promovida pela *Vida* se dá também em um outro nível, que é aquele que mais nos interessa aqui.

Esse segundo nível de articulação define a legibilidade dos poemas devido à justaposição da *Vida* aos poemas reunidos na coletânea *Asensio-Cunha* e em outras coleções, já que aquela se fragmenta em didascálias que passam a servir de protocolo de leitura a cada uma das composições. Na *Vida*, por exemplo, discorre-se sobre a conflituosa relação entre Gregório de Matos e Guerra e o governador Antônio Luís Coutinho da Câmara. A passagem da *Vida* em que se faz menção a essa conflituosa relação se fragmenta em várias didascálias, ou epitextos (Genette 1969: 1-15) que servem para intitular os poemas ou para, melhor dizendo, circunscrever-lhes a matéria poética. Podem também servir de exemplo a essa justaposição os poemas que tratam das matérias "exílio do poeta para Angola" e "retorno do poeta para Pernambuco", que, por virem sequenciados no *Códice Asensio-Cunha* e precedidos de didascálias que os particularizam como episódios de eventos relatados mais brevemente na *Vida*, acabam por formar uma unidade intertextual pela comum remissão, por meio das didascálias, a eventos de que seriam partes. As unidades intertextuais assim formadas amplificariam a *Vida*, minudenciando os eventos ali narrados de uma forma que não seria possível caso se tentasse levá-la a termo na escrita da própria memória panegirical: "[305], Lamenta/o Poeta/o triste paradeyro da sua fortuna/descrevendo as mizerias do reyno de Angolla/para onde ò desterraram.; [313], Descreve/o que realmente se passa/no reyno de Angolla.; [314], Descreve/à hum amigo/desde aquelle degredo/as alterações, e misérias/daquelle reyno de Angolla,/e o que juntamente lhe aconteceo/com os soldados amotinados,/que ò levaram para o campo, e tiveram consigo/para os aconselhar no motim.; [318], Descreve/hum horroroso dia de trovões.; [319], Descreve/o Poeta/a Cidade do Recife/em Pernambuco.; [320], Descreve/a Procissão/de Quarta feyra de Cinza/em Pernambuco"[3].

---

3. Os números entre colchetes indicam o número da página no segundo volume do *Códice Asensio-Cunha* em que as didascálias figuram.

É preciso ter em mente que, na medida em que as didascálias amplificam a *Vida*, ou melhor, seções da *Vida*, os poemas nada mais seriam, eles próprios, do que amplificações discursivas da *Vida*. Os próprios poemas atribuídos a Gregório são inseridos na *Vida* com o objetivo de estabelecer uma relação de verossimilhança entre os discursos panegirical e poético. As remissões da *Vida* às didascálias e das didascálias à *Vida* não cessam ao longo dos quatro volumes que compõem a *Coleção Asensio-Cunha*.

João Adolfo Hansen, em seu livro sobre a sátira seiscentista produzida na cidade da Bahia, assevera que a "biografia" composta por Manuel Pereira Rabelo e outros é "apologia" e "estabelece a legibilidade doutrinária da sátira atribuída ao poeta segundo critérios que o compõem e interpretam, retórica e teologicamente, como personagem. Ficção, integra-se no gênero do retrato encomiástico" (2004: 29). Contudo, se a *Vida* se insere no gênero do retrato biográfico encomiástico ou no gênero da memória panegirical, como cremos que o esteja; se os caracteres tipificadores do encomiado articulam-se no discurso laudatório como conjunto de *topoi* que criam a personagem segundo critérios discursivos mais ou menos fossilizados, herdados da Antiguidade, onde já se articulavam para encômio e preservação panegirical da memória, prática letrada, aliás, de que encontramos precedentes não só na Antiguidade, mas também na Idade Média e no Renascimento — períodos nos quais o objeto do discurso laudatório passa a ser também poetas, pintores e escultores —, todos os dados caracteriais, todos os *topoi*, que se organizam não apenas na *Vida*, mas igualmente em outras formas de paratexto participantes do códice, deveriam ser lidos como ficção e não como vida vivida.

A *Vida*, portanto, serve de referencial discursivo que emoldura os poemas, no interior das grandes coleções e, simultaneamente, repropõe aos leitores do século XVIII formas de apropriação do *corpus* enfeixado nos códices, segundo critérios de legibilidade não estranhos aos letrados do período. A *Vida*, além de encômio, é mediação, em diferentes níveis. É mediação histórica entre um *corpus* e os leitores do século XVIII e é mediação entre leitores e poemas reunidos em artefatos.

A *Vida* é, portanto, mais um elemento do códice poético que participa de sua coesão interna.

II - Níveis de semantização dos poemas

A semantização do discurso poético apresenta níveis hierárquicos de particularização, a partir de critérios de disposição dos poemas no códice poético, que os enfeixam em unidades cada vez mais pontuais.

A semantização se dá em três níveis no *Códice Asensio-Cunha*: 1) unidade codicilar (vol. II: sátiras a religiosos e algumas poesias obsequiosas e tristes); 2) subunidades codicilares (vol. II: sátiras a frades, freiras, clérigos, etc.); 3) grupos intertextuais no interior de subunidades (vol. II: poemas referentes a Tomás Pinto Brandão, ao frade fodinchão, a Frei Lourenço, etc.).

A semantização em níveis complementares a que os poemas gregorianos estão sujeitos, como membros de uma unidade codicilar e de unidades textuais dispostas, em última instância, em unidades intertextuais cada vez menos abrangentes, no interior do volume bibliográfico, protege-os contra a trivialização, destinando-os a grupos seletos de leitores capazes de articular competentemente os estratos semânticos. A competência dos leitores se refere à sua capacidade de articular quatro níveis de leitura, ou seja, a leitura amarrada nos limites do próprio texto, a leitura dos textos em suas relações intertextuais no interior de unidades com um mesmo referencial discursivo, a leitura dos textos como elementos integrantes de uma disposição em subunidades genéricas, e uma leitura dos poemas como elementos de uma disposição geral (*dispositio*) que afeta e inter-relaciona as subunidades intertextuais no interior do volume bibliográfico. A estrutura codicológica é vista como macrounidade englobante das outras categorias e como condicionante última da legibilidade dos poemas nela inseridos e dela participantes.

A quádrupla leitura a que os poemas estão condicionados por sua semantização hierarquizada reservam-nos aos círculos fechados dos profissionais da leitura, nos quais se pode achar com maior probabilidade as competências necessárias a sua conveniente interpretação.

Detenhamo-nos, por uns instantes, em considerações sobre aspectos gerais da estrutura codicológica de um membro da tradição de Gregório de Matos Guerra, para que possamos sustentar por meio de dados documentais, extraídos de códice gregoriano, o que acima dissemos.

III - Descrição de elementos bibliográfico-textuais do *Códice Asensio-Cunha*

O segundo volume do *Códice Asensio-Cunha* intitula-se: Mattos/ da Bahia/2º Tomo/Que contem varias poezias/à clerigo, Frades, e Freyras/e algumas obras/discretas,/e tristes.

Obviamente, o plano de estruturação da coleção, que antecedeu a transcrição dos poemas coligidos para o interior do códice poético, já estipulara os tipos de configuração textual isotópicos que viriam a integrar o segundo volume da coletânea. As poesias a clérigos, frades e freiras, assim como aquelas denominadas "discretas" e "tristes", contudo, não estão apenas transcritas no volume designado a contê-las; agrupam-se, no segundo volume, em unidades discretas, que formam um nível mais particularizado de configurações textuais marcadas pela isotopia. Assim, temos as seguintes rubricas genéricas — como as denomina o próprio feitor da Coleção —, escritas em capitais e em vermelho, contrariamente à tinta empregada no resto do volume e feita à base de óxido de ferro —, que sempre precedem os grandes agrupamentos poemáticos: "[1] POEZIAS/ SATYRICAS CLERIGOS; [77] FRADES; [161] FREYRAS; [215] DESCRIÇOES; [321] POEZIAS/tristes; [343] POEZIAS/ obsequiosas".

É preciso ressalvar que conquanto a maioria dos poemas inseridos no segundo volume do *Códice Asensio-Cunha* sejam composições satíricas, como aliás o declara explicitamente a primeira das rubricas acima transcritas, pelo menos no que respeita aos três agrupamentos iniciais, há entre elas, entretanto, composições que não o são. FRADES, por exemplo, principia com um soneto "À Morte/ do Padre/ Antonio Vieyra", seguido de um outro "A Fr. Pascoal/ que sendo abbade de N. S. das Brotas/ hospedou ali com grandeza/ a D. Angela, e seus Pays,/ que foram de romaria à aquelle santuario".

A aparente heterogeneidade que caracterizaria as composições reunidas sob uma mesma rubrica, tais como sonetos laudatórios transcritos antes ou depois de, ou intercalados entre poemas satíricos, se nos apresenta como tal apenas nos dias de hoje. A isotopia é mantida pela inclusão dos poemas em uma unidade genérica e pelo caráter sistêmico da retórica que propicia uma leitura retórico-teológico-política dos poemas sob uma mesma rubrica, ao articulá-los como realizações individuais de "espécies", que se iluminam uns aos outros, ao contrapor, para fins didáticos que visam à manutenção da ordem político-cristã vigente, *exempla* e escarmentos, louvor e vitupério.

Desse modo, o soneto ao Padre Antônio Vieira propõe-se como *exemplum* e visa a instruir como conjunto de exemplaridades aos que abraçaram o estado clerical, repropondo a articulação de tópicas que configuram no imaginário cristão os protótipos do servo perfeito temente a e amante de Cristo Nosso Senhor.

Ao lado do soneto laudatório, sobressaem ainda mais os escarmentos a que estão sujeitos os frades que não agem de acordo com o estado que ocupam na sociedade do Antigo Regime; não seguem os preceitos que regem o viver dos membros do Primeiro Estado, segundo uma tripartição funcional ainda vigente na Península Ibérica do século XVII (Duby). As faltas magnificam-se como ausência de Bem e o Bem, como concerto de virtudes.

A sátira opera a ausência de caráter virtuoso de alguns frades, articulando-a discursivamente como imagem caricatural e estereotipada de grupos e pessoas, fundadas nas convenções do gênero e de sua recepção. No interior do códice poético, a tipificação deformante ao frade, "que é aceita pelo destinatário como conveniente, não importa(ndo) a inconveniência de sua deformação" (Hansen 1989: 229), é contraposta à *virtus* operante de um Vieira. A justaposição de poemas satíricos a Frades possibilita também ao juízo criticar a operacionalização das tópicas do insulto de modo apropriado ao referencial discursivo explicitado nas didascálias, o que permite aos entendidos aperceberem-se, por aquilo que lhes faculta a disposição dos poemas no interior do volume, da adequação entre a atualização da tópica insultuosa e o vício a ser corrigido.

O soneto "À Morte/ do Padre/ Antonio Vieyra,/", epitáfio e louvor ao grande pregador, portanto, ao articular-se, no interior do grupo genérico em que está inserido, com poemas satíricos, patenteia a dicotomia Bem / ausência de Bem, tema geral da sátira seiscentista (143-303). A ausência de Bem está relacionada com as transgressões do conjunto de prescrições sociais efetuadas como discurso virtuoso política e teologicamente, adequadas a todos os sujeitos e a cada um deles segundo sua posição hierárquica na sociedade do Antigo Regime (Godinho). Se, por exemplo, a emissão de sêmen é vedada a clérigos e Frades, o vício criticável não se referirá, no que tange a estes últimos, à transgressão "de um sexo natural anterior a qualquer prática, segundo o direito canônico" (230). Referir-se-á à prática sexual. Contudo, se há transgressão do direito canônico, ao haver prática sexual que lhes é interditada, as práticas são representadas por uma "ordenação hierárquica dos pecados sexuais", hierarquizando os faltosos segundo os tipos que encarnam. Assim, o soneto a Vieira hiperboliza, ao caracterizar-se como encômio pela ausência de vício, o vício criticável de outros frades. Contrapõe-se a castidade à prática viciosa exemplarmente descrita nas didascálias: "A certo/ Frade/ que tratava com huma depravada Mulata/ por nome Vicencia/ que morava junto ao Convento,/ e actualmente á estava vigiando/ desde o campanario".

O caráter exemplar do ridículo que a sátira efetua dá-se aqui por abstração de "realidade" de casos. Satiriza-se o vício criticável como prática não de um indivíduo, mas de um tipo. Instituem-se, por conseguinte, grupos binários a serem lidos em chave moral (virtuoso x vicioso, casto x não-casto, sujo x limpo, puro x impuro), referentes todos eles à maior ou menor exemplaridade — ou à ausência de exemplaridade — da vida religiosa.

No poema encabeçado pela didascália acima transcrita, conquanto seja a puta depravada e arteira, o desvanecimento do frade pela puta, contudo, não é imputado a esta última como falta pela qual seja exclusivamente responsável, nem como falta que lhe deva ser atribuída principalmente, pois se o "Reverendo Fr. Sovella", a quem Vicência "poem cornos de cabidela", a disputa a "vicencios", tal se dá "porque cego do vicio, não lhe entra no oculorum/ o secula seculorum/ de uma puta de ab initio" (*Códice Asensio-Cunha I*).

Se, portanto, o "secula seculorum de uma puta de ab initio" é ser "vazo por onde as porras vão passar", como se declara em outro poema gregoriano, os zelos do frade instituem uma incongruência risível, já que o desejo de posse exclusiva e o enciumar-se não se coadunam com a natureza, no sentido de *natura naturalis* (*puta de ab initio*) e de *natura naturata* (puta versada em artes), da amásia, "puta sem intervallos/ tangida de mais badallos/ que tem a torre da Sè" (*Códice Asensio-Cunha I*).

O zelo do Frade contrapõe-se ao zelo missionário de Vieira que o faz merecedor dos espaços da eternidade entre os homens e entre os eleitos.

É preciso nesse momento, entretanto, determo-nos na análise que vimos realizando, para explicitar como outras formas de unidades paratextuais, além das rubricas genéricas, instauram e mantêm a isotopia no interior de cada grande subdivisão, ao mesmo tempo em que propiciam a instituição de novas unidades isotópicas, se bem que menos abrangentes.

A didascália anteriormente citada, para além de pertencer a uma subdivisão do segundo volume do *Códice Asensio-Cunha*, relaciona-se explicitamente com outras duas que se lhe seguem: "[98] Ao louco/ desvanecimento,/ com que este Frade tirando esmollas/ cantava regaçando o habito/ por mostrar as pernas,/ com presunções/ de gentil homem, bom membro, e boa voz; [102] Ao mesmo/ Frade/ torna a satyrizar o Poeta,/ sem outra materia nova,/ senão presumindo,/ que quem o Demo toma huma vez/ sempre lhe fica hum geyto."

As didascálias fazem a remissão de um texto a outro e fixam o caráter de complementaridade das unidades poemáticas umas em relação às outras. Como o discurso satírico não nomeia um sujeito nem se lhe refere por meio de um único epíteto insultuoso —"Sovella", no primeiro poema; "Magano", entre outros, no segundo, e "Fodaz", no terceiro — a intertextualidade intracodicilar que se estabelece entre os poemas se deve exclusivamente à disposição dos mesmos no interior do volume, sob rubricas genéricas que os articulam como segmentos discursivos de uma unidade — o Códice — e de uma subunidade — por exemplo, FRADES —, assim como e principalmente às didascálias que os precedem e que evidenciam tal relação intertextual em nível mais particular, como já o dissemos.

Os poemas, descontextualizados, continuariam a ser lidos como discurso satírico ou como discurso elogioso e caberia apenas àquele que os viesse a reunir e ordenar, com o fito de torná-los parte de uma coleção poética, determinar se encenariam eventos de um mesmo referencial discursivo.

As didascálias, contudo, podem vincular-se a outras unidades paratextuais que as ecoam, complementam, transformam. Os volumes do *Códice Asensio-Cunha* trazem ao final de cada um deles dois índices, um alfabetado, comum aos membros da tradição gregoriana, e um outro, conformado segundo os princípios estruturantes do *Códice*.

Ao final do segundo volume, há um "INDEX/ Dos/ Assumptos/ que se contem neste livro", que distribui os poemas sob as mesmas rubricas que regem a disposição dos textos no interior do volume: "Clérigos", "Frades", "Freyras", "Descriçoes", "Tristes" e "Obsequiosas". Neste índice, as remissões aos poemas cujas didascálias transcrevemos anteriormente são as seguintes: "[96] Dec. A certo Frade, que tratava com huma/ Mulata por nome Vicencia; [98] Lir. Ao mesmo por se jactar, que tinha trez/ partes boa voz, boa cara, bom badallo; [102] Dec. Ao mesmo".

As informações contidas no índice de assuntos espelham e reiteram as mútuas remissões que as didascálias instauram entre as composições que precedem e são simultaneamente discurso de discurso paratextual, pois se subordinam às didascálias, reverberando-as. A caracterização dos eventos discursivos que são os poemas por distintas unidades paratextuais possibilita ao leitor do *Códice* uma análise comparativa de paratextos a um mesmo poema que, conquanto comumente hierarquizados e ecoantes, podem apresentar elementos descritivos propiciadores de uma leitura divergente, devido ao fornecimento de elementos que configuram referenciais discursivos não completamente homólogos ou inclusivos.

Os paratextos incluídos no índice de assuntos podem, apesar de referir-se explicitamente a um dado poema de uma unidade intertextual intracodicilar, também explicitar relações metafóricas presentes em um outro poema inserido na mesma unidade. Se na didascália ao segundo poema declara-se que o Frade em questão gabava-se de ser gentil homem e de ter bom membro e boa voz, no índice de assuntos declara-se que se jactava ele da posse de três partes, quais sejam, "boa voz, boa cara, bom badallo". Como se vê, "bom membro" e "bom badallo" alternam-se nas unidades paratextuais referentes a um mesmo poema, embora a explicitação da metáfora ilumine relações metafóricas de um poema contíguo.

Se, como dissemos anteriormente, antes de iniciarmos a interrupção a que nos vimos obrigados, os zelos do frade criam uma incongruência risível, por serem incompatíveis com a natureza duplamente viciosa da amásia, "puta sem intervallos/ tangida de mais badallos,/ que tem a torre da Sè", os badalos da torre, embora numerosos, são em menor número do que aqueles que tangem a puta fodinchona. Badalo é também aqui metáfora para cincerro, campainha que, ao ser tangida, anuncia àqueles que cuidam das alimárias onde estas estão. O ser badalada é causa de ser continuamente badalada por aqueles que a encontram pelo "soar dos badalos". Por outro lado, a ambiguidade do discurso satírico superpõe o sentido segundo de badalo, aqui entendido como as partes pudendas do frade, a seu sentido primeiro. Recordemos que o frade enciumado vigiava a amásia do alto do campanário (mas se é Frade caracol,/ bote esses cornos ao sol/ por cima do campanário); os badalos da torre da sé referem-se, por conseguinte, também aos badalos do Frade nela aboletado com o objetivo de vigiar as atividades da amante. Além de ser vicioso por praticar sexo sem poder fazê-lo por sua condição religiosa, o frade satirizado, como homem/*vir*, é apodado cornudo, pois os badalos que tangem Vicência não são apenas os seus. Simultaneamente, revela-se o pouco entendimento do frade, esperançoso de obter fidelidade de quem lha não poderia dar: "verá andar a cabra mé/ berrando atrás dos cabrões,/ os ricos pelos tostões/ os pobres por piedade,/ os leigos por amizade,/ os Frades pelos pismões" (Matos 1968: 338).

Já que as didascálias funcionam como protocolos de leitura e dada sua composição posterior à fatura do poema, letrados reúnem em unidades isotópicas menores poemas que satirizam um mesmo tipo, a partir da particularização de alguns traços individualizantes afeitos à deformação modelar e paradigmática empreendida pelo gênero satírico: o frade é impuro, luxurioso, depravado, bestial, demoníaco, critérios empregados mormente para insultar os que se dedicam à vida religiosa. Outros traços podem ser individualizados e autonomizados para a construção do insulto: simonia, sujidade de sangue *et cetera*.

Poemas não pertencentes a uma mesma unidade intertextual intracodicilar são lidos como subunidades de uma divisão genérica, como já o asseveramos, o que permite aos letrados do período, devido aos critérios de disposição adotados para a estruturação do volume e que acabam por constituir critérios de recepção da poesia compilada nas grandes coleções, estabelecer nexos entre grupos intertextuais distintos, que satirizam um mesmo tipo, a partir da particularização dos mesmos traços individualizantes, mas que se remetem enquanto discurso a distintos referenciais, que encenam e que possibilitam a particularização verossímil dos poemas, transformando-os em casos, em *opera*. Quanto mais genérico for o vitupério, mais fundamental será o papel da didascália como unidade paratextual que o particulariza em caso ou evento. Na verdade, a referencialização do discurso poético empreendida pela didascália não diz respeito apenas ao gênero satírico, mas à parte significativa da poesia seiscentista e setecentista.

Não se pode dizer que as didascálias, muita vez múltiplas para um mesmo poema copiado em diferentes membros da tradição gregoriana, tenham sido obra do próprio poeta a quem as poesias são atribuídas. Pode-se hipotetizar que são leituras efetuadas de um mesmo poema por leitores particulares e que, desse modo, constituiriam em seu conjunto uma história da recepção do *corpus* atribuído a Gregório de Matos e Guerra entre a última década do século XVII e meados do século XVIII.

Mas sabemos, por sua leitura, que se atribui ao poeta, ao tempo em que vivia na cidade da Bahia, a fama de difamador, o que lhe teria causado vários agravos, inclusive com gente de monta, como é o caso de sua inimizade com o governador Antônio Luís Coutinho da Câmara, vigésimo nono governador-geral do Brasil e que exerceu suas funções na colônia entre 1690 e 1694. Noticiam a *Vida* e muitas das didascálias que encimam poemas que encenam, por seu turno, essa inimizade, o quanto o poeta queria mal ao governador, infamando-o ao acusá-lo de sodomita e corno. Mesmo que não seja Gregório de Matos e Guerra o autor desses poemas, o fato de se lhe atribuírem tais peças evidencia sua autoridade como compositor de vitupérios e, também, o desejo de o comprometerem politicamente, como o tornam patente outras didascálias que referem a falsa atribuição de jambos ao poeta com o feito de inimistá-lo com pessoas importantes da colônia. De qualquer modo, sabemos que, por razão da composição de vitupérios contra Antônio Luís Coutinho da Câmara, poemas esses que se encontram reunidos no primeiro volume do *Códice Asensio-Cunha*, que contém "a vida do Doutor Gregório de Matos Guerra, Poesias Sacras, e obsequiosas a Príncipes, Prelados, Personagens, e outros de distinção, com a mescla de algumas sátiras aos mesmos", asseverou-se ter sido ele objeto do rancor do filho do governador, que, vindo do reino ao Brasil, tencionava assassinar o poeta:

> Governava então D. João d'Alencastre secreto estimador das valentias desta Musa, que a toda a diligência lhe entesourava as obras desparcidas,

fazendo-as copiar por elegantes letras: quando de uma Nau de guerra desembarcou o Filho de certa Personagem com ânimo vingativo contra o Poeta por haver satirizado a honra de seu Pai governando esta terra; e bem que disfarçava sua maligna intenção, toda a intenção maligna percebeu D. João dos mesmos disfarces dela (*Vida*).

O móvel da vinda do filho de Câmara Coutinho ao Brasil era a reparação da fama perdida pela constante infamação a que se vira exposto seu pai, o que nos faz pensar no caráter deletério do vitupério de tipo jâmbico, abundante no *corpus* de Gregório de Matos e Guerra, e passível de castigo segundo o direito e a teologia.

Essa propensão do poeta à escrita de vitupérios é referida em várias passagens da *Vida*, e se afirma que, quando voltou de seu exílio em Angola (aonde fora por ordem de Dom João d'Alencastre) para a capitania de Pernambuco, a condição de sua permanência ali foi justamente o não poder vituperar, para não macular a boa "opinião das gentes principais daquela terra". Se a *Vida*, por ser ficção, tem de ser lida verossimilmente, as passagens em que se fala dos efeitos nocivos da infamação levada a termo pelo poeta, tanto para si próprio, quanto para aqueles que invectivou, devem ser compreendidas como prováveis, pois que fundadas em opiniões dominantes ao tempo e lugar de sua composição.

Instituições da maledicência poética: o elogio da monarquia católica nas *Cartas Chilenas* (1787-1789)

Ricardo Martins Valle
Universidade Estadual do Sudoeste da Bahia

Sed tamen a moto quaeramus seria ludo.
(Hor. Sat. I, 1.)

1. A parte principal das *Cartas Chilenas* é um conjunto de treze poemas epistolares satíricos, assinados por certo Critilo, que, desde meados do século XX, deixou de ser incógnito para a historiografia literária luso-brasileira[1]. Critilo finge tê-las remetido do Chile para o amigo Doroteu, que acrescenta, por sua vez, uma epístola exordial a louvar as virtudes artísticas do poema e as virtudes morais e políticas que sustentavam sua causa, fazendo representar a Critilo como uma voz pública que advogava em nome do rei e do povo, contra as desordens do mandatário e do seu séquito local.

A "Epístola a Critilo", em resposta às "Cartas a Doroteu", é escrita nas mesmas medidas destas, a saber: elocução média, em versos decassílabos brancos, sem regularidade estrófica, próprias ao estilo

---

1. Cf. Bandeira, Manuel. "A Autoria das *Cartas Chilenas*". In: *Revista do Brasil*, n. 22, pp. 1-25, Rio de Janeiro, 1940; LAPA, Manuel Rodrigues. *As* Cartas Chilenas *um Problema Histórico e Filológico*. Rio de Janeiro, MEC-Instituto Nacional do Livro, 1958.

familiar da correspondência poética entre *amici*. Como tal, o destinatário fictício das epístolas satíricas de Critilo as recomenda e faz endosso geral de seu teor, fazendo a proposição da matéria já na saudação abreviada.

> Vejo, ó Critilo, do chileno chefe
> tão bem pintada a história nos teus versos,
> que não sei decidir qual seja a cópia,
> qual seja o original (EC, 1-4)[2].

Muito já se notou o caráter visual dominante nas *Cartas Chilenas*, o que sem semiologia se evidenciava retoricamente na primeira palavra de Doroteu em louvor a Critilo[3]. Além de iniciar com o verbo "ver", no presente da primeira pessoa do singular, "vejo", Doroteu louva como "bem pintada" a história em versos de Critilo. O destinatário fictício das cartas encarece assim a fidelidade histórica do retrato satírico em relação ao modelo particular imitado. Amplificando ironicamente a eficácia do efeito icástico da invenção histórica, Doroteu confunde o original e a cópia, repisando lugares comuns da pintura, a arte correlata da poesia no argumento de Doroteu que deriva acerca da tópica do *ut pictura poesis* horaciano. A amplificação do argumento, sendo retórica, deve ser proporcionada à natureza da causa e às necessidades das alegações que o vitupério representa monstruosamente. E sendo nomeadamente um "monstro" o "chileno chefe" representado nesta história em versos, a sátira de Doroteu confirma a desproporção do modelo que resulta nas disformes pinturas descritas por Critilo. Assim, a lente exata para desfazer a deformação que a sátira efetuava não se reconstitui suficientemente para se ter alguma certeza histórica particular a partir das *Cartas Chilenas*, senão a respeito do modo como a representação institucional se operava na informalidade formalizadora da

---

2. Utilizo a edição: Lapa, Manuel Rodrigues (org.). *Poesias. Cartas Chilenas*. Obras Completas de Tomás Antônio Gonzaga. vol. I. Rio: INL, 1957. A "Epístola a Critilo" é indicada pelas letras EC e as Cartas de Critilo são referidas com algarismos romanos, seguidos da numeração dos versos citados. O "Prólogo" e a "Carta Dedicatória" são simplesmente assim referidos.

3. Cf. Polito, Ronald *apud* Furtado, Joaci P. *Uma República de Leitores*. Tese de Mestrado, p. 20.

sátira de maldizer, que é um ilícito que a si se poderia legitimar por delatar ilícitos piores do que a própria maledicência.

Embora nada se saiba sobre como circularam as *Cartas Chilenas* em seu tempo, os critérios de leitura da recepção coeva dos versos de Critilo estão indicados de saída pela interlocução do parceiro Doroteu, que comunga de toda a ordem de coisas que sustenta a causa do justiceiro Critilo. Entendendo as cartas como uma *história infame de ações pintadas em versos*, a opinião de Doroteu sobre o efeito das cartas de Critilo é encenada por meio de categorias e convenções próprias a certas tradições de doutrina poética, moral, jurídica, etc. Esse *commento* poético de Doroteu indica os repertórios, os léxicos, as instituições que informavam os círculos letrados da magistratura e da administração colonial que constituíam para as *Cartas* seus calculados auditórios, seu "horizonte de expectativa", segundo critérios regulados pelas instituições civis e eclesiásticas que distribuíam os homens em estados, ordens, condições, ofícios, positivamente distintos e proporcionados às alturas reconhecíveis de cada homem na hierarquia.

Quanto ao modo de enunciação, as cartas são *diegeséticas*, como convinha ao gênero epistolar, ou seja, representavam fundamentalmente o relato direto do poeta — como estava em Platão, Aristóteles, Diomedes, Minturno, e tantos outros que, como esses e a partir desses, derivaram sobre os gêneros da trilogia modal: *diegesético*, quando fala o poeta em seu próprio caráter, *mimético*, quando o poeta faz falar outros caracteres imitados, e *misto*, quando o poeta alterna a própria fala com os caracteres imitados. Como fala direta da pessoa vituperante, a própria natureza do modo de enunciação demanda séries de *ecfrases* com que a sátira epistolar propõe quadros de infâmia, para servir como uma "galeria" de *exempla* muito visíveis, para agradar e ensinar eficazmente as almas de varões: retratos de tipos, descrições de edifícios, relações de sucessos, disformes e desagradáveis, ridículos e dolorosos para os sentidos e para o entendimento de quem lê. Por ser ostensivo o caráter ecfrástico das *Cartas* é que tanto se falou do caráter pictórico delas em meio à crítica literária. Levando em consideração as doutrinas derivadas do lugar horaciano do *ut pictura poesis* e da doutrina da mímesis poética do divino Filósofo[4], pode-se rever sem impressionismo, o caráter visual das "Cartas de Critilo", cujos modelos e doutrinas estão eruditamente explicitados já nos quatro primeiros versos da epístola de Doroteu, que faz a cena poética de sua primeira e mais apta "recepção", isto é, o mais refinado leitor naqueles círculos da representação poética das ações ridículas e terríveis de um monstro político típico. No vitupério de governadores malquistos e assim representados como tiranos, venais, ignorantes, desmedidos, impudentes, injustos, covardes, etc., inverte-se cada virtude política e moral em seus contrários viciosos, para pintar um monumento poético e um documento moral infamante de seus objetos particulares, mas em louvor e defesa da Monarquia católica, este pacto místico-jurídico do povo com o rei sob a benção do vice-Cristo.

Ao particularizar o elogio da arte e da ética das cartas, Doroteu desdobra a tópica do *ut pictura poesis*, indicando suas espécies no particular do relato de Critilo: como pintura histórica assim é a poesia satírica de Critilo. A poesia e a história são, pois, como a pintura, de modo que cada uma dessas artes instituídas nos costumes — a poesia, a pintura e a história — alegorizavam respectivamente o meio, o modo e a matéria que definiam aquela espécie textual que as *Cartas Chilenas* encenavam: epístolas familiares em verso (*meio*) que pintam com as palavras do poeta (*modo*) os fatos do Fanfarrão que protagoniza as ações vituperáveis (*matéria*). Com efeito, por meio de decassílabos brancos (com ritmo e sem música) descreve-se por simples relato (*diégesis*) quadros de ações torpes particulares e verdadeiras: por isso uma história infame pintada em versos. Ao referir-se Doroteu ao gênero histórico, a fábula da maledicência está aí sendo eruditamente atestada pelo interlocutor, que dá testemunho da veracidade particular das ações pintadas no poema.

O amigo representa Critilo como homem bom, aos esforços de quem via então a justiça restituída, inclusive, pela infâmia que a própria sátira encaminhava à posteridade e servia de modelo às outras.

---

4. Hansen, João Adolfo. "Categorias Epidíticas da Ekphrasis". Revista USP, v. 71, p. 85-105, 2007.

> Destro pintor, em um só quadro a muitos
> soubeste descrever. Sim, que o teu chefe
> as maldades de todos compreende [...] (EC, 168-170).

Neste sentido, Doroteu elogia não só a fidelidade histórica em relação ao "original", que faz esta poesia semelhante à História. Doroteu louva, no retrato poético, também o seu efeito "mais filosófico e mais ilustre", porque mais universal: servir de exemplo para muitos, o caso particular que cobre de infâmia. Como o gênero de acusações demandava, o caráter histórico encenado no poema demonstrava uma obrigação de verdade perante o particular, porque envolvia uma disputa judicial. As leis e a jurisprudência que Critilo constantemente enuncia demonstram uma obrigação de verdade perante o geral e o específico implicados no caso, sob as leis do Reino e a Lei da Igreja.

Diferente mas análoga da História, ao falar de um, a Poesia falaria de muitos, porque imitava as ações de tipos humanos na sua forma melhor. Mais parecidos com sua própria e verdadeira forma, ou mais próximos do puro *eidos* (ou do seu contrário, a monstruosa deformidade), o virtuoso se imita como seria bem que fosse, *melhor ainda*, e o vicioso como deveria ser, *pior ainda*, explicitando a unidade e beleza da virtude e a falta de unidade e feiúra do vício. O particular é imitado como um tipo, como exemplar da sua *species*. Assim, o tirano, o venal ou o servil satirizados são típicos tanto quanto o amante sincero e o desenganado de amor eram modelos tipológicos, porque imitavam o que aristotelicamente se entendia por mais ou menos universal, conforme dissesse respeito a mais ou menos indivíduos. Daqui que Doroteu siga especificando os vícios que as *Cartas* combatem como um espelho de monstros morais: soberbos, ímpios, libertinos, lascivos, vaidosos, estúpidos, dementes, etc.

Todos os envolvidos nas *Cartas Chilenas*, acusados e acusadores, formam um pequeno grupo de homens maiores ou menores que compuseram a *vireança* local na província ultramarina, alguns talvez sob suspeição dos superiores e do próprio Critilo, que demonstra ser superior à maioria dos vituperados em suas *Cartas*. Acusados e acusadores da sátira de Critilo, eram todos *homens bons* da província, que mandavam para a forca os condenados, que mandavam prender, ou prendiam, que executavam ou faziam executar os mandados da justiça, que confiscavam ou mandavam confiscar bens, etc., cumprindo os deveres-privilégios dos *officii*, em vias de mão dupla, entre favorecimentos e obrigações que mediavam toda a rede de poder dessas formas delegadas de representação das ordens da Ordem, que constituía como cavalaria armada aqueles reinos que dominavam vastas porções da Cristandade sob a tutela de reis-juízes, supremos nos assuntos civis. Tratava-se dos movimentos particulares politicamente previstos de umas poucas dezenas de homens. Estes, contudo, possuíam os sinais do controle da violência miliciada, pois dominavam os códigos que acionavam ou moderavam a máquina de guerra que, na paz, representavam o processo e a execução judicial. E era precisamente o desvirtuamento dessa suposta harmonia que a representação poética das *Cartas Chilenas* se prestava a encenar, para fazer visíveis os desvios que imputava nas jurisdições do poder delegado pelo soberano a seus ministros conforme seu estado e lugar. Hoje a documentação é vasta para vermos que o principal vituperado e o principal vituperante, governador e ouvidor da capitania de Minas Gerais, estavam abertamente nessa guerra mínima prevista até certo ponto na sociabilidade dos pares. Cada uma das partes fazia-se representar perante a rainha em queixas eloquentes, cada qual a seu modo e com os próprios instrumentos institucionais, e apontavam reciprocamente os dedos de acusação sobre os desvios e diferenças que julgavam lesar Sua Alteza Real e por isso todo o Reino.

Os nomes dos dois interlocutores não revelam suas identidades, mas sabemos que, no curto espaço entre Mariana e Vila Rica, poucos homens, entre os poucos letrados naqueles sertões do século XVIII, teriam aquela verve poética, que não é nada parva e é muito legitimatória das redes oficiais de distribuição de mando sob os efeitos benignos do governo dos soberanos. Boa parte dos poucos leitores que elas devem ter tido contemporaneamente é provável que não ignorasse completamente os seus nomes verdadeiros. Ambos são evidentemente formados em leis, civis e/ou eclesiásticas. Critilo representa-se como um "*severo Catão*" destas outras "*Hespanhas*", um magistrado conhecedor e defensor das instituições monárquicas e católicas, além das instituições romanas que deram origem aos dois direitos. É culto e versado nos decoros de corte, que então se deveriam reproduzir proporcionalmente nas sedes das conquistas e cuja falta ele imputava ao vituperado de seus versos, o mau Chefe, Fanfarrão, que protagoniza a narração das *Cartas* de Critilo.

Enfim, Doroteu, esse teólogo ou doutor em cânones, louva a verdade particular com que Critilo tratava a matéria torpe da corrupção do Estado, mas louva o caráter poético da imitação de matéria histórica que torna os particulares, específicos, e que representa as espécies pelas propriedades que as fazem gêneros. O que de mais geral a sátira ensina pretende ter uma dimensão *universal* (*katoulou*), porque serve às necessidades dos Estados políticos, sujeitos à causa Universal da expansão daquela *civitas* romana da Cristandade europeia por todo o mundo. Por isso, em geral, Doroteu demonstra a fidelidade de Critilo em relação às instituições do Reino. Já testemunha assim pela absolvição da sátira de Critilo da implicação em crime de maledicência, porque, com a justiça particular do caso e a lição moral que ensina, previne e coíbe outros casos. Segundo esse argumento, ao delatar as causas de prejuízos para o Bem comum, mais valia era o serviço que aquela maledicência, no caso, prestava aos monarcas e aos povos, e portanto à Justiça, à virtude cardeal que dá proporção à monstruosidade política representada nas *Cartas*.

Parece uma cena muito de província ibérica a representação toda das *Cartas,* porque são diferenças de interesses pessoais e conflitos de jurisdição entre instituições coloniais as causas das querelas particulares, que só resultaram em poesia vituperante, porque uma das partes em demanda era, além de magistrado, poeta. As *Cartas* são, portanto, maledicência resultante de rusgas pessoais, no interior de redes institucionais cuja regimentação e jurisprudência se tornaram muito velhas para o entendimento dos herdeiros delas, menos de um século depois. Por isso, não é simples despi-las de tudo o que já se quis que elas fossem na posteridade imprevista do Império do Brasil, que as publicaria no contexto da emancipação política da colônia portuguesa, dando caráter exógeno às suas motivações e uma dimensão mais universal do que a sátira do fingido Chefe admitiria. A linguagem ficou antiga, o léxico, ressemantizado, os costumes e as leis perderam-se ou foram muito alterados, restando como resquícios das antigas violências que, em outros tempos, palavras como *ordem, ofício, instituição, regimento, lei* representaram ostensivamente.

2. A cena provinciana do vitupério começa com as grosserias cometidas pelo mau agourado Chefe em sua *entrada*, que é o assunto da "Carta I.". Nela o jurisconsulto, poeticamente encenado, critica a ignorância do justo decoro por parte do novo Capitão-General, quando, após a cerimônia do seu empossamento, reuniram-se os homens mais nobres da terra na casa do *"benigno Chefe"* que acabava de deixar o cargo.

> [...] Aqui alegres
> com ele se entretinham largas horas:
> depostos os melindres da grandeza,
> fazia a humanidade seus deveres
> no jogo e na conversa deleitosa (I, 189-193).

Encena-se aí o jogo da *paridade* que faz amistoso o convívio pessoal entre *iguais*, já que em instituições como essas a base das relações familiares que constituíam o poder eram relações de caráter privado, mas institucionalmente formalizadas pelos decoros que regiam o comportamento e marcavam as miúdas diferenças que distinguiam os mais e os menos iguais, conforme as inscrições no livro do Mordomo-mor da Casa Real, que regimentavam os direitos particulares, ou *privilegia*. A partir dos foros selados nas inscrições familiares eram constituídas as relações de *privança* em sociedades aristocráticas como essas, a formar um complexo de círculos de sociabilidade que se sobrepunham e se interpenetravam, segundo formas de representação juridicamente reguladas para a sustentação do Estado.

Na cena descrita no final da "Carta I.", estão reunidos os Grandes da província na casa do antigo governador, o maior e melhor dentre aqueles. Estavam à vontade, cada qual segundo os decoros do lugar e das circunstâncias amenas, em que *"fazia a humanidade seus deveres"*, ou seja, onde a *natureza humana* podia pronunciar-se, posta de lado, em certa medida, a representação social das diferenças de *fortuna* e *carreira*, que definiam pelo nascimento e pelas virtudes pessoais as alturas na hierarquia política. Uma vez que comungavam da paridade, nesta *sociedade,* congresso, ou reunião de homens bons, e melhores, esses *viri* poderiam momentaneamente suspender as diferenças que, mesmo entre os pares, marcavam as diversas posições que os tornavam homens mais ou menos distintos dos demais. Aflorada a *humanidade* dos *aristoi*, ou *meliores* que condescendentemente podiam assim tratar os menores como a iguais, a inclinação natural, o *ingenium,* de cada pessoa súdita devia buscar as afinidades que as devia ou deveria unir em amizade, que sempre agrada a Deus e ao soberano, porque gera a concórdia.

Neste sentido, homens bons cumpriam a obrigação da civilidade e da cordialidade necessárias entre os *iguais*, para o próprio bom funcionamento das instituições do Estado. Era o que se devia fazer na companhia agradável entre gente distinta, como que a coroar a paz com as sãs amenidades garantidas pelas armas que ali se deviam ostentar, mas com civilidade e polidez[5]. A chegada do recém-empossado será indecorosa, porque se demonstra belicoso onde, para o bem do próprio Estado, deveria reinar a cordialidade, uma vez que ali se estava em paz, em circunstâncias domésticas e entre *iguais*.

Governador, ouvidor, bispo, intendente, e os demais homens de representação na capitania não são exatamente *iguais*, está claro, quanto às suas condições civis, isto é, dentro das hierarquias do Estado católico; muito pelo contrário, cada qual sabe minuciosamente as pequenas e as grandes diferenças que os fazem mais e menos em relação a uns e outros. Mas, longe das representações públicas das preeminências do poder, fora dos espaços gerais onde o poder se ostentava por meio da representação regrada das desigualdades entre os súditos, esses prepostos da representação política podiam momentaneamentre relevar as sutis mas significativas diferenças que os distinguiam entre si, a fim de assim deixar falar a igualdade da *humana natura* que os identificava, enquanto homens, e perante Deus. Os deveres da *humanidade* assim cumpridos propiciavam a amizade, em que homens de um mesmo círculo sedimentavam a concórdia sob os soberanos e assim a *fides* política em que seria desejável que todos os homens de um mesmo corpo político se amassem como aos seus familiares.

Não se tratava de um universalismo democrático aquele elogio da *humanidade* com que alguns varões, grandes e benignos, tratavam os menores como seus iguais, porque essa deferência cordial não ultrapassava as fronteiras dos círculos de privados e principalmente não

---

5. Starobinski, Jean. *Op. Cit.*

deixava de reconhecer a desigualdade civil marcada pelo "como se" que está sempre expresso ou suposto nas atualizações que vemos desse lugar-comum da modéstia de homens dignos da condição melhor em que se encontravam.

Essa humanidade assim cumprida não é, muito menos, sinal de que Critilo declarasse algum tipo de "humanismo-movimento" que se costuma ainda impor à história da gente europeia, em que humanismo aparece como o rótulo falso de uma generalidade aparentemente vazia daquela plenitude que parecem ter os classicismos transistóricos[6], mas fabricando uma rotulação talvez não pouco desinteressada e certamente muito anacrônica para o entendimento desse discurso que lemos. Só na encenação da paridade se aproximam os distintos dos demais nestes casos coloniais. A *humana natura* delimita *uma* humanidade, católica, cristã, e politicamente aplicada no interior de *estados* de homens que *tradicionalmente* reconhecem uns aos outros, por tradição familiar de *fides*. A poesia satírica de Critilo representa a deformação cômica dessa ordem de coisas que está no fundamento do aparato jurídico dessas *traditiones* de monumentos e doutrinas jurídicas que Doroteu também evidentemente conhece. Mas como se trata de uma sátira, toda a metafísica e toda a ética já estão supostas. Trata-se da invenção de um quadro poético, fundado numa cena apenas possível historicamente, mas verossímil na medida invertida do vitupério mal velado a uma pessoa pública.

Na porção amistosa dos rituais sociais de efetivação da *entrada*, malfadada, desse novo governador, o jogo e o deleite honestos que permeavam, ou deveriam permear, as relações de paridade e *amicitia*, que a contiguidade das condições dos súditos na hierarquia local admitia, viriam a ser em pouco tempo constrangedoramente quebrados pelo mal entrado lugar-tenente. Como membro desse mesmo alto círculo de varões de nobreza, assim constituído na Colônia, mas conforme modelos de sociedades de Corte, Critilo testemunharia então a desagradável aparição do novo chefe, a fazer caretas incivis para os demais.

---

6. Ver a crítica de Leon Kossovitch à invenção das tradições do "clássico". Kossovitch, L. "Tradição Clássica". Revista *Desígnio* (São Paulo), v. 5, p. 15-21, 2006.

> A estas horas entra o novo chefe
> na casa do recreio e, reparando
> nos membros do congresso, a testa enruga,
> e vira a cara, como quem se enoja:
> por que os mais junto dele não se assentem
> se deixa em pé ficar a noite inteira (I, 194-199).

O gesto soberbo do novo capitão-general tirava ao outro fidalgo a liberdade de estar à vontade na própria casa, como mandava e ordenava o costume entre pares, em circunstâncias familiares, não oficiais, e não por isso menos institucionais. O resultado já se vê: o rústico chefe recusar um assento obrigava o polido anfitrião ao mesmo gesto. Pintado como um verdadeiro fidalgo digno do nome e do nascimento, o governador cessante não quebraria o decoro, sentando-se por própria conta. Seria irreverente de sua parte, mesmo sendo ele tão ou mais fidalgo do que o outro e estivesse em sua própria casa na civil e amistosa recepção oferecida aos Grandes do local, mormente ao próprio mal-educado militar empossado.

Não sentando as duas máximas figuras presentes, não sentavam também todos os mais circunstantes que desfrutavam da privança daqueles maiorais do Reino. Critilo pinta o tédio constrangedor da situação aborrecida que fez longuíssima para todos aquela noite, repetindo monotonamente o início do verso a enfileirar as figuras de dignidade que ficaram plantadas de pé durante toda a recepção:

> Não se assenta, civil, da casa o dono;
> não se assenta, que é mais, a ilustre esposa;
> não se assenta também um velho bispo,
> e a exemplo destes o congresso todo (I, 200-203).

A situação é cômica e ainda pouco dolorosa, embora lastimável para os conhecedores dos gestos esperados em tais circunstâncias sociais. O constrangimento causado pela quebra de decoro vinda de cima faz todos os presentes passarem momentos de aborrecimento desnecessário e sem possibilidade de desagravo, por se tratar do superior hierárquico.

A situação cômica é também muito política, porque mostra a força das circunstâncias civis sobre o movimento dos corpos, orientados pelas medidas do decoro, nesse meio comum dos pares. Anuncia e registra o início do desastre político que se instalava, desencadeando desordem sob a influência de outra força, que arbitrariamente indispunha a ordem das coisas por ignorância das exigências da civilidade, atravessando com estupidez e rusticidade a harmonia desse círculo em que se temperavam as semelhanças e sutis distinções entre os Grandes que coordenavam e subordinavam interna e externamente os círculos de *socii*, nesta sociedade de corte reproduzida na província.

> Pensavas, Doroteu, que um peito nobre,
> que teve mestres, que habitou na corte,
> havia praticar ação tão feia
> na casa respeitável de um fidalgo,
> *distinto pelo cargo que exercia*
> e, mais ainda, pelo sangue herdado?
> Pois inda, caro amigo, não sabias
> quanto pode a tolice e vã soberba (I, 204-211).

A hostilidade nos procedimentos entre pares produz uma mudança completa no movimento dos corpos de toda a assembleia de homens bons, habituados a decoros que a educação de um nobre deveria garantir. O velho bispo e a nobre dama que tiveram de ficar sobre os próprios pés durante toda a reunião são só as primeiras vítimas da dor causada pelo mau Chefe, que justificará a dor correspondente que o venenoso riso jâmbico de Critilo começa a instilar para produzir em seu auditório mais discreto a *lástima* e o *horror*, mais do que o próprio riso. Ao menos em princípio, está claro. Quando a ordem hierarquicamente reproduzida a partir de cima ignora a necessidade da composição das partes no jogo da sociabilidade política, há um choque de forças contrárias, uma harmonizadora e outra desarmonizadora. Segundo a ordem do discurso que Critilo representa, não é que as duas forças se oponham necessariamente. Muito pelo contrário: a sátira vitupera o mal exemplo em que o choque dessas forças produz desordens cada vez mais graves e mais degeneradoras da concórdia, virtude política que Critilo certamente considerava — como tantos desde Aristóteles — uma das principais vantagens da Monarquia sobre as outras duas formas de governo dos Estados.

Com Norbert Elias, nos acostumamos a enxergar mais de perto o sentido dessas nuances do comportamento de corte e a compreender quanto certos detalhes aparentemente insignificantes da etiqueta estavam não só carregados de significados políticos, mas eram parte central na própria máquina política de reprodução de círculos de *socii*, chamada Estado Monárquico, ordenado sobre sociedades de Corte[7]. Por intermédio de relações constituídas pela paridade e pela distinção hierárquicas é que os poderes e funções de Estado se distribuíam hierarquia abaixo, segundo diversas formas de representação jurídica da delegação de poder de mando.

Neste sentido, o grande "teatro corporativo" do Estado, de que fala João Adolfo Hansen, era ostensivamente representado por meio das artes, dos ofícios, dos costumes, das leis, enfim, das instituições em geral, que exerciam formas mediatas e imediatas de controle externo e interno sobre os corpos. Com efeito, a representação politicamente realizada de certos aspectos que hoje talvez pareçam pura "aparência" do jogo social estavam então no "cerne" do funcionamento do Estado; por assim dizer: na sua "essência". Os círculos de privança deveriam mediar polidamente as diferenças de cima a baixo na hierarquia desses reinos violentamente espalhados pelo mundo.

Para a expansão dessa guarnição colonial de que os mais fortes Estados europeus se cercavam, à imitação de Roma, constituíram-se complexos militares-administrativos e jurídicos à semelhança de uma rede de serviços, a formar nas almas (ao menos nas almas assim persuadidas) a ideia do Estado como uma grande unidade institucional temporal votada aos fins intemporais traçados pela Providência, um agregado forçoso das vontades humanas constituindo um *corpo místico*, assim ordenado sob os reis cristãos feitos como que lugares-tenentes da santidade da Igreja de Cristo[8].

Suas múltiplas partes estão ligadas ao todo pelas doutrinas do Bem comum, da Razão de Estado, da Soberania dos Monarcas, da Arte da Guerra, etc.; mas em particular cada sujeito ligava-se aos demais pelas contiguidades de *estado*, ou *estamento*, que os unia, ou separava, nos mesmos, ou em outros, espaços e gestos de sociabilidade. Dispunham-se, assim, os homens em ordens da Ordem, para

---

7. Elias, Norbert. *A Sociedade de Corte. Investigação sobre a Sociologia da Realeza e da Aristocracia de Corte*, (2001).
8. Ver: "A Murmuração do Corpo Místico", de João Adolfo Hansen. Em: Hansen, João Adolfo. *A Sátira e o Engenho*. Gregório de Matos e a Bahia do Século XVII. 2ª ed., 2000; pp. 105-190.

que se pudesse controlar cada um, conforme as leis e os hábitos reverberados a partir dos centros mais centrais desses círculos imbricados na hierarquia. Em comparação com o tempo da economia política, as vastas conquistas administradas sob armas e leis por essa rede pessoal de influências institucionais pareceriam ser demasiadamente personalistas; e eram. Não, contudo, por isso tiveram um caráter "informal" ou "individualizado". As redes de pessoas assim nascidas e assim constituídas, conforme todos os códigos de regulação das diferenças de dignidade entre os homens, eram de uma enorme complexidade de direitos privados e gerais que especificavam os círculos de privança que se desdobravam desde a corte do rei. Embora se exercessem, como todo o direito, sobre o particular, os privilégios de família faziam de cada pessoa, a atualização de instituições na hierarquia, que assim se perpetuava em permanente mas lenta mutação e em localizadas rupturas. Os homens se educavam moralmente para ocupar os lugares constituídos na prática como poder, porque representavam em sua pessoa a porção de poder que a justiça distribuía desigualmente entre os homens, porção designada pelas condições da família, conforme a carreira avoenga nas armas, na magistratura, em ofícios liberais, em ofícios mecânicos, etc. Neste sentido, os *privilegia* eram *corpora* jurídicos que sustentavam a hierarquia política segundo princípios de *melhor* e *pior*, que — como formas comparativas de *bem* e *mal* — eram critérios fundamentais do juízo para distinguir as condições civis dos homens, em sociedades aristocráticas de corte, dispostas em círculos sociais em torno de monarcas eleitos perfeitos varões pelo nascimento, como o melhor dentre os melhores daquela vasta porção do Império Universal de Cristo.

O nascimento fazia *melhor* um varão, porque vaticinava o *continuum* familiar de virtude, lastreado pela história particular das gerações de varões ilustres depositários presentes dos reconhecidos méritos dos pais e avôs. Nestas tradições de direito dos monarcas, o nascimento os faria naturalmente melhores, primeiro porque se entendia aristotelicamente que de uma causa haveria de vir, em quase todos os casos, um efeito de igual valor. Além disso, se a verdade é que "a virtude/ nem sempre aos netos, por herança, desce" (EC, 83-84), todavia, não se deixa de reconhecer que de um varão ilustre não é comum nascerem homens tíbios como os escravos, nem, dentre escravos, se entendia ser natural que nascesse um guerreiro valoroso. As duas possibilidades aristotelicamente improváveis às vezes ocorrem e são lembradas tanto na história quanto na poesia por seus efeitos funestos, confirmando a regra de que são exceção.

> Pode o pai ser piedoso, sábio e justo,
> manso, afável, pacífico e prudente:
> não se segue daqui que um ímpio filho,
> perverso, infame, díscolo e malvado,
> não desordene de seus pais a glória (EC, 85-89).

A esses versos seguem arrazoados impossíveis de Doroteu, retoricamente disposto em relação ao fim de tornar evidente que nem sempre melhores nascem dos melhores. Vale-se de uma imagem falsa da geração natural das espécies — "as pombas e os cordeiros/ são partos dos leões, das águias partos!" (EC, 92-93) — a alegorizar, conforme as necessidades da espécie humana, a verdade de que nem sempre homens de valor e perspicácia, por exemplo, nascem de pais com estas qualidades, ou simplesmente que homens nobres, e mesmo reis, também têm filhos débeis, insanos, loucos, pervertidos. Os argumentos só poderiam ser considerados absurdos se se tratasse de zoologia, mas ao falar de águias e leões neste contexto de genealogias era evidente que Doroteu falava alegoricamente de brasonaria, de heranças de armas, que legitimavam os direitos particulares das gerações presentes, legatárias de antigas glórias a se confirmarem em vida por novas virtudes pessoais dos herdeiros.

As exceções explicitam o quão extraordinárias elas mesmas são e, por isso, as explicitações da exceção são a matéria do monstruoso e do ridículo, daquilo que desvia a regra para explicar e exemplificar negativamente a força positiva e violenta da regra. "Nem sempre" implica que *às vezes* a continuidade da virtude é rompida pelo caso abortivo, eles diriam, em que a boa forma gerou a má forma, o bom caráter, o mau caráter, pessoas virtuosas geraram pessoas viciosas, e assim por diante. Desde os livros de nobiliarquia até toda a preceptiva moral para o bom cortesão e o bom príncipe previam-se os riscos inevitáveis (talvez Providenciais) de tais exceções nas cadeias sucessórias das soberanias familiares e tantas vezes já traziam os remédios políticos para evitar os possíveis desastres decorrentes do fato de que "nem sempre as águias de outras águias nascem,/ Nem sempre de leões, leões se geram" (EC, 90-91).

Além da causa natural, primária, de a semente quase sempre conter todas as forças da árvore que a gerou, conforme se entendia em aplicações escolásticas de Aristóteles, a causa moral, secundária, melhoraria ainda o seu próprio fruto, já porque a filosofia moral e a história dos exemplos deduziam e induziam as necessidades de bem que deveriam conduzir a educação dos moços, já porque a condição de nobreza obrigava à nobreza, as altas insígnias exigiam altos desígnios. Ao menos em princípio. Premissas e exemplos morais — isto é, fómulas gerais e casos históricos a respeito dos costumes — educavam varões para prosseguirem na carreira familiar, para honrarem os méritos reconhecidos e as decorrentes alturas alcançadas por favorecimento nas redes familiares que se imbricavam desde as Casas mais altas até as menos elevadas. O homem nobre por sua educação é inicialmente induzido a seguir os exemplos dos seus antepassados e honrá-los com a virtuosa emulação de seus feitos, para melhorar a sua Casa; mais tarde vai deduzir das premissas da filosofia moral os princípios a considerar nas suas próprias ações como homem, conforme sua natureza e sua fortuna, e finalmente viria a executar prudentemente as ações conforme a constituição particular da *pessoa*. Esta, como instituição civil, pressupunha a *natureza humana*, universal para a espécie, a *fortuna* do berço, que se especificava pelos direitos gerais e privados, o *curso da vida*, no ofício da carreira e exercício da virtude e, enfim, a inclinação natural dada pelo gênio, ou *engenho*, que é a porção da *persona* que singulariza o seu caráter, conforme se podia aplicar a partir do livro *Dos Ofícios*, de Cícero.

Os lugares-tenentes do rei, nomeados para as elevadas funções de governar aquelas terras distantes do trono, são cavaleiros da Casa Real, gente nobre ou fidalga, que no século XVIII cumpriam carreira em que avalizavam os méritos familiares e deviam encenar a condição de melhor entre os melhores, fazendo jus ao heroísmo e à lealdade dos seus antepassados, mesmo nas distantes províncias que o reino conquistava para a Cristandade romana. Assim, o presente herdeiro de dignidades privilegiadas naquele tempo era, ou deveria ser, sempre a derradeira e, em princípio, melhorada versão da nobreza hereditária moralmente confirmada geração a geração. Quando Doroteu e Critilo criticam um membro da fidalguia portuguesa em particular, fazem em defesa da mesma instituição da fidalguia, conforme as virtudes que para aquele tempo são razões suficientes para distinguirem jurídica e politicamente uns e outros.

3. Ao falar das *Cartas Chilenas*, não é incomum na crítica literária dos séculos XIX e XX a pintura de uma era negra, caracterizando um certo "sistema colonial" como uma composição de *todo*, e representado nas *Cartas* na forma da indignação por uma pessoa particular, mas como se o alvo do vitupério "transcendesse" a querela pessoal e visasse horizontes mais amplos de luta pela liberdade. As *Cartas Chilenas*, contudo, não representaram uma contestação das ações do governador senão como a exigência informal do cumprimento das leis do Reino, o que também fizeram formalmente mais de um ouvidor por quem Cunha Meneses passou[9]. A historiografia e a crítica literária falam do ocultamento da autoria como uma singularidade resultante de forças opressoras do "sistema colonial", abstraindo-se do fato de que a maledicência estivesse indissociada da condição de anonimato, o que torna a autoria da sátira de maledicência sempre uma questão de difícil contorno, principalmente se se insiste em acreditar numa unidade autoral fixa para ela. O anonimato é praticamente um componente do gênero, mantido pelo costume, e obrigado pelos decoros e pela lei. Sob um Estado monárquico e uma hierarquia aristocrática, a maledicência oferecia o perigo de promover murmuração, que é sempre um risco sério à concórdia, podendo levar à sublevação da ordem. Além disso, podia produzir injustamente a infâmia, o que era especialmente grave num regime de poder em que a *fama* era componente determinante na acumulação de méritos e consequentemente na obtenção de favorecimentos na hierarquia política.

A *sátira*, designando genericamente a poesia de matéria baixa, estava mais ou menos fora da legalidade, conforme a maledicência particular mais ou menos explícita que fizesse. Mesmo assim, prescritivamente as múltiplas espécies do cômico costumavam representar a virtude das instituições pela encenação do torpe, que deveria causar repugnância no virtuoso e vergonha no vicioso. Demonstrando reiteradamente a sinceridade do sentimento de vassalo, Critilo salvaguardava-se de agravos

---

9. Cf. Furtado, J. P. *Op. Cit.* p. 33-79.

mais sérios num eventual processo pelo delito da maledicência explícita, ou mal velada, da potestade na colônia e de seus eleitos. No caso, por exemplo, de serem provados os indícios da corrupção dos vituperados — que não costumava ser um crime único ou menos do que grave para os rigores daquelas leis —, o maledicente ainda desagravaria do crime de desobediência, porque a sátira podia converter-se em testemunho verdadeiro, juridicamente válido, inclusive, para comprovar tirania, desvios fiscais, e outros atentados graves à ordem pública, desde que não se tratasse da única prova.

A *satura*, ou *sermo* latina, não se confundia com a poesia de vitupério, o *iambus*, nem pela métrica, nem pela elocução, nem pelo ânimo, nem pelos fins específicos. De ambas as espécies do gênero epidítico baixo da poesia antiga, o mais importante modelo neste século XVIII era sem dúvida Horácio, cujas obras indicavam os decoros para um e outro tipo de poesia cômica, diferentes fundamentalmente por ser indireto e "sem dor" o riso da sátira antiga, e direto e "doloroso" o riso da invectiva jâmbica[10].

As *Cartas Chilenas* não são sem dor e não são suficientemente indiretas, uma vez que as identidades de muitos dos vituperados são facilmente decifráveis. Mas não deixam de emular a sátira horaciana, citada na "Carta Dedicatória", do fictício compilador brasileiro das *Cartas Chilenas* que as finge traduzir para a utilidade dos seus nacionais, como diria.

Além de serem escritas em elocução didática, ou média, as *Cartas* de Critilo têm tom severo, ânimo judicioso e riso moderado e superior, sem deixarem de ser prudentemente jocosas, quando é decente que sejam. São, contudo, muito ofensivas e danosas para os diversos objetos do riso jâmbico de Critilo. Isso indica que o sentido de sátira se generalizara para o sentido mais geral de vitupério — particular ou geral — como castigo verbal dos costumes, em prosa ou verso, confundindo aí ainda as possibilidades do gênero de Menipo, homônimo grego do gênero de Horácio, com outras medidas, outros ânimos e outros decoros.

---

10. Oliva, João Ângelo. "Riso Invectivo x Riso Anódino e as Espécies de Iambo, Comédia e Sátira". In: Revista *Letras Clássicas*. Departamento de Letras Clássicas e Vernáculas-USP. n. 7, p. 77-98, 2003.

No "Prólogo" das *Cartas Chilenas*, o fictício tradutor utiliza o verbo "satirizar" genericamente para significar atacar, acusar, ridicularizar, maldizer os maus costumes do objeto da invectiva, afirmando ser um "benefício que resulta ao público ver satirizadas as insolências deste chefe, para emenda dos mais que seguem tão vergonhosas pisadas" (Prólogo).

Trata-se, pois, da encenação vexatória de uma moralidade, aplicação negativa de doutrina sobre os costumes a fim de recompô-los de sua corrupção. No caso, produz a repulsa pelos maus hábitos de um fanfarrão, mal escolhido para o cargo que ocupava. É relevante notar que esse personagem central das *Cartas* é denominado "Minésio" somente nos textos em prosa da Dedicatória e do Prólogo, que são provavelmente posteriores aos versos das *Cartas*. Efetivamente Minésio não é nomeado em nenhum verso destas, nem nas didascálias, senão na de subtítulo da compilação dos poemas; tampouco se fala em Fanfarrão Minésio na "Epístola a Critilo". Mas isso não tornava incógnita a identidade de Cunha Meneses, está claro. Era justamente pela referência direta e indireta dos seus protegidos — por meio da identificação do seu próprio círculo de privados, provisoriamente constituído na província ultramarina — que o Fanfarrão é identificado. Mesmo assim, a coisa se apresenta de forma indireta e dissimulada, como as instituições legais e do costume pediam à discrição dos vituperantes, que a si representavam como discretos e varões.

Os homens das relações do governador têm seus nomes criptografados quase sempre, mas não de forma a esconder suas identidades no imediato das relações muito estreitas entre a gente de representação ou dinheiro na sede das Minas, durante os últimos anos da década de 1780. A criptografia aí não passava de uma pequena alteração ridicularizante na terminação dos nomes próprios das pessoas vituperadas, deformando, suprimindo ou anexando componentes fonéticos — Roberto, *Robério*, Matos, *Matúsio*, Albergaria, *Alberga*, Silvério, *Silverino*, etc. O mesmo procedimento foi provavelmente o que alguém fez depois — talvez Critilo, ou quem quer que tenha copiado e disposto as Cartas de Critilo em um códice — nos textos marginais dos apógrafos, com o nome do principal vituperado: Meneses, *Minésio*.

Dois dos vituperados são nominalmente referidos sem alteração no nome próprio, como se a deformação fosse desnecessária, em nomes provavelmente já de si cultamente passíveis de ridículo: o *Capanema* e o *Cata Preta*. Sobrenomes locais reconhecíveis e comuns na região até hoje, não só para a economia cômica do poema Cata Preta e Capanema não precisariam ser alterados, mas pelo que provavelmente designavam para as distinções de *estado* que instituíam as diferenças entre os homens pela condição de sua família.

Assim, além de provavelmente ser considerado um nome pouco eufônico e principalmente destituído de tradição familiar — como, ao contrário, os sobrenomes Gonzaga e Meneses —, Cata Preta permitia associações imediatas com a lida bruta: tanto o trato com o escravo quanto com a extração do ouro. É verdade que Cata Preta era já o nome de uma localidade próxima à cidade de Mariana, sede do Bispado, o que indicava alguma centralidade desta família na região. Mas o nome "cata-preta" é antes vocabulário de mineiros, o nome de uma lida, de uma técnica de extração de ouro negro, a indicar talvez a origem mecânica daquela gente, quanto à decadência das Minas, seja porque decaía a qualidade do ouro, seja porque gente de ofícios inferiores era admitida para cargos eletivos de que não eram dignas por nascimento ou virtude. Como "cata" significa busca, diligência, o nome de Cata Preta já fazia pensar talvez em um capitão do mato que, de acordo com as acusações de Critilo, tomou o cargo por meios venais, e então passou a exibir um espadim de ouro, ou ao menos o punho dele. A imagem do "*castão dourado sobre a cana*" insinua que na bainha não houvesse espada, sendo isto mesmo uma metáfora do indigno dignatário, vazio da condição que o armava capitão.

O outro — o *Capanema* — podia então ser jocosamente lido *capa nema*, como "cabeça nenhuma", em se tendo algum latim de missa. Nos versos de Critilo, esse maledicente togado, uma outra tradução macarrônica é também admissível para *capa nema*, "capa nenhuma", que, no entanto, por dinheiro, passou a vestir a capa vermelha de Capitão-Mor, a partir de dezembro de 1787, que é o que insinua Critilo, aferindo juízo negativo sobre a prática realizada contra toda ordem de precedência, na nomeação de gente de má reputação para cargos militares. Enfim, ainda mais doutamente, a pessoa era aí vituperada com o próprio nome, porque *Capanema* aludia involuntariamente ao clã dos Capaneus, como a indicar o filho de gentes violentas, monstruosas, ímpias, dentre aquelas que, desprezando os deuses, marcharam contra Tebas, no mito antigo, como Doroteu o conhecia ao menos do livro IX das *Metamorfoses* de Ovídio e do canto II da *Ilíada*.

Francisco José da Silva Capanema é acusado por Critilo de corrupção ativa, como dizemos hoje, para vestir a farda de Capitão-Mor do termo de Pitangui, posto novo dentre os que Cunha Meneses distribuía, ampliando o aparato militar que o sustentava, e agregava motivo à acusação de tirania, provavelmente procedente em alguma medida, e provavelmente encarecida pela natureza epidítica do discurso.

> Ousado, indigno chefe, que governo,
> que governo nos fazes? A milícia
> ergueu-se para guarda dos vassalos,
> e tu, e tu trabalhas por que seja
> a mesma que nos prive do sosssego
> que, próvidas, nos dão as leis sagradas.
> [...]
> O chefe, Doroteu, só quer dinheiro;
> e, dando aos militares regalias,
> podem os grandes postos, que lhes vende,
> subir à proporção, também, o preço.
> Tu assim o conheces, Cata Preta,
> pois deste mil oitavas, por trazeres
> lavrado castão de ouro sobre a cana.
> Tu também, Capanema, assim discorres,
> pois largaste seiscentas, por vestires
> de capitão maior vermelha farda (IX, 366-371, 380-389).

Ambos — Cata Preta e Capanema — são comicamente representados como os cabos do General, recém constituídos Capitães-mores para efetuar as ações violentas que este como Capitão-General estaria a perpetrar sobre as povoações das Minas, principalmente desrespeitando as togas conquistadas com feitos em letras, como a que Critilo ostenta a cada passo em que invoca as leis do Reino ou que as encena no testemunho do desrespeito que sofriam.

Para compreender as dimensões institucionais que assumiam esses homens inferiores, a ponto de não serem defendidos de infâmia, importa pouco que não tenha sido identificado quem particularmente seria o Cata Preta. Pelos índices do próprio vitupério e das instituições que estavam implicadas, parece claro, porém, que se tratasse de uma "nobreza da terra", família alegadamente constituída por homens de nobreza, ou seja, não oriundos de gente nobre, mas de varões que se têm demonstrado civicamente como gente de nobreza, por seus hábitos, por suas práticas, por seus serviços, pela economia de sua *Casa*, que é a base da instituição da *vireança* lusitana, no cerne dos princípios de toda a nobiliarquia portuguesa e de toda a ampla base plebeia melhorada ao longo de gerações por serviços em armas ou letras; gente de nobreza sem título de nobreza, mas angariando provas da nobreza de sua conduta para continuar a melhorar de estado na monarquia. Mas uma assim presumida "nobreza da terra", muito recente, também podia ser representada pelo caráter e modos brutos dos primeiros integrantes de uma tradição familiar mal iniciada, e ainda mais nas terras incultas de sertões ultramarinos. A acusação que faz Critilo é, pois, a de que se tratava de uma gente sem foro algum, antes das desmedidas concessões do indigno lugar-tenente de sua Majestade Real.

Incluído no rol de varões insignificantes, como o Cata Preta, homens cujo prestígio é questionado pelos versos de Critilo, cabe reparar neste Capanema, incluído entre aqueles que foram identificados pelo trabalho de Manuel Rodrigues Lapa. Entre os vituperados reconhecidos posteriormente, Francisco Capanema é certamente o homem de menor distinção por suas origens e por seus ofícios, antes da nomeação que obteve comprando o título de capitão. Pode parecer banal, mas é relevante o dado que Rodrigues Lapa levanta de que este Francisco Capanema era homem de cabedal, mas de origem inferior na disposição dos estados políticos dos homens do Reino. E também é relevante a representação que faz contra ele e seus métodos de governança a população de Pitangui em 1799[11]. Era homem rico por ser comerciante, dono de botica e taberna, o que segundo Lapa ele continua a ser mesmo depois de vestir a farda, o que constituía incompatibilidade com a posição alcançada de Capitão-Mor de uma porção daquela província em *devastação*,

---

11. Cf. Lapa, Manuel Rodrigues. "Poesias. Cartas Chilenas". In: *Obras Completas de T.A.G.* vol. I, Rio de Janeiro: INL, 1957, p. 281.

isto é, em processo de fixação demográfica de populações brancas e mestiças instituídas à portuguesa, o que exigia do encarregado qualificação não só milicial mas regimental do ofício que executava. A ausência dessa qualidade tornava o Fanfarrão um tipo tosco de militar que, pela grosseria de seus costumes e por sua inépcia de entendimento, não conhecia a lei, senão a força das armas postas às suas ordens. Assim como o Cata Preta, também o Capanema: os versos não falam sequer em Minésio, mas Critilo não pouparia o nome de quem não tinha nome, segundo o severo julgamento do vituperante. Despreza o Capanema e não esconde o seu nome porque era um taberneiro e, pelo visto, mal-afamado.

As ações regidas pelos homens de confiança do lugar-tenente do rei produziam escândalo, de saída, pela violência que cometiam contra o mesmo soberano, ao trocarem privadamente benefícios e postos de suas armas, nas conquistas portuguesas da América, e, em seguida, pela violência que continuavam a cometer contra o povo, por quem o rei formalmente zelava. Ao se constituírem autoridades militares esses cabos ambiciosos e venais, reproduziam, como mandados do valentão, a tirania deste no exercício desvirtuado de seus ofícios. Com efeito, o venal e bruto capitão que chefiava o bando, quando devia governar a província, "inspira/ nos cabos tanto orgulho, que se atrevam/ a resistir aos mesmos magistrados,/ que a pessoa do Augusto representam" (IX, 398-401). A inquisição que estes versos de Critilo fazem ao não nomeado chefe encena um juiz exigindo obediência às leis e demais instituições do reino, como um ouvidor cumprindo o dever de policiar as execuções do mandatário real, como ordenavam as mesmas leis do reino[12]. Mas sob o ferro da tirania que suprimia as liberdades garantidas à magistratura e pela magistratura, desrespeita-se o fato de que a toga era também representação do próprio rei, que reconhecia nela a tradição de um varonato douto, de uma família vassala legítima, distinta pelo cumprimento e conhecimento das leis do reino e reconhecida pelos serviços prestados na paz. Como em outros ofícios, as instituições também determinavam, quase sempre um magistrado era filho de outro magistrado, em meio à gente melhorada que se distinguia da plebe mais

---

12. Lacerda, Arthur Virmond de. *As Ouvidorias do Brasil Colônia*. 2ª reimp. Curitiba: Juruá Editora, 2008.

baixa pela representação oficial de que se investia, mesmo quando não possuísse cabedal. Os brasileiros Tomás Antônio Gonzaga e seu pai são exemplo disso. São vassalos portugueses que acumulam, na esteira dos antepassados, a tradição familiar na magistratura, aproveitando bem os matrimônios, e colocando adiante a carreira, até sofrer a desgraça, com a acusação de inconfidência contra o ouvidor de Vila Rica em 1789. Sob concepções de Estado como estas é que se faz a cena jurídica de exceção descrita pelas *Cartas Chilenas*, em geral, como um aviso de vassalos e, em particular, como um aviso ao monarca, articulando o universal da lição moral-política que o legitima, e o particular do crime que o juiz quer corrigir perante o rei que ambos os ministros representam.

Como se vê, não por acaso os nomes menos dignos entre os vituperados não são ocultados e nem mesmo obscurecidos, enquanto o nome de Luís da Cunha Meneses, o mais alto dos vituperados, aquele que justamente tinha mais nome a ser desfeito pelo vitupério, não é nomeado nos versos de Critilo e Doroteu.

Mais do que ocultarem positivamente os nomes para defenderem-se da possível perseguição política, parece que o ocultamento da autoria sob os pseudônimos de Critilo e Doroteu dissimulava essa precaução mesma, justificada pela tirania que os vituperantes acusavam no acusado. Em outras palavras: os poetas fingem a cautela que de fato tomam a fim de encarecerem essa necessidade mesma, aviltante ao homem livre e justo, submetido àquele tirano *minor*. Ademais, o obscurecimento das identidades dos vituperados servia para amplificar o efeito de murmuração que elas pretendiam causar, no caso de chegarem aos melhores auditórios a que por hipótese se destinavam. O principal crime que as *Cartas* delatam acerca do mandatário local — a tirania — é realçado, portanto, com o anonimato de homens doutos o bastante para quererem renome por seus versos. Se os nomes desses dois, que eram poetas, tinham de ser ocultados, tantos outros homens bons como eles, não poetas, mas homens de letras, oficiais administrativos e militares, e membros em geral da *vireança* local verossimilmente poderiam, sem o publicar, murmurar e agitar-se ofendidos e indignados com a própria majestade real, por conta do engano a que o monarca teria estado sujeito quando mal elegeu o chefe militar que submetia a ferro os justos e melhores e tratava com favores os perniciosos e inferiores.

4. As *Cartas Chilenas* representaram murmuração local entre *homens bons*, a corroborar certas queixas que o ouvidor da capitania ultimamente enviava à Rainha e aos Procuradores do Brasil em Lisboa, ajuizando a indignação dos vassalos e dos demais membros da Junta da Real Fazenda contra o Capitão-General Luís da Cunha Meneses. Neste sentido, as *Cartas* visavam ao efeito positivo de infamar e incriminar o objeto das queixas formais e informais daquelas gentes das Minas pelas quais, em nome do rei, o magistrado, que Critilo demonstra ser, advogava como procurador.

Numa famosa apóstrofe aos cidadãos "da Chile", o louvor que Doroteu faz de Critilo o representa como algo bem diferente de um inconfidente ou libertador de América. Ao contrário, Doroteu dirige-se a súditos, o que já reconhece o direito de soberania dos monarcas. Dirige-se, portanto, a sujeitos do Estado, restituídos à paz do soberano, por cujas "sábias leis" Critilo enfrentara a tirania do mau lugar-tenente.

> Súditos infelices, que provastes
> os estragos da bárbara desordem,
> respirai, respirai: ao benefício
> deveis do bom Critilo a paz suave,
> que a vossa liberdade, alegre, goza (EC, 61-65).

Conforme os pressupostos jurídicos e os princípios metafísicos que ordenavam esses estados de homens na hierarquia do Estado católico português, a liberdade de que falam as *Cartas* se semantizava no poema como a liberdade dos homens livres, e que só eram livres por estarem sujeitos à obediência do monarca benigno e numa legalidade política que admitia que a oficiais letrados não se devia, por lei, castigar tão duramente quanto a peões e oficiais mecânicos, nem que os homens brancos em geral pudessem estar sujeitos às mesmas formas de punição que se davam aos escravos[13].

Nesta ordem de ideias, um chefe mal escolhido interpunha-se aos cuidados do soberano, que garantia aos súditos as mesmas "sábias leis" que ordenavam a necessidade dessas distinções jurídicas. Um mau governador, um capitão-general que instruía mal os lugares

---

13. Gorender, Jacob. *O Escravismo Colonial*. 3ª ed. São Paulo: Ática, 1980.

institucionais que lhe competia defender, desvirtuava os poderes que lhe eram delegados, fazendo parecer aos menos *críticos* (aos menos capazes de *julgar* e *discernir*) que seriam o monarca e a própria monarquia os responsáveis pelas desordens de seu lugar-tenente.

Quando Doroteu escreve ao amigo e consola os seus *nacionais*, ao se restituírem a paz e a liberdade pela ação de Critilo, o sofrimento que o general Fanfarrão havia causado era já enunciado no passado, indicando a extinção de sua causa, ou seja, insinuando que o tirano *minor* que protagoniza a fábula satírica é já saído de seu cargo. É bastante plausível e útil pensar que as *Cartas* tenham sido escritas *para* a saída do governador. Como esta saída se retardou por quase dois anos, pode ser que a difusão mais ampla das sátiras de Critilo tenha ficado suspensa por mais de dois anos, enquanto pode ser que crescesse o número de cartas sobre um incerto Fanfarrão e seus sequazes. No tempo em que Doroteu apresenta a pintura histórica de matéria torpe nos versos satíricos de Critilo, a liberdade dos súditos infelizes já voltava a ser gozada com o restabelecimento da justiça. No encômio do vituperante, Doroteu atribui a restituição da paz à eloquência de Critilo, ou seja, aos sãos efeitos da lição que se tirava do *espelho de indiscretos* de suas *Cartas*. Neste sentido, Doroteu prossegue, fazendo prognóstico dos efeitos delas:

> Sim, Critilo, são estes os agouros
> que, lendo a tua história, ao mundo faço:
> de pejo e de vergonha os bons monarcas,
> que pias intenções sempre alimentam
> de reger como filhos os seus povos,
> tocados se verão. Prudentes, sábios,
> consultarão primeiro sobre a escolha
> daqueles chefes que a remotos climas
> determinam mandar, deles fiando
> a importante porção do seu governo;
> prevenidos que a vã, brutal soberba
> só nas obras influi destes monstros,
> pelo escrutínio da virtude espero
> que regulados os seus votos sejam (EC, 66-79).

Os mandatários, quando são tiranos, fariam pejo e vergonha aos monarcas, cujas benévolas intenções deviam estar prevenidas dos males que monstros como aquele representavam. Como se trata de um tirano, a sátira o diminui, nomeando-o Fanfarrão, sinônimo para *valentão*, homem não exatamente valente, mas "prezado, ou presumido, de valente" que em guerra campeia o mundo, mesmo em tempos de paz. Por isso, para a representação do Fanfarrão, Dom Quixote e Sancho Pança são modelos desse tipo de "campeão" inepto; mas em outro tempo. Um fidalgo ensandecido já não sonhava com repetir passados feitos de cruzados quando já não havia cruzadas, mas podia fazer carreira nas vastas conquistas do reino campeando desordem nas terras que deveria sabiamente *devastar*, isto é, povoar, ocupar com as instituições da Monarquia portuguesa. Como militar de linhagem, não faria jus à própria condição, pois falava como um soldado, em linguagem de mouros, reconhecia patente a gente sem merecimento pessoal e sem condição de família e tratava os seus pares como subalternos e a *vireança* como ralé. Com tanta falta de discrição, demonstra não ter herdado a nobreza dos avós.

Como ficou dito, a alcunha de "Minésio" não chega a aparecer nos versos de Doroteu e Critilo, que só falam em "Fanfarrão", "Chefe" e "General", variando o adjetivo "sábio", "louco", "bárbaro", "grande", "digno", "indigno", "bruto", "bom", oscilando entre a ironia e a ofensa literal. Apenas nos textos exordiais, aparece este nome de "Minésio", em que a identidade do vituperado para a sua contemporaneidade ficaria mais óbvia, principalmente porque está no centro de um círculo formado por Robério, Matúsio, Alberga, Silverino, Marquésio, Capanema, Cata Preta, etc. Se os poemas foram escritos avulsamente para serem lidos em segredo ao longo do governo de Cunha Meneses, o que é verossímil, essa omissão do nome "Minésio" é relevante, porque indica a preocupação com a ilegalidade grave na maledicência direta ao lugar-tenente do rei. Já reunidas para formarem um códice, provavelmente após a saída do governador, as *Cartas* devem ter recebido as partes introdutórias da Dedicatória e do Prólogo, talvez, pela mão de terceiros, que incluíram então o nome deformante do protagonista, que permanecia o único não nomeado nos versos.

Se seguisse o mesmo princípio dos outros criptônimos, o nome de Meneses deveria ser deformado para Menésio*, a jogar apenas com a terminação onomástica, como faz com os outros vituperados. Mas quem quer que o tenha nomeado não faz desta maneira talvez por assim tornar-se óbvia demais a identidade do único vituperado juridicamente defendido pela condição de fidalgo de nascimento, talvez por assim a sátira acabar estendendo a ofensa a toda a família nobre que levava esse nome.

Ao chamá-lo de Minésio, o compilador dos poemas fez seu nome como derivado de *minus*, o "mais pequeno", cumprindo, assim, a função de rebaixamento da invectiva satírica, a soar como uma fração de mínimo. Alcunhando-o Fanfarrão Minésio, qualificava o capitão-general Cunha Meneses, neste sentido, como um "valentão menor", um "tirano de menos". Acresce que *minus* (adj. comp. *minor, -us,* menor, inferior) é o comparativo de *parvum*, que, além de se traduzir por "pequeno", também significava obviamente "parvo" mesmo, como o vernáculo recebera o termo: tolo, estúpido, de pouco senso, sendo em seu uso moral e político uma designação para o que é genericamente de baixa categoria. Mesmo um parvo menos letrado, porém, poderia fazer essa relação que talvez não seja a única. Com efeito, discretamente, o nome de Minésio também pode ser interpretado como "relativo a Minos", em alusão ao rei mítico de Creta, conhecido por ser um bastardo de Zeus e pelo tributo humano que impunha aos atenienses. Ao nome de Minos está associado o do Minotauro, monstro resultado do adultério da esposa de Minos com um touro, ou segundo a versão de Plutarco, na *Vida de Teseu*, fruto do adultério da mesma Pasifae com Tauro, um dos capitães de Minos, de todos eles, segundo Bluteau, "o mais cruel para os moços de tributo, que de Atenas se mandavam a Creta". Toda essa bastardia eruditamente aludida, desfiliava da nobre estirpe dos Meneses em Portugal o monstro político vituperado, já que era antes ele próprio quem ofendia a memória dos seus progenitores e a honra do monarca que o distinguia como seu lugar-tenente.

O nome de Minésio, incluído não se sabe em que momento nos papéis desta sátira, ativaria eruditamente antigas histórias de tiranias ao derivar o criptônimo a partir de Minos, o que pareceria provável até pelo inexplicável gosto que o Fanfarrão tinha por corridas de touro. Contudo, Minésio é uma alcunha tão alheia à invenção das *Cartas* propriamente ditas, que nem mesmo quando fala de touradas, nas Cartas V. e VI., o vituperante aproveita o elemento mítico do mais famoso monstro humano das narrativas antigas. A deformação do nome do vituperado por mais de um aspecto parece ser posterior ou descolada da escrita das cartas de Critilo.

Como um Catão que gravemente lastimava os circos de Roma, também Critilo, em nome das leis do Reino, censura as corridas de touro promovidas pelo mandatário, pois os protocolos não admitiam tal festejo em circunstâncias pias como o noivado dos príncipes, desconhecendo "a Lei própria,/ que aos festejos Reais prescreve a norma" (V, 50-51). E é por essa quebra de decoro que Critilo faz um lamento que define bem a natureza da *crítica* que Critilo faz ao lugar-tenente do rei:

> Ah! meu bom Doroteu, que feliz fora
> esta vasta Conquista, se os seus Chefes
> com as Leis dos Monarcas se ajustaram! (V, 78-80).

E nos versos seguintes, avalia a ignorância legal que resulta na tirania do Chefe, razão pela qual se corrompe o poder delegado que o rei lhe outorgara:

> Mas alguns não presumem ser vassalos;
> só julgam que os Decretos dos Augustos
> têm força de Decretos, quando ligam
> os braços dos mais homens, que eles mandam;
> mas nunca quando ligam os seus braços (V, 81-85).

Ou seja, para o mau governador da província ultramarina, as leis só valem quando limitam a ação dos homens sobre os quais exerce mando: longe do Reino, o "bruto e louco Chefe" pensa não estar sujeito ele mesmo aos regimentos e decretos dos monarcas, por ocupar aí o mais alto posto.

> Com esta sábia Lei replica o corpo
> dos pobres Senadores e pondera
> que o severo Juiz, que as contas toma,
> lhes não há de aprovar tão grandes gastos (V, 86-89).

Diante da autoridade legal, a autoridade militar e política dá coices como um potro, saltando às quatro patas, como o símile cômico faz ver:

> Da sorte, Doroteu, que o bravo potro,
> quando a sela recebe a vez primeira,
> enquanto não sacode a sela fora,
> e faz em dous pedaços cilha e rédea,
> mete entre os duros braços a cabeça,
> e dá, saltando aos ares, mil corcovos:
> assim o irado Chefe não atura
> o freio desta Lei, espuma e brama,
> arrepela o cabelo, a barba torce,
> e enquanto entende que o Senado zela
> mais as Leis que o seu gosto, não descança (V, 90-100).

Como um vulgar, só conhece o próprio gosto, ignorando as altas leis. Como um animal sem adestramento, reage descontroladamente sob o efeito da ira. Como um monstro, mistura ares de fidalgo com costumes de vulgares, mergulhando o berço privilegiado em escândalo, do que a própria maledicência poética era uma peça. Numa comparação com o próprio touro por que tanto se atraía, este Fanfarrão irrompe diante da limitação de seus atos pelas leis do reino:

> Avisam ao bom Chefe que um ministro
> queria que os soldados lhe mostrassem
> as ordens, com que entravam a fazerem
> prisões no seu distrito; investe o bruto,
> qual touro levantado, a quem acenam
> c'os vermelhos droguetes os capinhas;
> escreve-lhe uma carta, em que lhe ordena
> lhe dê logo as razões em que se funda (X, 112-119).

E não pararia por aí a invasão da jurisdição do magistrado. O tirano ainda sitia todo o povo daquele distrito, ao mandar um destacamento militar que não só entrega a carta do governador, como aguarda a resposta com abuso dos direitos de aboleto que as *Ordenações do Reino* fixavam para militares em campanha:

> ... Aqui não pára
> tão rápida desordem: manda um corpo
> de ousados militares, que conduzam
> ao magistrado a carta, e lhes ordena
> que fiquem nesta vila sustentados
> à custa, Doroteu, do aflito povo.

> Não se concede ao pobre que sustente
> em casa o seu soldado; manda o Chefe
> que a cada um se dê, em cada um dia,
> para sustento, meia oitava de ouro,
> fora milho e capim para o cavalo,
> e não entrando aqui o regio soldo.
> Que santo proceder! Um Deus irado,
> se houvessem sete justos, perdoava
> os imensos delitos de Sodoma;
> e o nosso grande chefe, pelo crime,
> pelo sonhado crime de um só homem,
> castiga, como réu de majestade,
> formado de inocentes, todo um povo (X, 121-139).

O aboleto, conforme a lei, garantia aos soldados distribuírem-se entre as casas dos homens bons, cuja obrigação era sustentarem cada qual ao menos um soldado aboletado, conforme a condição da casa. Mas a este caberia pagar o milho e o capim para a montaria, o que também se determinava aos magistrados em correição fora da sede da Comarca. O mau Chefe, no entanto, não só põe esta despesa na conta do povo, mas também obriga aos particulares o pagamento do soldo diário que caberia ao erário real, o qual deveria ser despendido por intermédio de seu lugar-tenente, o capitão-general.

O riso e a lástima que as *Cartas Chilenas* visavam a produzir, como se vê, só fazem sentido pelo reconhecimento das distinções hierárquicas e pela legitimação do poder dos monarcas. Elas devem ter sido lidas em alguns poucos círculos de advogados, magistrados, clérigos e oficiais militares e administrativos da colônia portuguesa entre os anos de 1787 e 1788, nos arredores das sedes do governo e do bispado da capitania das Minas Gerais. A murmuração era legalmente proibida e politicamente coibida, mas não deixava de ser levada em conta pelos monarcas, por ser sintoma de sedição, de discórdias intestinas no interior do Estado, enfim, de guerra civil, essa ameaça universal aos Estados imperiais. Nas cartas das câmaras das Índias de lá e de cá, com o fito de alcançar alguma quebra ou algum prazo nas remessas de impostos, por exemplo, é recorrente o argumento de que há murmuração entre o povo, mormente entre os melhores da província. Por razões gerais (como o descumprimento da lei por parte do General), mas também por razões muito particulares (como a inimizade pessoal e os conflitos de jurisdição e de interesse), as *Cartas Chilenas* representaram e pretendem representar que havia murmuração longe dos altos auditórios aos quais principalmente se dirigiam em Portugal.

A murmuração era crime, o que indica que a prática existia, e que era comum; tinha, portanto, seus hábitos e regimes, para além da representação jurídica que se fizesse dela, e mesmo para além das prescrições poéticas que a enformavam, porque é também certo que nem sempre a murmuração encontrava a pena de um poeta com verve ou de um juiz de grande vara.

A murmuração dos homens bons sempre foi temida ou ao menos considerada com atenção, demandando ação dos conselhos de Estado próximos ao soberano. Quase sempre a reação política vinda de cima exigia o controle rigoroso da maledicência em geral, aplicando a força policial e a lei que o Estado detinha, por meio de seus ministros e lugares-tenentes, conforme seus ofícios, e como ordenava a lei do Reino. Nem por isso a sátira deixava de ter efeito de polícia sobre os costumes e de exercer controle, judicial inclusive, sobre todos os tipos de homens, uma vez que a murmuração muito difundida podia ser sinal de que a insatisfação de cada um, dentre muitos, tinha a mesma causa, o que no mínimo indiciava a veracidade dos desvios que a maledicência, poética ou não, acusava.

Por isso, ainda que murmurando, Critilo e Doroteu representam-se como homens bons, varões distintos, gente de bem e leal, os quais, para a doutrina política que regia as instituições de sua época, sustentavam o Estado e eram designados como *povo*. Este era o mesmo que se representava nas aclamações dos monarcas, para dar legitimidade de rei a um conde ou a um duque; era também o mesmo povo representado para derrubar um rei tirano do trono herdado por nascimento na atualização do pacto de sujeição, mas perdido por falta de merecimento na solução violenta do pacto pessoal que a soberania monárquica supunha[14]. Sob a monarquia dos reis católicos

---

14. Para uma compreensão das funções reguladoras da *murmuração* e da reposição da ordem política na sátira colonial, cruzada com a documentação oficial coetânea e com as doutrinas retórico-poéticas e teológico-políticas que ordenavam as instituições letradas ibéricas, ver: Hansen, João Adolfo. *A Sátira e o Engenho*. 2ª ed. (2000); ver especialmente os Capítulos II e III; ainda, do mesmo autor, "Razão de Estado". Em: Novaes, Adauto (org.). *Crise da Razão*. São Paulo: Companhia das Letras, 1996.

lusitanos, este *povo* muito restrito que constituía a república aparecia representado tanto numa relação encomiástica que se podia fazer da posse de um ministro de Estado, a legitimar a delegação que ali se aceitava, como também na murmuração satírica que, com menor ou maior influência de fato, ambicionaria, por exemplo, depor o Chefe dos favores do rei ou, no mínimo, forçar a sua transferência daquela capitania, e ainda contribuir com infâmia póstera sobre seu nome. Esta última era razão formal suficiente para a proibição da maledicência, nominal ou alusiva. Ao mesmo tempo, devia ser também esta a razão informal da pertinácia do delito de murmuração, que não era grave quando se provasse não se tratar de calúnia, com o que a mesma murmuração se convertia na legalidade de um testemunho, mesmo que apenas para a posteridade da infâmia, o que não é um mal de poucas consequências numa monarquia familiar, em que os feitos famosos ou infames das gerações passadas determinavam decisivamente as condições de seus herdeiros no presente.

O *povo* por quem Critilo advoga não parece ser uma abstrata ideia de nacionalidade, nem muito menos uma ampla classe subalterna. Esse "povo" que Critilo representa em diversos momentos importa lateralmente em relação aos seus fins, que não eram certamente a ampla emancipação de nenhum *peuple* ou *Volk*. O jurisconsulto que vitupera tem próxima a categoria *populus*, que apropria instituições romanas. Nessa acepção, não estão incluídos peões, serventes, trabalhadores braçais mais baixos, senão como a *plebs* agregada como valor de posse aos seus senhores, homens livres que respondiam, estes sim, como o *povo* que formalmente constituía, com o soberano, o pacto de sujeição e que eventualmente se agitava sob o soberano quando houvesse insatisfação de alguma espécie. Mas não se confundiria com o *peuple* do discurso jacobino, por exemplo, nem, muito menos, definiria qualquer identidade étnico-política. Na verdade, *populus* não tem qualquer relação com o uso português atual de *povo*, no sentido do *Volk* e das concepções modernas de *natio*, desde que os Estados políticos europeus deixaram de ser fundados nos pilares antigos das instituições religiosas e dos privilégios aristocráticos. *Populus* até poderia designar genericamente os não nobres, como para os romanos, pois, em certa acepção, *populus* era tudo que estava sob a casta senatorial; mas, em sentido estrito, *populus* se definia precisamente por oposição à *plebs*. E disso se tira que não se está falando em geral da população brasileira ou mineira do final do "Brasil-colônia", quando vemos Critilo e Doroteu lastimarem pelos "súditos infelizes", pelo "povo aflito".

5. O nome "Critilo" é tirado do personagem da novela moral de Baltasar Gracián, e não corresponde exatamente ao que se entende pelo termo "crítico" — ao menos não nos sentidos que hoje se permitem livremente intuir desta palavra, ou nos sentidos específicos derivados do uso heterodoxo de Kant, que, como sabemos, chega a compor uma *Crítica do Juízo*, sem que se perceba nisso uma redundância estupenda, tal é o grau de ressemantização do termo nessa contemporaneidade apenas virtual e efetivamente muito alheia ao universo católico ibérico.

É certo que, assim como "crítica", ou "crítico", o criptônimo "Critilo" também está na base de *krísis* (juízo, julgamento, faculdade/ato de julgar). Trata-se de uma derivação vernaculizante do Grego, um neologismo de nome próprio, para servir a onomásticas de ficção erudita moderna. Seguia-se às recomendações de Cícero e Horácio, que autorizavam para o Latim a composição de novas palavras, desde que a partir de uma "língua nobre", como o grego. Contudo, parece mais interessante pensar que o nome do magistrado vituperante das *Cartas Chilenas*, assim como o do sábio peregrino do *Criticón* pode derivar-se mais proximamente do radical de *krités,* o juiz, o intérprete da lei. Essa leitura se harmoniza com o caráter das *personae* que enunciam e com as matérias que elas narram, e *ajuízam*, tanto nas *Cartas Chilenas*, como no *Criticón*. O Critilo de Gracián, aliás, não é cômico — nem "crítico" (no vago sentido político-literarizante que se dá hoje a "satírico"). Mas é igualmente judicioso, descrevendo longamente uma *vita* moral destinada a ensinar à diversidade dos engenhos dos homens a constituir um bom juízo, na conformidade da justiça do Bem comum, fundada na teologia moral tridentina e na sujeição monárquica à maneira ibérica[15].

Assim, derivado de *krités*, o juiz, a escolha do nome "Critilo" nas *Cartas* poderia ser interpretada como o "pequeno juiz", o "humilde magistrado", o "simples intérprete da lei". Nessas *Cartas* de

---

15. Hansen, João Adolfo. "Razão de Estado". Em: Novaes, Adauto. *Crise da Razão*. São Paulo: Cia das Letras, 1996.

maledicência, convinha mesmo ao autor simular modéstia com o diminutivo, demonstrando também assim a boa fé de sua palavra indignada, mas sem abrir mão da autoridade de ministro da justiça, que sentencia alegoricamente pela maledicência poética os maus feitos executados sob o mando do "bruto Chefe". O caráter de severo censor e de grave jurisconsulto representado por Critilo é sublinhado pelo próprio Doroteu no louvor que faz do seu amigo, com o mais célebre exemplo da austeridade política entre os romanos:

> Tu, severo Catão, tu repreendes
> com teu mudo semblante a pátria Roma.
> Nem seus teatros de lascívia cheios
> sofrem teus olhos nobremente irados.
> Pede o congresso, de terror ferido,
> que o rígido censor o circo deixe
> ou que se não produza a torpe cena (EC, 186-192).

Como se vê, o destinatário fictício das *Cartas* também demonstra erudição, gravidade, bom juízo e reverência às instituições, para atestar com severidade de homem prudente a justiça de Critilo, oferecendo a este o seu testemunho de *amicus*, membro privilegiado de um mesmo círculo de homens bons. Para essas tradições de humanidades cristãs, educadas nas *Moralia* de Plutarco, nas *Odes* de Horácio, nos *Diálogos* retóricos ou filosóficos de Cícero, a amizade é uma disposição própria da virilidade de ânimo, sendo portanto, senão exclusiva, ao menos própria de varões, civis ou eclesiásticos.

Numa cultura política em que a hierarquia estava continuamente suposta e exposta, a amizade supunha a paridade de estado, ou seja, a igualdade ou proximidade estamental que permitiria unir em amizade certos homens dos mesmos ou contíguos círculos de sociabilidade, por meio de sãos afetos e afinidades de engenho. Uma vez que o engenho era entendido como uma inclinação natural, as afinidades entendiam-se sem causa aparente, além da semelhança, e da acomodada dessemelhança, nas disposições dos ânimos que a amizade devia unir. Neste sentido, contudo, não haveria propriamente amizade entre os perversos, os escravos, ou as mulheres comuns, por exemplo. Entre os primeiros — bandidos, assassinos, tiranos, lascivos, ímpios, libertinos, etc., que muitas vezes andam em bandos — não uniria o amor, mas o interesse. Entre os servos, além de naturalmente inferiores na hierarquia civil, segundo a autoridade de tantos antigos e modernos, a limitação da liberdade de arbítrio que os sujeitava não admitiria a eleição pelas afinidades com seus pares. Já entre as mulheres, não podendo a *fides* dirigir-se senão ao esposo, a servi-lo, e àqueles que acima dele estivessem, não são educadas para fazer amigas, mas para a companhia no serviço; o que não deixa de valer para as monjas. Deviam lidar principalmente com servas ou vassalas, conforme a sua altura, o que nas grandes cortes eventualmente fazia concorrer amizades femininas, mas principalmente porque a própria nobreza de berço, supunha-se, poderia conferir a essas damas um ânimo viril. Mulheres assim fortes, oriundas das mais altas famílias, podiam ser úteis, uma vez que às mulheres algumas vezes foi necessário agir em lugar dos homens, na falta deles. Serviria de exemplo dessa necessidade a própria Rainha reinante no tempo de nosso assunto. Podia ser um uso útil e por isso bom, desde que sob o controle de um juízo bem educado na prudência, na temperança, na castidade, na modéstia, que a boa moça de nobreza aprenderia a reconhecer para dominar o próprio ânimo.

Assim, uma rainha, uma duquesa ou uma marquesa poderiam, como viragos, constituir círculos de *amicitia*, o que se demonstrava com exemplos da duquesa de Urbino, no início do século XVI, ou da rainha Cristina da Suécia, residente em Roma, no final do século XVII. As exceções, contudo, também neste caso, confirmam a regra e, assim, ensinam a natureza dessa instituição viril de que falamos quando supomos que Tomás Antônio Gonzaga, Pires Bandeira, Alvarenga Peixoto e Cláudio Manuel da Costa foram *amigos* e muito provavelmente murmuraram entre si, por exemplo, contra os despachos do governador Luís da Cunha Meneses, ou a respeito dos perigos da execução da Derrama, a cobrança real dos atrasados do "quinto do ouro" que aos monarcas pertenceriam.

A ignorância do bom costume da amizade entre pares já tornava o fidalgo vituperado indigno do nome de nobre, o que fundamenta as queixas particulares de Critilo, que, na invenção historiográfica do iluminismo luso-brasileiro, foram confundidas com uma crítica do próprio princípio da fidalguia. Um sentido democrático ou mesmo apenas generoso que ansiasse por princípios mais igualitários para a "sociedade colonial" é impossível apontar nas *Cartas Chilenas*. E o que se verifica é precisamente o contrário.

No particular da passagem seguinte de Doroteu, essa hipótese não se desmente se a lermos segundo as formas ou categorias coevas supostas no vitupério político.

> Para reger, ó reis, os vossos povos,
> debalde ides buscar brasões e escudos
> entre os vossos dinastas. Roma, Roma
> as fasces, as secures, mais as outras
> imperiais insígnias só tirava
> da provada virtude. Se das togas
> distinguia uma e outra espécie, Atenas
> é quem a todas o caráter dava (EC, 94-101).

A instituição romana como sempre é modelar, como toda a história e a jurisprudência romana sempre costumavam ser para esses ambientes católicos. Isto está claro. Antes, porém, Doroteu faz uma recomendação de que os reis não buscassem "brasões e escudos" entre os seus "dinastas". A passagem só soa iluminista, porque a erudição, talvez inglesa, generalizou no século XIX essa palavra supostamente grega para uma instituição egípcia talvez, ou quem sabe persa, e certamente bárbara para aquela cristandade romanizada — e a simulada incerteza aqui não é sem significado ou sem ironia.

Desde o século XIX, esse passo da "Epístola" de Doroteu tem caído num equívoco e consequentemente numa incompreensão que, ao fim, muito conveio aos projetos de invenção de Iluminismo em toda parte e particularmente à insensata hipótese de uma *Aufklärung* setecentista em Portugal como a reluzirem inverossímeis candeeiros lusitanos *avant la lettre*. Não poderíamos deixar de considerar que, para esses cultos jurisconsultos da província ultramarina, a palavra "dinastas" era para fazer pensar talvez em brincos de Cleóprata e também nos desvios que a famosa virago tirana gerou mesmo em robustos e virtuosos *viri* romanos. O problema fundamental de interpretação (não óbvio, temos que admitir) é não percebermos hoje que, ao falar em "dinastas" e "brasões", joga-se com uma oposição entre a barbárie — fazendo lembrar uma coisa oriental, egípcia, ou persa — contraposta à assim suposta verdadeira civilização romana. *Dinasta* e *dinastia* sequer têm qualquer significação jurídica ou política no Direito ibérico, donde não podemos entender que aí os autores das *Cartas Chilenas* já estavam fazendo a crítica dos privilégios de nobreza, antenados que poderiam estar na ideologia das Luzes *du Monde* europeu. Mais provável é que, ao falarmos em Dinastia de Avis, Dinastia de Bragança, Dinastia Habsburgo, como temos falado há tanto tempo, soe meio chinês.

Assim, o conselho do erudito Doroteu de não buscar "brasões e escudos" entre "dinastas" é o virtuoso aconselhamento de um pequeno cortesão, *privado* de fidalgos, que, cultamente, supõe que não se acham verdadeiros "brasões e escudos" — isso, sim, símbolos e instituições portuguesas — entre fidalgos bárbaros, nobres egípcios, cortesãos persas, gurus indianos, pajés ameríndios, e assim por diante, na extensa desqualificação do resto da *humanidade,* como forma de injuriar o inimigo pessoal.

Para finalizar o passo, Doroteu reafirma, com as instituições atenienses, outro melhor modelo de civilidade em que a Justiça, alegorizada pela deusa, era quem devia distribuir as togas, que não deixam de ser por isso distintas entre si, designando as diferenças entre as posições e as suas jurisdições, por meio das cores e sinais, em conformidade com a virtude de cada cidadão, mas entendido como a pessoa de uma família cujos estatutos previam a hereditariedade das atestadas virtudes, comprovadas em obras.

Assim, na apropriação católica de Doroteu, Atenas perfaz alegoricamente a antiga definição de justiça, segundo a qual *justo é dar a cada um o que lhe cabe,* sentença que, mesmo refutada por Sócrates nos primeiros livros da *República,* não deixou de compor a longa tradição de uma comum opinião da gente sábia da Cristandade europeia no âmbito da teologia moral; isto graças à "longa duração" dos direitos romanos em geral e da leitura do livro *Dos Ofícios,* de Cícero, em particular. Em quase todos esses séculos que foram chamados medievais, a tópica da *justa desigualdade* ali prevalece e é apropriada na latinidade cristã já no tratado *De Livre Arbítrio,* de Agostinho, para quem também "justo é dar a cada um o que lhe cabe", ou seja, dar o mais e o menos de cada coisa conforme as diferenças de todo tipo que há — e deveria haver, segundo esse princípio — entre os homens constituídos em diferentes *estados, ordens, condições* segundo o nascimento, a inclinação e a carreira, mais ou menos virtuosamente cumprida. São distinções supostamente constituídas pelos costumes e pela história das *nationes,* mas mais objetivamente falando são distinções resultadas da história bélica desencadeada a partir do extremo ocidente do continente asiático nos últimos seis ou sete séculos pelo menos. Os reinos que se tornariam impérios coloniais, mesmo sem perderem o nome de reinos, constituíram as diversas soluções civis que os principados dos reis cristão pretenderam ordenar sobre os próximos e, depois, sobre os longínquos. E em tudo nas *Cartas Chilenas* louva-se a excelência dessas formas milenares de governar os homens, fazendo sempre conselho moral e político para os reis modernos com a lembrança e o louvor da autoridade dos antigos. Assim, uma vez que Critilo porta-se sempre como um juiz, o aconselhamento de Doroteu aos monarcas não deixaria de designar o prestígio do ofício dos magistrados que entre os romanos não se separavam das obrigações militares.

> Igualmente civil jurisconsulto
> que instruído guerreiro, era mandado
> um cidadão, que da província as rédeas
> manejasse, fiel. Daqui os Fábios,
> daqui os Cipiões e os bons Emílios,
> os Césares daqui, que os fastos ornam.
> Que diferentes, hoje, os nossos grandes! (EC, 102-108).

O louvor das famílias principais de Roma contrapõe-se ao estado atual das coisas. Trata se de um lugar-comum lastimar o estado atual das coisas, louvando a autoridade e a virtude dos antigos, e encontramos esse argumento escrito em cada ramo dos ofícios dos homens livres. Nesse lamento afetado de sábio moralista — que não falta em Camões, por exemplo, é bem dizer —, a acusação da decadência dos homens modernos é um meio de instruir a *vontade* com o desejo moral de emulação das ações nobres dos antigos. Assim podemos entender sem particularismos as tantas passagens em que um preceptor lamentava, como um velho, as glórias de um tempo que passou, mais ou menos remoto.

Nas circunstâncias de uma denúncia de crime de majestade, por exemplo, versos como —"É filho do marquês, do conde é filho, / vá das Índias reger o vasto império" (EC, 109-110) — poderia causar uma inquirição sobre as opiniões do autor a respeito dos direitos de fidalguia, ou sobre suas opiniões acerca das falsas ideias de liberdade que então campeavam entre *nações* sismáticas, ou acerca das doutrinas jurídicas de certos franceses modernos, porque tudo isso era uma contemporaneidade heterodoxa e filtrada pelas mesas de censura. Não obstante, a sequência mesma desses versos demonstra zelar pelo império dos monarcas, roubados pelos próprios chefes que nomeiam, quando, mal avisados, não consultam, além dos bens de herança, também os méritos pessoais de quem elegem. Roubados os reis, também sofrem os súditos como no todo fazem crer as *Cartas Chilenas*. Assim, o passo completo não deixa dúvida:

> É filho do marquês, do conde é filho,
> vá das Índias reger o vasto império.
> Ó Deus! E que infelices os vassalos
> que, tão longe do trono, prostitui
> o vosso Império aos abortivos chefes (EC, 109-113).

Os vituperados aí não são as famílias nobres, mas os filhos malformados que também essas famílias podem produzir. "Abortivo" é o resultado e a causa de um parto malsucedido, o que naturalmente também acontecia entre gente nobre. "Abortivos chefes" designa os homens de fortuna nobre, mas de natureza torpe, nomeados para altos cargos por engano, pela nobreza de seu sangue. Com ferinidade jâmbica, o solene Doroteu não deixa de espicaçar o Fanfarrão da história infame, chamando-o aí de aborto, isto é, de um feto imperfeito dado à luz em grandes Casas, o que exime da mesma ofensa o restante da estirpe. Como conselho político honesto que o jurisconsulto vituperante encena dar, é verdade que os monarcas não são eximidos de sua parte de responsabilidade formal sobre seus lugares-tenentes, não deixam de ser absolutos, isto é, absolvidos da falta indiretamente cometida por sua representação armada, o governador. Trata-se da encenação moralizadora de necessidades jurídicas do próprio pacto de sujeição, não algum tipo de irreverência muito menos de inconfidência. A frase — "que infelices os vassalos/ que, tão longe do trono, prostitui/ o vosso Império aos abortivos chefes" — até parece perigosa: o império dos reis prostituía os infelizes súditos ao enviar para tão longe do trono chefes abortados de nobres famílias. Uma má interpretação pode levar a crer que se tratasse de crime de majestade, o que seria uma insensatez completamente inverossímil em meio a tanta prudência e jurisprudência que essas cartas encenam a cada página. A frase é perfeitamente canônica e declara o que quer corrigir com vistas ao Bem comum.

Em todas as cartas prevalece o reconhecimento dos direitos privados, segundo as necessidades consuetudinárias da hereditariedade dos bens morais e dos méritos em feitos de lealdade na hierarquia do Estado, o que é o princípio fundante da legitimidade da fidalguia e de todo o sistema familiar da justa e desigual distribuição dos ofícios no corpo ordenado de cidadãos. Assim diz Critilo, não sem jocosidade: "Entendo, Doroteu, que as nossas almas/ não são todas iguais" (XI, 61-62). Se a causa dessa desigualdade entre as almas fosse atribuída a Deus, isto seria anátema; porque os homens são iguais perante Deus, enquanto almas imortais, para a ortodoxia católica, que crê na identidade da *humana natura*. A desigualdade é consequência da desobediência de Adão, segundo lição bíblica que o catolicismo ibérico supunha e que fundamentava, por exemplo, o católico tridentino *Tratado de Direito Natural,* de Tomás Antônio Gonzaga, dedicado ao Conde Oeiras e futuro Marquês de Pombal. Com efeito, completa Critilo sua elocubração poética, mostrando que faz uma alegoria da *Fortuna* ao atribuir a Zeus, ou Jove, o fazer desigual as almas dos homens, tirando daí jocosamente as causas e consequências dessas diferenças, quando a Fortuna não parece acertar em suas próprias leis:

> Entendo, Doroteu, que as nossas almas
> não são todas iguais; que o grande Jove
> fez umas de matéria muito pura,
> fez outras de matéria mais grosseira,
> por não perder as borras que ficaram.
> Entendo, ainda mais, que o despenseiro,
> quando lhe vão pedir algumas almas,
> vai dando aquelas que primeiro encontra.
> Por isso, às vezes, nascem os mochilas
> com brios de fidalgos, outras vezes
> os nobres com espíritos humildes,
> só dignos de animarem vis lacaios.
> O nosso Fanfarrão, prezado amigo,
> nos dá mui boa prova: não se nega
> que tenha ilustre sangue, mas não dizem
> com seu ilustre sangue as suas obras (XI, 61-76).

Sua afirmação inicial aparentemente heterodoxa não é, pois, sobre a natureza da alma, mas sobre a moral que a deve orientar, sendo os maus partos da Terra, como o Fanfarrão, exemplo disso: por suas obras parece que nasceu para ser um "mochila", um *puer a pedibus*, mas lhe entregaram a espada na mão e o mais digno e útil que pode fazer com ela, e com suas bravatas de valentão, é distrair os seus próprios lacaios, que o adulam por interesse e obrigação, como o pintam as *Cartas*.

O Critilo de Gracián, em gênero sério, mas ameno, tem palavras prudentes para essa mesma doutrina, mostrando que a Providência divina, sábia sempre, modera a natureza e a fortuna, além de punir se for o caso os pertinazes na soberba. Conversando com a Fortuna, alegorizada numa prosopopéia, o outro Critilo indaga a razão de haver tantas coisas que não dependem dos homens, fazendo parecer injusta a Providência, o que é dogmaticamente impossível. Aparentemente, só a Fortuna mesma, como distraída despenseira da vida humana, parecia distribuir aos homens os bens e os males *absolutamente*; isto é, repartindo *de forma irrevogável* as necessidades particulares de cada um: a alegria e a tristeza, a riqueza e a pobreza, a beleza e a feiúra, a sabedoria e a estultície, a ventura e o desastre, mas distribuindo de modo tal que parece que não quer que ninguém seja completamente feliz, uma vez que não há um só venturoso que, sendo sábio, não seja feio ou que, sendo belo, não seja covarde ou que, sendo destemido, não seja desaventurado, e assim por diante[16]. Os homens sempre se queixaram e se queixarão da Fortuna, porque ela distribui os bens entre os homens aparentemente sem qualquer princípio e com notável desigualdade, de modo que parece que todos vivem descontentes e que a virtude talvez por isso não pareça compensar. Assim ele argui a Fortuna com as queixas gerais dos insatisfeitos que, ao fim e ao cabo, são todos: "as discretas porque as fizestes feias, as formosas porque nécias, os ricos porque ignorantes, os sábios porque pobres, os poderosos sem saúde, os sãos sem fazendas, os abonados sem filhos, os pobres carregados deles, os valentes porque desditados, os ditosos vivem pouco, os desditados

---

16. Gracián, Baltasar. *El Criticón*. I, II, III. [1651-1657]. Edición y introducción de Emilio Hidalgo-Serna. 10a. ed. Madrid: Editorial Espasa Calpe, 1998, p. 424. Tradução minha.

são eternos"[17]. De modo que ninguém está contente e que a própria Natureza se queixa ou se desculpa dizendo que a Fortuna é que sistematicamente a contradiz. Esta então responde que ambas são duas balanças que igualam o sangue: "se [a Natureza] favorece o sábio, eu [a Fortuna] ao nécio, se ela favorece a formosa, eu à feia; sempre ao contrário, contrapesando os bens"[18]. E questionada, a Fortuna pelo que mais propriamente a caracteriza, que é a contínua mudança, justifica-se com o seu caráter justiceiro, porque não seria justo que sempre uns gozassem os mesmos bens, e que nunca chegasse a vez dos desditados. Assim:

> Abatam-se os soberbos e sejam exalçados os humildes, que seja às vezes: saibam uns que coisa é padecer e outros gozar. Pois, se ainda com saber isto e chamar-me Mudável, não se dão por entendidos os poderosos, os entronizados, nenhum se dá conta do dia de amanhã, desprezando os inferiores, atropelando os desvalidos; o que fariam se soubessem que não haveria de haver mudança? (...) Se ainda deste modo são intoleráveis os ricos, os mandões: o que aconteceria se fossem atados pregando um cravo à sua felicidade?[19]

Nunca evidentemente foi suspeito de Iluminismo o famoso jesuíta do século XVII, sem contudo deixar de moderar os hábitos aos poderosos e defender os pobres. Foi condenado a pão e água, é verdade, e por conta dessa sua derradeira obra. Mas diferente do que poderia parecer, não foi preso por qualquer razão doutrinal mas por saltar a autoridade da Ordem religiosa, publicando-o sem a vista dos seus superiores, porque também ali as inimizades pessoais fizeram sua fortuna.

O lugar é comum a ambos Critilos, o sério do século XVII e o satírico do XVIII. Gracián alegoriza a Fortuna e a Natureza, e entre elas as paixões humanas, como uma forma de explicar a sabedoria da divina Providência e os abusos do livre arbítrio dos insensatos, por isso, como já atestou Doroteu no endosso do retrato pintado por Critilo do "*abortivo chefe*", cognominado Fanfarrão e, depois, Minésio: "não se nega/ que tenha ilustre sangue, mas não dizem/ com seu ilustre sangue suas obras".

---

17. *Id., ibid.*
18. *Idem.*, 425-426.
19. *Id., ibid.*

6. Se considerarmos o que as *Cartas* querem fazer crer, vemos que, sem o bom juízo desse honesto juiz dissimulado que é Critilo, os homens livres em geral, os herdeiros de posses e senhores de lavras, de escravos e de clientela, os cristãos velhos, os forais, os oficiais da câmara, a magistratura, enfim, toda a gente boa do Reino na colônia ultramarina poderia pôr em perigo a própria ordem e as instituições, porque nem sempre, nos exemplos da história, a multidão do *povo* pôde discernir a quem com justiça dirigir a justa indignação, o que é uma tópica histórica para louvar a necessidade da unidade dos Estados.

Critilo, novo Catão, demonstrava ser capaz dessa *crítica*, dessa faculdade e arte de julgar, como define Bluteau. E Doroteu, conhecedor das antigas instituições civis, o louvava por esta virtude de "censor facundo" que, com o castigado metro, castigava a injustiça do mandatário e prevenia a disseminação da discórdia entre o *povo*. Não só os bons se confirmariam na repugnância da injustiça, mas também os maus, rindo diante do espelho alegórico da sátira, seriam vexados de si mesmos. E então assim:

> Eles dirão, voltando-se a Critilo:
> Quanto devemos, ó censor facundo,
> ao castigado metro, com que afeias
> nossos delitos, e buscar nos fazes
> da cândida virtude a sã doutrina! (EC, 204-208).

Como se trata de um poema de algum fôlego, foi possível à invenção das tradições coloniais transistoricizá-lo, olhando-o de longe como uma grande obra de sátira política às vésperas da Inconfidência e antecipando a Independência. Ao mesmo tempo, sua razoavelmente longa extensão permitiu recortar detalhes equívocos do conjunto dos versos nem sempre bem compreendidos, de modo que os reinventados autores da sátira acabaram por levantar bandeiras que improvavelmente conheceram e, quando conheceram, repudiaram-nas declaradamente em nome das instituições de que participavam. As palavras do famoso ouvidor de Vila Rica quando ainda era estudante são de tirar qualquer dúvida sobre o caráter ortodoxo da doutrina enunciada por esses magistrados em carreira:

> O segundo motivo [*para escrever o* Tratado de Direito Natural] foi a necessidade que há de uma obra que se possa meter nas mãos de um principiante sem os receios de que beba os erros de que estão cheias as obras dos naturalistas que não seguem a pureza da nossa religião. Sim, não lerás aqui os erros de Grócio, que dá a entender que os Cânones dos Concílios podem deixar de ser retos; que estes e o Papado pretendem adulterar as primeiras verdades. Não verás chamar aos Padres do Concílio 'satélites do Pontífice', como verás nas notas ao mesmo Grócio. Não ouvirás dizer que o matrimônio é dissolúvel (...), como em Pufendórfio. Não lerás que as Leis Divinas não obrigam antes a morrer do que a quebrá-las no foro externo (...). Nem também seguir que o matrimônio não é sacramento, e que, se o é, que ele se acaba, dissolvido o contrato, como lerás em Cocceo e Grócio. Enfim, outros muitos erros destes e de outros autores que um principiante não sabe reconhecer, e lhe custará depois o deixá-los (*Tratado* 365-366).

Já Critilo representa lugares-comuns morais para ensinar com riso, comiseração e horror o que também a filosofia moral e a história, naquele tempo, ensinavam. Seria, contudo, ingênuo julgar que fosse prioritário nas *Cartas* o fim de moralizar os homens, antes ou acima da finalidade imediata e finita de agredir deliberadamente a imagem e o nome de uma pessoa em particular. Seria acreditar excessivamente no efeito da dissimulação dos dois letrados maledicentes, que de fato continuamente afirmam o contrário. Uma sátira dirigida a uma potestade não se atualizaria simplesmente como exercício do gênero, ou apenas para edificar novas almas para o Reino, ainda quando assim o afirmem[20]. Não creio que possamos dar crédito absoluto aos vituperantes e entender que a finalidade primordial da sátira de Critilo fosse a de cumprir o fim alegadamente moral do gênero e efetivamente corrigir os costumes dos homens, ainda que nos limites de uma *forma mentis* das instituições no período.

---

20. A pesquisa de maior fôlego historiográfico sobre as *Cartas Chilenas* desde o trabalho de Rodrigues Lapa foi provavelmente o trabalho de Joaci Pereira Furtado, pela enorme importância da revisão bibliográfica e do cruzamento documental que realiza. Discordo, contudo, da tentativa de desvincular a finalidade das *Cartas* de seu particular histórico: "numa inversão de objetivos, a fortuna crítica da sátira tomou Cunha Meneses e seus abusos como ponto de chegada do poema — enquanto que, na realidade, os 'fatos de Fanfarrão Minésio' são motivos para reflexões sobre o bom exercício do mando, transcendendo o momento em que as 'cartas' foram escritas, conforme o próprio autor explicita no 'Prólogo' e na 'Dedicatória' da obra." cf. Furtado, Joaci Pereira. *Uma República de Leitores*, 1994, mimeo, p. 24.

Creio que servir de lição para todos é o que a sátira, como poesia, quer fazer crer, amplificando a dignidade do seu fim até para assim produzir não apenas deleite, mas também ensinamento, ao mesmo tempo que, civilmente, a encenação do argumento que dignificava o fim da sátira defendia os seus autores de agravantes no delito.

Importaria muito desfiar as tradições de doutrina que se imbricam nesta alegação continuamente jurisprudencial que percorre o poema. Mas, até pelo risco que a maledicência como tal oferecia aos seus autores, não parece razoável acreditar no heroísmo de um moralista que se arriscasse maldizendo, apenas por ter o sincero fim de reformar os costumes dos chefes e ensinar o bom governo. Por outros tipos discursivos se faz o mesmo sem maiores riscos. Mais plausível, para mover a execução de um delito, era a força dos conflitos de interesses e de jurisdição, era enfim a força da inimizade pessoal, já que *pessoa* e *amizade* eram instituições da instituição, como o tijolo e a argamassa da constituição da *fides* política de que a sustentação do Estado monárquico dependia.

O encômio assim como a sátira podem ter caráter aristotelicamente universal, isto é, imitar as ações, altas ou baixas conforme o gênero e a espécie e não conforme o particular, de forma que sejam respectivamente melhores ou piores do que realmente são. Assim faz ver mais claramente a virtude e o vício que as ações representam, enquanto finge discorrer sobre o particular das ações tal como ocorreram a este ou aquele indivíduo. Neste sentido, ela imita deformando o já disforme, porque, sendo poesia e não história, o representa o melhor que poderia ser, o que negativamente significava piorar o que era ruim, enfear o feio, para torná-lo mais universal, ou seja, para que representasse, no lugar do particular, o específico, que é o tipo vicioso pintado em verso, e no lugar da espécie, o gênero, que é o próprio vício a mover as ações insanas de homens infames. Assim, a sátira servia de ensinamento a um maior número de particulares, tornando seus efeitos mais gerais do que o da simples relação dos eventos. Este é também o propósito declarado da sátira epistolar entre Critilo e Doroteu, mas o seu fito particular, histórico, pelo qual, mesmo com risco, se atualizavam antigos lugares comuns da poética e da moral, não poderia ser senão o de infamar e assim prejudicar presente e futuramente uma ou mais pessoas particulares com que disputavam.

Sem deixar de ser uma prática instituída, um costume em que estavam envolvidas instituições da Monarquia e da Igreja, o encômio não deixava de ser uma efetuação particular entre dois sujeitos distintos na vassalagem, distintos entre si e do restante dos sujeitos na hierarquia: uma pessoa que louva e outra que é louvada, na atualização particular das redes de tratos que constituíam as cortes varonis sobre que se assentou o poder dos reis dessas tradições militares do ocidente europeu. O encômio invertido da sátira pessoal, a maledicência efetuada mais ou menos diretamente, também se operava entre particulares. E em tais instituições ela não poderia deixar de ser ilegal, mas operava no interior das mesmas intituições em que estavam suportados os valores e hábitos da legalidade que regulava e regimentava inclusive o *maldizer*.

A sátira e a intertextualidade em *Cartas Chilenas* e *Cartas Persas*

Eduardo Viana da Silva
University of California Santa Barbara

"Ridendo castigat mores"

Este texto trata de alguns elementos da sátira e de sua intertextualidade no poema colonial brasileiro *Cartas Chilenas* (1788?) de Tomás Antônio Gonzaga[1] e no romance *Cartas Persas (Lettres persanes)* (1721) de Montesquieu. É muito provável que o romance de Montesquieu tenha servido de modelo para Gonzaga[2]. São vários os elementos intertextuais: a sátira política, a narração através de

---

1. A partir da metade do século XX, Manuel Bandeira ("A Autoria das Cartas Chilenas" - Revista do Brasil, abril de 1940) e Manuel Rodrigues Lapa (*As Cartas Chilenas,* Rio de Janeiro, Instituto Nacional do Livro, 1958) concluem que a autoria principal de *Cartas Chilenas* é de Tomás Antônio Gonzaga e atribuem a Epístola a Cláudio Manuel da Costa. O crítico Antonio Candido diz não haver de fato provas definitivas sobre a autoria das cartas, mas acredita que Gonzaga é o provável autor: "Pessoalmente, inclino-me a admitir a autoria de Gonzaga, sem recursar a possibilidade de colaboração acessória de Cláudio Manuel da Costa e, quem sabe, algum reparo de Alvarenga; isso, quanto às *Cartas,* pois parece que a Epístola inicial de Doroteu só pode ter sido escrita por Cláudio" (*Formação* 164).

2. Assim como os demais escritores da Escola Mineira, Gonzaga era um leitor dos enciclopedistas franceses. Quando a obra *Cartas Chilenas* foi escrita já havia mais de sessenta anos que o romance *Cartas Persas* tinha sido publicado por sua primeira vez. Além disto, dois estudos de Montesquieu foram provavelmente conhecidos por Gonzaga: *Considerações sobre as Causas da Grandeza dos Romanos e de sua Decadência* (1734) e *Do Espírito das Leis* (1748). Este último é considerado a obra magna de Montesquieu e tardou mais de vinte anos para ser elaborado.

cartas³, a tradução das obras por "editores" anônimos, a camuflagem dos espaços físicos — Chile e Pérsia — e a presença de narradores estrangeiros. No poema brasileiro, a cidade de Santiago do Chile é o suposto local dos acontecimentos quando de fato o narrador se refere à Vila Rica, em Minas Gerais. Já em *Cartas Persas,* a maior parte da narrativa se passa em Paris, mas as cartas são supostamente escritas por dois homens da antiga Pérsia em viagem à França.

A análise intertextual de *Cartas Chilenas* e *Cartas Persas* suscita uma série de questões: como a sátira política é apresentada nas duas obras? Quais são seus aspectos de convergência e de apartamento? Até que ponto a biografia dos autores e a historiografia são partes constituintes de suas cartas satíricas? Haveria a promoção de ideias revolucionárias na sátira política em Montesquieu e em Gonzaga? Quais seriam as implicações da narração realizada por observadores estrangeiros? Tais questões permeiam o conteúdo deste artigo.

As cartas que compõem o poema de Gonzaga circularam em Vila Rica e arredores através de cópias de manuscritos, porém muito provavelmente em número reduzido e somente entre os letrados⁴. A obra não chegou a ser publicada durante a vida do poeta e sua autoria não foi estabelecida até meados do século XX. *Cartas Persas,* por sua vez, foi publicado anonimamente em 1721 na Holanda, evitando assim a censura da Igreja Católica na França e alcançando ampla notoriedade na Europa. Apesar de ter sido inicialmente uma obra anônima, foi em grande parte devido a este romance que Montesquieu foi nomeado membro da Academia Francesa em 1727. Mas

---

3. Margaret Mauldon, em seu texto introdutório de *Persian Letters* (Oxford, 2008), explica que apesar de Montesquieu alegar que foi o responsável pela criação do gênero de romance através de cartas, o autor não foi o introdutor do uso de correspondências epistolares como uma forma de literatura. Atribui-se a Gabriel Guilleragues a primeira narrativa de ficção através de cartas em *Cartas Portuguesas* (1685), sob o título original em francês *Lettres Portugaises*. Também o romance de Giovanni Paolo Marana, *Cartas Escritas por um Espião Turco* (1684) serviu de modelo para Montesquieu. A obra do autor italiano é apresentada em sua introdução como uma tradução do árabe das cartas escritas por um mulçumano que viveu em Paris por quarenta e cinco anos e apresenta uma narração desde o ponto de vista de um estrangeiro.

4. Antonio Candido, em *Formação da Literatura Brasileira*, nota que os manuscritos de *Cartas Chilenas* não tiveram muito tempo para serem divulgados já que sua composição data do final do governo de Cunha Meneses em 1788, que corresponde a um período de grande repressão (161).

é somente em 1754 que *Cartas Persas* é publicado sob seu nome em uma edição revisada, um ano antes do falecimento do autor. É através da sátira política "anônima" que Gonzaga e Montesquieu conseguem "driblar o autoritarismo e a pose" de seus governantes[5].

O ambiente de crise econômica, despotismo e corrupção na França do início do século XVIII e no Brasil colonial na segunda metade do mesmo século fornecem material mais que suficiente para a sátira política. A França passava por dificuldades socioeconômicas que se arrastavam desde a última década do século XVII e que pioraram com a devastação da colheita de 1707, a qual levou a população camponesa à fome, além do aumento na arrecadação de impostos durante o reinado absolutista de Luís XIV. A capitania de Minas Gerais, por sua vez, sofria com o declínio da exploração do ouro e com a cobrança exorbitante de tributos fiscais. A Coroa portuguesa, diante da diminuição da arrecadação do quinto, ameaçava a cobrança da derrama, imposto que se estenderia também a outras atividades comerciais. A cobrança excessiva de impostos pela Coroa e pelo governo local, combinados com o declínio da exploração aurífera, geram um sentimento de descontentamento que alcança seu ápice na Conjuração Mineira.

João Adolfo Hansen explica que o uso da sátira na literatura colonial brasileira corresponde aos dois subgêneros aristotélicos do cômico: o ridículo e a maledicência[6]. Hansen esclarece que, quando se satirizam os vícios fracos, recorre-se ao uso do ridículo, emulando a sátira de Horácio. A maledicência é utilizada para condenar os vícios fortes, evocando a sátira de Juvenal e da poesia galaico-portuguesa de escárnio e maldizer, com o emprego de insultos e obscenidades. Em *Cartas Chilenas* e *Cartas Persas*, o ridículo e a maledicência são utilizados alternadamente. Em geral, a maledicência se associa à sátira política enquanto o ridículo se aplica à sátira de costumes. No poema colonial brasileiro percebe-se a predominância da sátira política através dos discursos excessivos do narrador Critilo contra o

---

5. Em referência à conferência proferida por Oswald de Andrade, "A Sátira na Literatura Brasileira", no auditório da Biblioteca Municipal Mário de Andrade em 21/08/1945. Cópia taquigrafada. V. Cristina Fonseca, *Juó Bananére*.

6. V. o artigo de Hansen neste livro, "Códigos Bibliográficos e Linguísticos da Sátira Luso-Brasileira Atribuída ao Poeta Colonial Gregório de Matos e Guerra (1633-1696)".

governador da capitania de Minas Gerais. No romance de Montesquieu, a sátira política encontra-se presente nas críticas às práticas corruptas da corte persa e da corte francesa, e também na maledicência contra o rei da França e contra o papa.

Em *Cartas Chilenas,* a sátira busca a promoção da justiça na esfera política local. O narrador Critilo satiriza com veemência o governador Fanfarão Minésio — em analogia a Luís da Cunha Meneses[7] — e seus aliados políticos. As alcunhas do governador utilizadas por Doroteu (autor da Epístola) e por Critilo (autor das cartas) refletem o uso da maledicência como em: "Calígula, tirano e louco Chefe"[8]. Tem-se aqui o que João Adolfo Hansen identifica na sátira de Gregório de Matos e Guerra como a técnica de contrafação e fingimento poético, na qual se produzem formulações indignadas e excessivas. *Cartas Chilenas* objetiva denegrir a imagem dos tipos satirizados, uma vez que os mesmos cometem vícios fortes: a usura, o despotismo e a tirania. Portanto, o poeta recorre a um discurso que visa à infâmia de seus oponentes:

> Apenas, Doroteu, o nosso chefe
> as rédeas manejou do seu governo,
> fingir nos intentou que tinha uma alma
> amante de virtude. Assim foi Nero.
> Governou aos Romanos pelas regras
> Da formosa justiça, porém logo
> trocou o cetro de ouro em mão de ferro (II. vv. 64-70).

---

7. Luís da Cunha Meneses foi o governador geral da capitania de Minas Gerais entre 1783 e 1788. V. o artigo de Ricardo Martins Valle neste livro, "Instituições da Maledicência Poética: o Elogio da Monarquia Católica nas *Cartas Chilenas* (1787-1789)", para uma explicação detalhada sobre as origens do nome Critilo.

8. O ataque, por vezes severo, irônico ou jocoso é caricaturesco e exagerado: "Eu vejo que um Calígula se empenha" (Epístola v. 24), "tirano" (v. 40), "rei dos peraltas" (carta I v. 96), "quer fingir-se santo" (carta II v. 82), "o nosso chefe" (v. 91), "*Dom Quixote*" (v. 113), "louco chefe" (v. 168), "um peralta" (v. 267), "o nosso mestre" (carta III v. 119), "É mais que injusto" (carta IV v. 88), "aquêle monstro" (v. 106), "Nero" (v. 148), "indigno chefe" (v. 353), "irado chefe" (carta V v. 96), "tirano" (v. 124), "o grande Alberga" (v. 135), "êsse afamado" (carta VI v. 259), "o bruto chefe" (v. 417), "Soberbo e louco chefe" (v. 419), "Fanfarrão" (carta VIII v. 246), "chefe, pelo crime" (carta X v. 136), "um chefe dêstes" (v. 287), "famoso chefe" (carta XI v. 119), "perverso" (carta XIII v. 26), etc. (*Obras Completas de Tomás Antônio Gonzaga*. Edição de M. Rodrigues Lapa, 1957).

A maledicência contra o governador é resultante de suas práticas corruptas, sua imposição de um sistema tributário extorsivo e violação das leis do Estado Monárquico português[9]. De acordo com a historiografia, o governador proibia as atividades industriais na região e limitava a produção agrícola a somente alimentos perecíveis, objetivando manter o sistema tributário lucrativo, além de impor restrições na atividade pecuária. Havia também corrupção através da venda de cargos públicos. O preço para cada cargo variava de acordo com o rendimento e com a importância da posição: escrivania, ofício de justiça, tabelionato, etc.[10].

Na carta VIII, Critilo denuncia o despotismo e a corrupção do governador, o qual não respeita o sistema de votação dos deputados da capitania para a aprovação de contratos. Critilo alega que o governador escolhe os contratos que lhe tragam benefícios pessoais sem seguir as leis do Estado Monárquico:

> As leis do nosso reino não consentem
> que os chefes dêm contractos, contra os votos
> dos rectos deputados que organizam
> a Junta da Fazenda, e o nosso chefe
> mandou arrematar ao seu Marquésio
> o contracto maior, sem ter um voto
> que favorável fôsse aos seus projectos (VIII vv. 78-84).

Os deputados a quem o narrador se refere são os membros da Junta Real da Fazenda da capitania de Minas Gerais, a qual era constituída pelo capitão-geral (Luís da Cunha Menezes); o ouvidor geral (Tomás Antônio Gonzaga); o intendente do ouro; o tesoureiro geral; e o escrivão da Junta. Critilo denuncia o despotismo do governador em escolher o contrato de Marquésio em desacordo com a

---

9. A capitania de Minas possuía dois tipos de tributos locais: o dízimo e a taxa de entradas. O dízimo correspondia ao valor de 10% de todas as mercadorias recebidas e vendidas nas casas comerciais da capitania. A taxa de entradas era um imposto superior ao dízimo cobrado dos fornecedores de mercadorias (secos e molhados) logo ao entrarem na capitania. A taxa era cobrada pelo peso da mercadoria trazida pelas tropas de muares e pelos escravos.

10. O estudioso Tarquínio de Oliveira aponta que o governador e seus aliados se beneficiavam com a nomeação de cargos públicos: "A venda de postos honoríficos nas tropas auxiliares, com Fanfarrão, atingiu proporções alentadoras na renda clandestina de seus apaniguados" (164).

votação da Junta[11]. O narrador descreve também outras negociações corruptas, como o arrendamento de uma fazenda da capitania por um valor simbólico (vv. 56-69) e a renovação de contratos sem a aprovação da Junta Real, entre outras[12].

Apesar da sátira política representar um ponto de convergência importante entre a narrativa de *Cartas Chilenas* e *Cartas Persas*, nota-se que o poema colonial brasileiro vitupera essencialmente o governador da capitania da colônia ultramarina. Critilo e Doroteu não satirizam a Monarquia portuguesa, o Rei ou a Igreja Católica. Já em *Cartas Persas* um dos alvos da sátira política é o rei da França e o papa. Usbek satiriza o rei na carta 37: "Le roi de France est vieux: [...] J'ai étudié son caractère, et j'y ai trouvé des contradictions qu'il m'est impossible de résoudre" (*Lettres* 79-80)[13]. O viajante persa analisa a personalidade e o comportamento do rei e não se subordina à Majestade francesa, criticando as ações contraditórias do monarca com jocosidade e ironia:

> Il aime à gratifier ceux qui le servent; mais il paye aussi libéralement les assiduités ou plutôt l'oisiveté de ses courtisans, que les campagnes laborieuses de ses capitaines. Souvent il préfère un homme qui le déshabille, ou qui lui donne la serviette lorsqu'il se met à table, à un autre qui lui prend des villes ou lui gagne des batailles. Il ne croit pas que la grandeur souveraine doive être dans la distribution de grâces, et, sans examiner si celui qu'il comble de biens est homme de mérite, il croit que son choix va le rendre tel: aussi lui a-t-on vu donner une petite pension à un homme qui avait fui deux lieues, et un beau gouvernement à un autre qui en avait fui quatre (80-81)[14].

---

11. O personagem Marquésio é José Pereira Marques, comerciante e capitão de auxiliares em Vila Rica. José Marques era um dos protegidos do governador; participava da coleta das taxas de entradas e foi nomeado tenente-coronel do 1º Regimento da Cavalaria Auxiliar.

12. Rodrigues Lapa documentou extensamente o protecionismo de José Pereira Marques pelo governador.

13. "O rei da França é velho. [...] Estudei o seu carácter e achei nele contradições que não posso conciliar" (76). Todas as traduções das passagens de *Lettres Persanes* são de Mário Barretto (*Cartas Persas*, Garnier, 1923) e foram modificadas para a grafia atual; com exceção à introdução do livro, a qual foi traduzida por mim.

14. "Compraz-se em remunerar os seus servidores, mas paga com a mesma liberdade a oficiosidade, ou antes a ociosidade de seus cortesãos que as campanhas mais penosas de seus capitães; às vezes o que o despe ou lhe dá o guardanapo quando se senta à mesa, é preferido a quem lhe conquistou fortalezas inimigas ou ganhou

Usbek descreve a Luís XIV como um monarca injusto que não reconhece os súditos que contribuem com a nação francesa. Ao invés de ser justo e sábio, o rei descrito pelo viajante se apoia em decisões aleatórias e inconsequentes. Ao decorrer da carta, Usbek satiriza também a situação econômica da corte francesa, lembrando a magnificência dos palácios reais e ironizando ao dizer que há mais estátuas em seus jardins do que cidadãos nas grandes cidades. A maior expansão do Palácio de Versailles foi realizada por Luís XIV, transformando-o em um dos maiores e mais opulentos palácios do mundo. Os gastos com a expansão do palácio são historicamente citados como uma das razões do enfraquecimento econômico do reinado quando da sucessão pelo regente Phillippe d'Orléans em 1716.

Na carta 24, Rica satiriza o papa: "D'ailleurs ce roi est un grand magicien [...] il y a un autre magicien, plus fort que lui [...] Ce magicien s'appelle *le Pape*" (*Lettres* 56)[15]. Rica descreve a seu amigo Ibben o poder que o papa exerce sobre a população francesa e destaca seu poder absoluto até mesmo sob o rei. O papa é vituperado como um «negociador» que executa um plano para manter sua credibilidade e controlar o rei da França: "Et pour le tenir toujours en haleine et ne point lui laisser perdre l'habitude de croire, il lui donne de temps en temps, pour l'exercer, de certains articles de croyance. Il y a deux ans qu'il lui envoya un grand écrit, qu'il appela *Constitution*, et voulut obliger, sous de grandes peines, ce prince et ses sujets de croire tout ce qui y était contenu" (*Lettres* 56-57)[16].

Esta carta é datada de 1712 e a Constituição se refere à Bula Pontifícia *Unigenitus* (1713), na qual o papa Clemente XI condena

---

batalhas campais. Pensa que não se dever pôr termo à grandeza de um soberano na distribuição de graças, e sem averiguar se é sujeito de mérito aquele a quem enche de benefícios, crê que o será porque o escolheu; de sorte que o viram dar uma pensãozinha a um que tinha fugido duas léguas e dar um de seus principais governos a um que tinha fugido quatro" (77).

15. "Além disto, este rei é um grande mágico [...] que outro mágico há maior que ele [...] Chama-se este mágico o Papa" (48-49).

16. "E para o não deixar nunca descansar e para que se não esqueça do costume de crer, dá-lhe de vez em quando, para que se exercite, certos artigos de crença. Mandou-lhe há dois anos um extenso escrito a que chamou *constituição,* e quis obrigar, sob graves penas, o príncipe e seus vassalos a crerem tudo o que nele se continha" (49).

101 proposições do livro do padre francês Pasquier Quesnel, *Reflexões Morais sobre o Novo Testamento* (1692). Sua leitura já havia sido censurada pelos jesuítas e pelo papa em 1708; no entanto, as teorias de Pasquier Quesnel obtiveram uma vasta aceitação na França, incluindo o endosso do arcebispo de Paris, Monseigneur de Harlay, até a intervenção do papa e de Luís XIV. O rei repreendeu severamente os seguidores franceses de Pasquier. Este movimento religioso questionava a soberania do rei e o domínio da Igreja Católica. A sátira de Montesquieu toca em uma questão política e religiosa que era ainda muito recente para os franceses. *Cartas Persas* foi publicado apenas oito anos após a Bula Papal *Unigenitus* e somente sete anos após a Guerra da Sucessão Espanhola (1701-14) que teve seu fim com a morte do rei Charles II. Ambos os eventos históricos são abordados na carta 24. A França almejava uma expansão territorial, gerando tensão com os países vizinhos. Rica satiriza a situação do rei ao dizer que o mesmo via os vizinhos como inimigos e não conseguia reconhecer os inimigos dentro de sua corte, seus inimigos invisíveis[17].

Em *Cartas Persas*, a sátira política possui um papel duplicado, pois se refere não somente à França, mas também à Pérsia. A corrupção da Corte persa é o que motiva Usbek a deixar seu país: "Mais, quand je vis que ma sincérité m'avait fait des ennemis; que m'étais attiré la jalousie des ministres, sans avoir la faveur du Prince; que, dans une cour corrompue, je ne me soutenais plus que par une faible vertu: je résolus de la quitter" (carta 7, 21-22)[18]. Por conta de sua sinceridade, Usbek cria inimigos e decide se afastar do reinado, indo morar em um campo e se dedicando às ciências. Mesmo assim, o narrador teme por sua segurança e pede ao rei autorização para sair da Pérsia em viagem ao Ocidente, alegando o desejo de estudar a ciência desta parte do mundo e convencendo o rei da Pérsia que

---

17. "On dit que, pendant qu'il faisait la guerre à ses voisins, qui s'étaient tous ligués contre lui, il avait dans son royaume un nombre innombrable d'ennemis invisible qui l'entouraient. " (57) — Tradução: "Diz-se que, enquanto toninha guerra com os seus vizinhos, que estavam todos coligados contra ele, havia dentro em seu reino um inumerável número de inimigos invisíveis que o cercavam" (50).

18. "Vendo, porém, que a minha sinceridade me grangeara inimigos, que incorrera no ódio dos ministros sem acarear o valimento do príncipe, e que numa corte corrompida só o fraco apoio da virtude me sustentava, determinei deixá-la" (12).

sua jornada ao Ocidente lhe beneficiará. Desta maneira, Usbek se exila na França, fugindo de seus inimigos da Corte persa.

O despotismo dos governantes em *Cartas Chilenas* e *Cartas Persas* é o eixo central da sátira política em ambas as obras. Jean Ehrard em *L'invention littéraire au* XVIII*e siècle* considera que "Les *Lettres persanes* ne sont pas un traité ou une dissertation arbitrairement morcelés, mais l'expression romanesque d'une prise de conscience politique" (31)[19]. Mais do que denunciar as irregularidades políticas, como assim o faz Critilo no poema colonial brasileiro, Rica e Usbek filosofam acerca das decisões arbitrárias do rei da França, comparando seu despotismo com o do rei da Pérsia e travando um diálogo através de cartas sobre qual seria a forma ideal de governo. A consciência política dos narradores mencionada por Jean Ehrard envolve vários articuladores políticos, dos aristocratas ao rei da França e ao papa. No romance colonial brasileiro nota-se que a figura do rei ou de líderes religiosos não é motivo de críticas ou de sátira. Além do conceito de justiça apresentado em ambas as obras; *Cartas Chilenas* não aprofunda a discussão política em termos filosóficos, como Montesquieu o faz.

Retorna-se aqui a uma das questões levantadas anteriormente: até que ponto a biografia dos autores e a historiografia são partes constituintes de suas cartas satíricas?

As relações estreitas entre as denúncias de corrupção feitas por Critilo, Usbek e Rica e os acontecimentos históricos indicam o cunho jornalístico das cartas. Os narradores parecem ser confiáveis, uma vez que possuem padrões morais altos e criticam irregularidades na política. O leitor supõe também um alto grau de confidência e de honestidade já que os observadores se correspondem com amigos e familiares. Mas até que ponto a história e a biografia dos autores se distanciam da ficção?

Tanto Gonzaga como Montesquieu ocuparam posições públicas no poder judicial, servindo à Coroa. Montesquieu, um aristocrata,

---

19. "Cartas Persas não são um tratado ou uma dissertação arbitrariamente fragmentada, mas a expressão de consciência política em um romance". V. o capítulo "Um roman politique: les *Lettre persanes*" (17-32) para uma análise detalhada sobre a política em *Cartas Persas*. Jean Ehrard constata que, das 161 cartas que compõe o romance, 62 tratam de questões políticas, sendo 15 cartas de Rica e 42 de Usbek, e as demais pertencem a outros narradores.

porém em desacordo com o despotismo do reinado de Luís XIV, assumiu a função de presidente do Parlamento de Bordeaux em 1716, um ano após a morte do rei e havia servido de conselheiro no mesmo Parlamento desde 1911, com apenas 22 anos de idade[20]. Gonzaga, por sua vez, assumiu a posição de ouvidor geral da capitania de Minas Gerais em 1782, um ano antes da posse de Cunha Meneses[21]. É certo que as desavenças entre Gonzaga e o governador eram conhecidas no círculo político e de letrados e foram registradas através de correspondências oficiais que ambos mantiveram com a Rainha D. Maria I, nas quais Gonzaga e o capitão-geral realizam denúncias recíprocas. O excerto que segue retirado do final de uma das cartas oficiais de Gonzaga à Rainha demonstra as acusações do ouvidor da capitania:

> Nem me atrevo a representar coisa alguma a êste Ex.mo General, por conhecer o seu notório despotismo. Êle tira os padecentes do patíbulo; êle açoita com instrumentos de castigar os escravos as pessoas livres, sem mais culpa ou processo do que ũa simples informação dos comandantes. Êle mete os advogados e homens graves a ferros. Êle dá portarias aos contratadores para prenderem a todos os que êles querem que lhes devam. Êle suspende a outros credores o pedirem pelos meios competentes as suas dívidas. Êle revoga os julgados, e ainda os mesmos das Relações. Enfim, Senhora, êle não tem outra lei e razão mais que o ditame da sua vontade e dos seus creados. Ponho tudo pois na Real Presença de V. Majestade, para se dignar de lhe dar a providência (1) que fôr mais do seu serviço. Vilar Rica, 21 de março de 1787.
> O ouvidor da Comarca
> Dr. Tomás Antônio Gonzaga (*Obras Completas* 194).

---

20. Margaret Mauldon na introdução de *Persian Letters* (Oxford, 2008) aponta que, sob a regência do sobrinho do rei, Phillipe d'Orléans, havia uma sensação nova de liberdade apesar das tendências absolutistas do regente (ix). Phillipe d'Orléans se tornou conhecido por seu apoio às artes e à literatura.

21. Seu pai havia sido o ouvidor-geral de Pernambuco quando Tomás Antônio Gonzaga tinha apenas sete ou oito anos. Sua família passa a viver então no Nordeste do Brasil. O poeta fez seus estudos secundários no Brasil-colônia em colégios da Companhia de Jesus, na Bahia, e após retorna a Portugal para estudar na Universidade de Coimbra, onde se formou em Direito, em 1768. Seu retorno ao Brasil ocorre em 1782 para ocupar o cargo de ouvidor e procurador dos defuntos e ausentes na comarca de Vila Rica, a então capital da capitania de Minas Gerais.

Gonzaga reflete em seu poema satírico sua vivência como ouvidor da capitania e a indignação com o governador, mas nem tudo em seu poema é um reflexo da realidade. Hansen observa que a crítica brasileira por vezes confunde a persona do poema com a do poeta — homem empírico, cometendo a falácia biográfica[22]. Esta falácia incorre, por exemplo, em considerar o homem Gonzaga como modelo de moral, o que os historiadores constatam não ser o caso. Assim como os demais poetas da Escola Mineira, Gonzaga participava dos círculos boêmios e teve uma vida de muitos amores, incluindo um possível filho bastardo com uma dama local e uma relação amorosa com uma mulher casada, Maria Joaquina Anselma de Figueiredo. O poeta também cometeu seus deslizes no cargo de ouvidor, um deles, registrado no Cartório Público de Ouro Preto é com referência a um condenado com mais de setenta anos que ficou esquecido na prisão por Gonzaga por mais de quatro anos, e que havia sido liberado da masmorra por Luís da Cunha Meneses ("Painel histórico", *A Poesia dos Inconfidentes* 1996: xxxviii).

Também Montesquieu observara em primeira mão as irregularidades do sistema político como magistrado em Bordeaux. Louis Desgraves, em sua biografia sobre o autor, explica que o mesmo noticiava os eventos políticos e os costumes sociais de sua época através de uma lente científica (104). Louis Desgraves destaca uma passagem de *Pensées,* na qual Montesquieu descreve analiticamente a Luís XIV:

> Louis XIV, ni pacifique, ni guerrier. Il avait les formes de la justice, de la politique et de la dévotion et l'air d'un grand roi. Doux avec ses domestiques, libéral avec ses courtisans, avide avec ses peuples, inquiet avec ses ennemis, despotique dans sa famille, roi dans sa cours, dur dans les Conseils, enfant dans celui de conscience, dupe de tout ce gouvernant et toujours gouverné ; malheureux dans ses choix, aimant les sots, souffrant les talents, craignant l'esprit, sérieux dans ses amours et, dans son dernier attachement, faible à faire pitié (*Pensées* 1145)[23].

---

22. V. o artigo de João Adolfo Hansen presente neste livro.
23. Luís XIV, nem um pacífico, nem um guerreiro. Ele possuía as formas da justiça, da política e da devoção, e o ar de um grande rei. Gentil com seus servos, liberal com os cortesãos, ávido com seu povo, inquieto por seus inimigos, déspota em sua família, um rei em seu curso, duro nos conselhos, um infante de consciência, enganado por todos governar e sempre governado; infeliz em suas escolhas, amando

Esta capacidade de análise é transladada para os personagens Rica e Usbek. A passagem acima é semelhante à descrição do rei feita por Usbek na carta 37 e citada anteriormente neste artigo. Assim como Gonzaga, Montesquieu reflete em sua obra sua experiência de vida, mas o faz analiticamente, como um cientista. Suas observações servem como prova daquilo que o autor articula em seu romance.

A questão de atribuição de ideias revolucionárias em Montesquieu e em Gonzaga merece também uma reflexão. Nota-se em *Cartas Persas* uma crítica da interferência da religião nas decisões do Estado, porém seus objetivos são mais alargados. Montesquieu pinta um quadro do ambiente político e da sociedade francesa do século XVIII. Os narradores promovem conceitos iluministas e discussões filosóficas sem, no entanto, incentivarem ou defenderem manifestações públicas.

Se, em *Cartas Chilenas,* a narrativa se centra nas denúncias de corrupção e tirania do governador, percebe-se também uma subordinação do narrador Critilo às instituições monárquicas e religiosas católicas[24]. Alfredo Bosi, em *História Concisa da Literatura Brasileira,* analisa dois trechos do poema de Gonzaga (um deles reconhece a legalidade da escravidão e dos açoites). Bosi conclui que Gonzaga é possuidor de: "um despotismo esclarecido e mentalidade colonial" e que em nenhum momento de seu poema o autor "incrimina 'as santas leis do Reino'" (84). De fato, uma leitura atenta de *Cartas Chilenas* demonstra que não há na obra evidências de ideias revolucionárias contra o Império português. A associação de Gonzaga com a Conjuração Mineira não justifica atribuir às *Cartas Chilenas* a defesa de um movimento de independência do Brasil colônia. Ademais, estudos biográficos de Gonzaga indicam que seu envolvimento na Conjuração Mineira foi reduzido[25]. Critilo

---

os tolos com talento, temendo as mentes, sério em seus amores, e sua última característica é muito baixa para ser lamentada.

24. O *Tratado de Direito Natural* escrito por Gonzaga, em 1768, é um exemplo, ainda que anterior, de sua posição perante a monarquia e a Igreja Católica. O tratado defende o absolutismo divino do monarca português. Trata-se de uma tese para a posição de professor de Direito na Universidade de Coimbra, a qual Gonzaga não chega a alcançar.

25. Em "Painel Histórico" de *A poesia dos inconfidentes,* apresenta-se uma retrospectiva de estudos sobre a Conjuração Mineira, levando-se em consideração a ideologia política dos historiadores. Gonzaga é retratado como um homem em favor

demonstra respeito pela monarquia portuguesa, sem questionar a cobrança excessiva de impostos realizada pela corte. As injustiças na capitania de Minas são atribuídas ao governador e não aos monarcas portugueses.

É importante também considerar que em ambas as obras as narrações foram realizadas em sua maior parte por estrangeiros. O observador-narrador, sua localização, nacionalismo e diferentes perspectivas de vida consistem em um fator primordial na elaboração da sátira de um país ou de uma região. Tanto Gonzaga quanto Montesquieu criaram narradores que, devido às suas localizações geográficas, nacionalidades e perspectivas de mundo conseguem prender os leitores em suas narrativas

Percebe-se uma diferença fundamental nas sátiras realizadas pelos narradores de Montesquieu quando comparados com Critilo. No primeiro caso, nota-se uma mudança de perspectivas à medida que a narrativa progride. Usbek e Rica começam a questionar seus valores através da análise comparada da sociedade francesa com a sociedade persa. Na carta 63, Rica explica a Usbek sua mudança de entendimento do mundo, dada sua experiência em Paris:

> Mon esprit perd insensiblement tout ce qui lui reste d'asiatique, et se plie sans effort aux mœurs européennes. Je ne suis plus si étonné de voir dans une maison cinq ou six femmes avec cinq ou six hommes, et je trouve que cela n'est pas mal imaginé.
> Je le puis dire: je ne connais les femmes que depuis que je suis ici; j'en ai plus appris dans un mois que je n'autrais fait en trente ans dans un sérail (131)[26].

A alteração da percepção de Rica atesta sua capacidade crítica de análise. *Cartas Persas* explora a comparação da cultura oriental com

---

do sistema monárquico e da colônia ultramarina. Os conjuradores buscavam pela anistia fiscal e tributária e por um sistema justo de taxação na capitania. O conflito de Gonzaga com o governador era público e o poeta era contra o autoritarismo, a corrupção e a brutalidade de Luís da Cunha Meneses.

26. "O meu espírito a pouco e pouco vai perdendo tudo o que lhe resta de asiático, e acomoda-se sem dificuldades aos costumes europeus. Já me não causa tanta admiração ver numa casa cinco ou seis mulheres com outros tantos homens, e já me não parece tão mal este costume. Posso afirmar que só desde que estou aqui conheço as mulheres, e que mais aprendi a respeito delas em um mês do que teria aprendido em trinta anos num serralho [harém]" (131).

a ocidental através dos viajantes mulçumanos. A constante articulação dos costumes, na maior parte das vezes com o emprego de sátira, é um aspecto central da narrativa de Montesquieu. Já na obra colonial brasileira não se observa uma evolução nos pensamentos do narrador, e a sátira de costumes apresenta uma função secundária. O discurso de Critilo é unilateral e centralizado na figura do governador.

Charles Knight observa que: "The location of the speaker in relation to the historical material observed is thus a crucial factor in how satire implies meaning" (51)[27]. Os poemas satíricos de Critilo foram supostamente escritos no Chile. No entanto, os versos de Horácio citados ao final do prólogo já são um sinal de que a realidade do Chile pode ser também a realidade local: "..... Quid rides? mutato nomine, de te Fabula narratur....."[28]. É, todavia, na leitura da primeira carta que se percebe uma correspondência entre os personagens políticos do Chile com os de Vila Rica, basta mudar-lhes os nomes, como sugerido na epígrafe: Fanfarrão Minésio é o governador Cunha Meneses; Robério é Roberto Antônio de Lima, principal partidário do governador; Matúsio se refere a José Antônio de Matos, secretário particular do governador; e o padre Capelão é quem Rodrigues Lapa identifica como o padre João de Almeida Cardoso. Ao decorrer das cartas outros moradores de Vila Rica são também introduzidos. A localização do observador Critilo é então transportada de Santiago do Chile para Vila Rica e sua identidade civil anônima passa também a ser questionada.

Já em *Cartas Persas,* a localização dos observadores Usbek e Rica não é posta em dúvida. Sabe-se que os dois amigos persas estão em viagem pela Europa e fixam residência em Paris[29]. As

---

27. "A localização do narrador em relação ao material histórico observado é então um fator crucial em como a sátira transmite seu significado".

28. "De que ris? mudados os nomes a Fábula narrada é a tua".

29. Em 1715, o rei Luís XIV recebeu a embaixador da Pérsia, Mohammed Reza Beg, e sua comitiva em Paris. O legado ficou hospedado no Palácio de Versalhes durante meses. A chegada da embaixada da Pérsia foi um evento opulento e que visava a fortalecer os laços entre as duas nações. A recepção do legado persa envolveu um grande evento no Palácio de Versalhes, a qual está amplamente documentada na historiografia do palácio (ver *Versailles: A Biography of a Palace*, 85-86). Esta exposição à cultura persa deve ter aumentado o interesse do público francês pela publicação anônima de *Cartas Persas*, em 1721. Foi também em 1715 que J. F. Bernard publicou na Alemanha *Relexions Morales, comiques et satiriques sur les moeurs de notre siècle,* o qual relata a viagem de um protagonista persa na Europa.

descrições físicas de Paris são precisas e criam um ar de autenticidade à narrativa, mencionando locais ícones, como a rua Vivienne e a rua Quincampoix, o Palácio Real, e o Café de la Régence. O mesmo se aplica às descrições de outras culturas, tal qual observa Mary Wortely Montagu, uma famosa estudiosa do Ocidente, a qual diz que Montesquieu havia descrito os costumes das senhoras turcas como se ele tivesse sido criado entre elas[30].

Os narradores mulçumanos se comunicam com a família, amigos e servos na Pérsia, além de outro amigo viajante que se encontra em Veneza. A localização dos viajantes é importante, pois estes recolhem as informações *in loco*; no entanto, o mais importante são suas perspectivas de mundo, e como os dois, Usbek e Rica (persas e mulçumanos), reagem diante da realidade da vida na Europa que difere grandemente de suas vidas na Pérsia. Utilizam-se aqui dois termos empregados por Élide Valarini Oliver em um curso de literatura colonial brasileira na Universidade da Califórnia, Santa Bárbara: sátira de projeção e sátira de estranhamento. Em *Cartas Chilenas* tem-se a sátira de projeção; ou seja, Gonzaga projeta a vida política de Vila Rica na cidade de Santiago do Chile. A escolha de Santiago como o centro da narrativa é justificada pelos altos índices de corrupção pelos quais esta cidade chilena era notoriamente conhecida. No prólogo, o "tradutor" explica que obteve os manuscritos do poema das mãos de um cavalheiro culto que vinha de viagem da América espanhola em um porto no Brasil. Os dois se tornaram amigos próximos e o cavalheiro lhe confiou seus manuscritos: "Entre elles encontrei as Cartas Çhilenas, que são um artificioso compendio das desordens, que fez no seu Governo Fanfarrão Minesio, General de Çhile". Sendo assim, *Cartas Chilenas* teria sido escrito por Critilo no Chile e traduzido para o português por um tradutor anônimo. Nota-se aqui um ponto de contato com *Cartas Persas,* pois também no romance francês tem-se a figura do tradutor que recebeu os manuscritos de seus amigos persas e os traduziu para o francês:

> Les Persans qui écrivent ici étaient logés avec moi; nous passions notre vie esemble. Comme ils me regardaient comme un homme d'un autre monde, ils ne me cachaient rien. En effet, des gens transplantés

---

30. Em *Persian Letters* (Oxford 2008). Introdução. p.xi.

de si loin ne pouvaient plus avoir de secrets. Ils me communiquaient la plupart de leurs lettres; je les copiai (*Lettres* 7)[31].

No prólogo do poema colonial brasileiro, o tradutor justifica sua decisão de traduzir os poemas para o português no excerto que segue:

> Logo que li éstas Cartas, assentei commigo, que as devia traduzir na nossa língua; não só porque as julguei merecedoras deste obsequio pela simplicidade do seu estilo, como pelo benefício, que resulta ao publico, de se verem satirizadas as insolências deste Çhefe para emenda dos mais, que seguem tão vergonhosas pisadas [...] (Gonzaga 1957: 190).

A sátira é desde já anunciada como a técnica narrativa predominante em *Cartas Chilenas*; assim como seu objetivo principal de vituperar o governador do "Chile". A sátira de projeção associada à tradução e à autoria anônima dos poemas permite que o autor denuncie a corrupção do governador. Ademais, a mudança de perspectiva também facilita a análise da vida política de Vila Rica. De fato, os delitos e a corrupção do suposto governador do Chile seriam condenáveis em qualquer país ou região; com a sátira de projeção, o autor prova que os valores morais, tanto no Chile, como no Brasil colonial deveriam ser os mesmos. A projeção facilita a circulação dos manuscritos, os quais a princípio satirizam o governador de uma colônia espanhola. Esta estratégia de Gonzaga lhe permite driblar parcialmente a censura da Corte portuguesa.

Abre-se aqui um parêntese para destacar outro ponto em comum entre os prólogos de *Cartas Chilenas* e de *Cartas Persas*. Em ambos os prólogos, os tradutores alegam terem realizado modificações estilísticas como parte da adaptação necessária ao idioma traduzido e ao público do país: "Eu mudei algumas cousas menos interessantes para as accómodar melhor ao nosso gosto." / "Je ne fais donc que l'office de traducteur: toute ma peine a été de mettre l'ouvrage à nos mœurs"[32]. A semelhança sugere que Gonzaga talvez

---

31. "Os persas que escrevem aqui estavam hospedados comigo. Nós passávamos nossas vidas juntos. Como eles me viam como um homem de outro mundo, eles não escondiam nada de mim. De fato, gente transplantada de uma terra distante não poderia mais ter segredos. Eles me comunicavam a maior parte de suas cartas; e eu as copiei".

32. "Eu faço apenas o ofício de tradutor: todo meu trabalho foi de adaptar o material aos nossos costumes".

tivesse seguido o texto de Montesquieu como um modelo para seu poema. Porém, não se possuem evidências documentadas para se provar esta relação. É importante notar que o uso de prólogos e de explicações ao leitor é uma prática antiga que antecede o século XVIII. Os textos medievais românicos podiam ou não apresentar um prólogo no qual o copista explicava a gênese do manuscrito em causa, podendo ser uma tradução ou não.

Em *Cartas Persas*, identifica-se a sátira de estranhamento. Em um primeiro momento, os observadores apresentam um espanto diante de uma sociedade tão distinta da sua. Rica, em carta a seu amigo Ibben, descreve o quão difícil é compreender e assimilar uma cultura totalmente diferente: "Ne crois pas que je puisse, quant à présent, te parler à fond des mœurs et des coutumes européennes: je n'en ai moi-même qu'une légère idée, et je n'ai eu à peine que le temps de m'étonner" (*Lettres* 55)[33]. No decorrer das correspondências e ao longo dos anos (as cartas perfazem um total de onze anos — de 1711 a 1720), tanto Usbek como Rica desenvolvem teorias sobre a França e sobre a Europa que, em muitos casos, ridicularizam o comportamento da corte, dos nobres e dos religiosos do século XVIII.

Charles A. Knight classifica o encontro do estrangeiro com a cultura local como o nacionalismo satírico complexo através da manipulação dos observadores. Knight descreve este procedimento da sátira da seguinte maneira: "The traveler encounters a new culture, alien to him but familiar to us, and his efforts to interpret it lead him logically to principles and values, or alternatively to problems and uncertainties, that both cultures share" (64)[34]. O leitor acaba por participar deste processo mental de análise da sua própria cultura através das observações de um estrangeiro. Tanto Usbek como Rica questionam e estudam os padrões de comportamento francês e europeu em comparação com o comportamento persa, como se percebe no trecho que segue, retirado da carta de número 24, de

---

33. "Não cuides que eu possa por agora falar-te a fundo dos usos e costumes europeus: eu próprio não tenho até agora senão uma leve ideia deles e quase que não tive tempo para mais que para me admirar" (48).

34. "O viajante encontra uma nova cultura, estrangeira para ele, mas familiar para nós, e seus esforços de interpretação o guiam, através da lógica, aos princípios e valores ou, alternativamente, aos problemas e incertezas que ambas as culturas compartem".

Rica a Ibben: "Tu ne le croirais pas peut-être: depuis un mois que je suis ici, je n'y ai encore vu marcher personne. Il n'y a point de gens au monde qui tirent mieux parti de leur machine que les Français: ils courent; ils volent. Les voitures lentes d'Asie, le pas réglé de nos chameaux, les feraient tomber en syncope" (*Lettres* 55)[35].

Ao princípio, a sátira de estranhamento realiza a análise do ambiente físico, tangível. A carta número 22, por exemplo, começa com observações bastante descritivas da cidade de Paris, do espaço físico, suas construções, casas e o movimento das pessoas em espaços públicos. Em um segundo momento a sátira passa para um nível de descrição mais aprofundado, tratando agora de questões políticas, hierárquicas, culturais e ideias iluministas. Os viajantes persas analisam vários aspectos da França e da Pérsia, por vezes satirizando e em outras apenas descrevendo. A temática é diversa, como por exemplo: o sistema escravista persa; a manutenção de aparências na Corte francesa; o casamento; a poligamia; a prostituição; os vícios; a vaidade; o fanatismo religioso; a castidade; a Academia francesa; a falta de decoro; o sistema político e a corrupção; a Igreja Católica; o judaísmo; o islamismo; a vida dos eclesiásticos católicos; a vida nos haréns persas; o incesto; a justiça; questionamentos sobre a existência de Deus; etc.

Os próprios franceses dão seus depoimentos por carta e articulam as características da nação francesa aos persas, afirmando que se sentem mais livres porque estão falando a um estrangeiro. Logo, a sátira de estranhamento encontra aqui outra técnica narrativa: graças ao estrangeirismo é que os depoimentos dos franceses são ainda mais honestos do que seriam se fossem dirigidos a um parisiense: "Vous voyez, Monsieur, que je pense librement, et que je vous dis tout ce que je pense. Je suis naturellement naïf et plus encore avec vous qui êtes un étranger, qui voulez savoir les choses, et les savoir telles qu'elles sont" (*Lettres* 284)[36].

---

35. "Talvez não acredites: faz um mês que aqui estou e ainda não vi ninguém caminhando. Não há outras pessoas no mundo que tiram mais proveito de suas máquinas do que os franceses: eles correm, eles voam. Os carros lentos da Ásia e o passo regrado de nossos camelos fariam os franceses terem um ataque do coração" (Tradução minha). A tradução da Garnier realiza um leve equívoco em "Ninguém se aproveita mais da máquina do corpo do que os franceses, que correm e voam" (48).

36. "Já vê o senhor que penso com liberdade e que lhe digo tudo quanto penso. Naturalmente, sou ingênuo e ainda mais com um estrangeiro que quer saber as coisas e sabê-las como elas são" (286).

A sátira de estranhamento aborda questões de patriotismo e nacionalismo, criticando os costumes da França, como se observa na carta 100, na qual Rica diz: "Quand je te dis qu'ils méprisent tout ce qui est étranger, je ne parle que des bagatelles: car, sur les choses importantes, ils semblent s'être méfiés d'eux-mêmes jusqu'à se dégrader. Ils avouent de bon cœur que les autres peuples sont plus sages, pourvu qu'on convienne qu'ils sont mieux vêtus" (*Lettres* 207)[37]. O fato de um estrangeiro ser a pessoa que critica a nação francesa pode indicar uma maior imparcialidade através da perspectiva do outro. Porém, ainda que a voz narrativa seja de um personagem persa, o autor é o francês Montesquieu. Aqui a sátira tem o seu duplo sentido. Há também momentos em que, ao comparar a França com a Pérsia, os narradores persas acabam por elogiar a França. Ao tratar da liberdade (carta 34), por exemplo, Usbek afirma que enquanto na França existe um sentimento de liberdade intrínseco nos homens, o mesmo não se pode dizer da Pérsia. No Oriente se vive de acordo com normas sociais que limitam o contato entre as pessoas a eventos e cerimônias. Usbek termina sua carta com a opinião de um francês sobre a Pérsia, na qual o francês critica a diferença entre os sexos e o sistema escravista, pedindo que os persas abandonem os preconceitos e vivam uma vida livre de diferenças entre sexos e raças.

Em *Cartas Persas*, os protagonistas, Rica e Usbek, apresentam uma curiosidade crítica sobre o comportamento humano e sobre as estruturas sociais. Este tipo de filosofia através da ficção assume um papel secundário em *Cartas Chilenas*. Comparada com *Cartas Persas*, a estruturação da narrativa do poema de Gonzaga é mais simplificada uma vez que sua narração é realizada por um único observador. No romance de Montesquieu a construção narrativa é complexa, contando com dois observadores principais e mais de vinte vozes narrativas, oferecendo perspectivas múltiplas sobre a vida na França e na Pérsia no século XVIII.

A sátira política e a narrativa através de cartas são os elementos intertextuais mais evidentes nas obras tratadas neste artigo. Outros

---

37. "Quando digo que [os franceses] desprezam o que é estrangeiro, somente falo de futilidades. Porque nas coisas importantes parecem que desconfiam tanto de si mesmos que se envilecem. Confessam franca e sinceramente que são mais ajuizados os outros povos, contanto que não se lhes negue que eles se vestem melhor" (209).

aspectos narrativos também apontam para uma leitura intertextual: as semelhanças no prólogo; a recorrência de um "editor/tradutor anônimo" que isenta qualquer contribuição no conteúdo das cartas, além da adaptação ao estilo da língua; e a narração dos acontecimentos locais por observadores "estrangeiros".

É certo que obras anteriores já apresentavam a narração através de cartas realizada por um observador estrangeiro, como em *Cartas Portuguesas* (1685), porém *Cartas Persas* é o romance que consolidou este gênero literário na literatura ocidental. Talvez nunca se possa provar que realmente Gonzaga escreveu seu poema satírico inspirado na obra de Montesquieu, mas as os elementos intertextuais são muitos para passarem despercebidos.

Bibliografía - Hispanoamérica

Alvar, Carlos (dir.) (2005-2011). *Gran enciclopedia cervantina*. Madrid: Castalia.
Arellano, Ignacio (2013). "El arte de insultar en los poetas del Siglo de Oro". En: *El jardín de los clásicos,* <http://jardindelosclasicos.blogspot.com/2013/01/el-arte-de-los-insultos-en-los-poetas.html>.
Arens, William (1979). *The Man-Eating Myth*. New York: Oxford University Press.
Arroyo, Eduardo (1994). *El centro de Lima: Uso social del espacio*. Lima: Fundación Friedrich Ebert.
Bakhtin, Mikhail (1989). "La palabra en la novela". En: *Teoría y estética de la novela. Trabajos de investigación*. Trad. de Helena S. Kriúkova/ Vicente Cazcarra. Madrid: Taurus/Alfaguara.
Barbón, María Soledad (2001). "Cannibalism, Metaphor and New World Iconography in Esteban Terralla y Landa's *Lima por dentro y por fuera* (1797)". En: *Romanistisches Jahrbuch* 52, 422-432.
— (2006). "El júbilo de la nación índica": Indigenous Celebrations in Lima in Honor of Charles IV, 1790". En: *Jahrbuch für Geschichte Lateinamerikas* 43, 147-165.
— (2010). "El Cabildo de Lima, lector de Terralla y Landa". En: *Calíope*, 16 (1), 161-178.
Barker, Francis/Hulme, Peter/Iversen, Margaret (eds.) (1998). *Cannibalism and the Colonial World*. Cambridge: Cambridge University Press.
Barreda Laos, Felipe (1938). *La universidad virreinal del siglo XVIII*. Montevideo: Imprenta El Siglo Ilustrado.
Bass, Laura/Wunder Amanda (2010). "The Veiled Ladies of the Early Modern Spanish World: Seduction and Scandal in Seville, Madrid, and Lima" En: *Hispanic Review* 77 (1), 97-144.

Bauer, Ralph/Mazzotti, José A. (eds.) (2009). *Creole Subjects in the Colonial Americas: Empires, Texts, Identities*. Chapel Hill: University of North Carolina Press.

Boscán, Juan (1999). "La conversión de Boscán". En: Clavería, Carlos (ed.). *Obra completa*. Madrid: Cátedra, 455-467.

Browning, David/Robinson, David J. (1976). *The Origins and Comparability of Peruvian Population Data: 1776 - 1815*. Syracuse: Syracuse University Press.

Buntinx, Gustavo/Wuffarden, Luis E. (2005). *Pinacoteca Municipal Ignacio Merino* [Catálogo]. Lima: Municipalidad Metropolitana de Lima/Dirección Municipal de Educación y Cultura/EDILIBROS.

Campra, Rosalba (2004). "En busca del gaucho perdido". En: *Revista de Crítica Literaria Latinoamericana*, 30 (60), 311-332.

Cangas, Gregorio de/Vicente, Camilo G./Lenci, José L. (1997). *Descripción en diálogo de la ciudad de Lima entre un peruano práctico y un bisoño chapetón, 1770*. Lima: Fondo Editorial del Banco Central de Reserva del Perú.

Carilla, Emilio (1976). *El libro de los "misterios": "El Lazarillo de ciegos caminantes"*. Madrid: Gredos.

Carleton, George W. (1866). *Our Artist in Peru: Leaves from the Sketch-Book of a Traveller, during the Winter of 1865-6*. New York: Carleton.

Carrió de la Vandera, Alonso (1973). *El Lazarillo de ciegos caminantes*. Ed. de Emilio Carilla. Barcelona: Labor.

Casa Mayorazgo de Facalá (s.f.). En: *http://www.mincetur.gob.pe/TURISMO/OTROS/inventario%20turistico/Ficha.asp?cod_Ficha=111* (31 mayo 2013).

Castro-Gómez, Santiago (2005). *La hybris del punto cero. Ciencia, raza e ilustración en la Nueva Granada (1750-1816)*. Bogotá: Editorial Pontificia Universidad Javeriana.

Céspedes del Castillo, Guillermo (1957). "La sociedad colonial americana en los siglos XVI y XVII". En: Vicens Vives, Jaime (ed): *Historia social y económica de España y América*.Vol. III. Barcelona: Teide.

Chivita Tortosa, Eduardo (2010). *La sátira contra los malos poetas (1554-1619): textos y estudio*. Córdoba: Servicio de Publicaciones de la Universidad de Córdoba. <http://helvia.uco.es/xmlui/bitstream/handle/10396/3883/9788469389270.pdf?sequence=1>.

Chuhue Huamán, Richard (2011). "Plebe, prostitución y conducta sexual en Lima del siglo XVIII. Apuntes sobre la sexualidad en Lima borbónica". En: Maticorena, Miguel/del Águila, Carlos/Chuhue Huamán, Richard/Coello, Antonio (eds.): *Historia de Lima. XVII Coloquio de Historia de Lima, 2010*. Lima: Ediciones del Centro Cultural de la Universidad Nacional Mayor de San Marcos, 127-151.

CHUPADA DE BRUJA (2011). *Diccionario enciclopédico de la medicina tradicional mexicana*. En: *Biblioteca Digital de la Medicina Tradicional Mexicana*. <http://www.medicinatradicionalmexicana.unam.mx/termino.php?l=1&t=chupada%20de%20bruja>.

COROMINAS, Joan (1954). *Diccionario crítico etimológico de la lengua castellana*. 4 tomos. Madrid: Gredos.

COSTA GARCÍA, Joaquín (1999). *Historia antropológica del racismo en España*. Valencia: Editorial Universidad de Valencia.

DÁVALOS Y FIGUEROA, Diego (1602). *Primera parte de la miscelanea austral / de don Diego Dávalos y Figueroa, en varios coloquios. Interlocutores, Delio, y Cilena; Con la defensa de damas, dirigida al excellentissimo señor Don Luys de Velasco, cavallero de la Oden [sic] de Santiago, visorey, y capitan general de los reynos del Piru, Chile, y Tierra firme*. Lima: Antonio Ricardo.

DELGADO, Washington (2002). *Literatura colonial. De Amarilis a Concolorcorvo*. Lima: Editorial San Marcos.

DESCOLA, Jean (1974). *La vida cotidiana en el Perú en tiempos de los españoles (1710-1820)*. Buenos Aires: Librería Hachette.

D'ORS, Eugenio/GOYA, Francisco (1996). *Goya: El vivir y el arte de Goya. Goya y lo Goyesco a la luz de la historia de la cultura*. Madrid: Libertarias/Prodhufi.

DOUGLAS, Mary (2009). *Purity and Danger. An Analysis of Concept of Pollution and Taboo*. London/New York: Routledge.

ESPINOZA, Waldemar (1997). "El sistema de castas y el mestizaje cultural en el virreinato del Perú". En: Huertas, Lorenzo/Espinoza, Waldemar/Vega, Juan José (eds.): *Peruanidad e identidad*. Lima: Universidad Nacional de Educación.

FLORES GALINDO, Alberto (1991). *La ciudad sumergida: aristocracia y plebe en Lima, 1760-1830*. Lima: Horizonte.

GÁLVEZ, Marina (1990). *La novela hispanoamericana (hasta 1940)*. Madrid: Taurus.

GARCÍA, Hugo (2006). *Detrás de la imagen de la ciudad virreinal: Sujeto, violencia y fragmentación*. Tesis doctoral. Columbus: Ohio State University.

GARCILASO DE LA VEGA, Inca (1960). *Comentarios reales*. Ed. de P. Carmelo Sáenz de Santa María. En: *Obras del Inca Garcilaso*. 4 vols. Madrid: Biblioteca de Autores Españoles.

GENETTE, Gérard (1997). *Paratexts: Thresholds of Interpretation*. New York: Cambridge University Press.

GENTIL BALDRICH, José María (1999). "Nuevos datos sobre la vida y la obra de José Mariano Vallejo y Ortega Llull". En: *Revista de la Sociedad Española de Historia de las Ciencias y de las Técnicas*, 22 (44) 381-404.

GERBI, Antonello (1982). *La disputa del Nuevo Mundo: Historia de una polémica. 1750-1900*. México: Fondo de Cultura Económica.

GLENDINNING, Nigel (2008). *Arte, ideología y originalidad en la obra de Goya*. Salamanca: Ediciones Universidad de Salamanca.

GÓMEZ TABANERA, José Manuel (1983). "Sobre Alonso Carrió de la Vandera, 'Concolorcorvo', autor de *El Lazarillo de ciegos caminantes*". En: *Boletín del Instituto de Estudios Asturianos*, 108,179-220.

GREER JOHNSON, Julie (1993). *Satire in Colonial Spanish America: Turning the New World Upside Down*. Austin: University of Texas Press.

— (1988). "Lo grotesco en Terralla y Landa". En: *Revista de Crítica Literaria Latinoamericana*, 28, 317-25.

GRIFFIN, Dustin (1994). *Satire: A Critical Reintroduction*. Lexington: University of Kentucky Press.

GUZMÁN BRITO, Alejandro (2001). "El tradicionalismo del código civil peruano 1852". En: *Revista de estudios histórico-jurídicos*, 23, 547-565.

— (2000). *La codificación civil en Iberoamérica*. Santiago de Chile: Editorial Jurídica de Chile.

HAENKE, Thaddeus (1901). *Descripción del Perú*. Lima: Imprenta de El Lucero.

HILL, Ruth (2005). *Hierarchy, Commerce, and Fraud in Bourbon Spanish America. A Postal Inspector's Exposé*. Nashville: Vanderbilt University Press.

— (2000). *Sceptres and Sciences in the Spains: Four Humanists and the New Philosophy (ca. 1680-1740)*. Liverpool: Liverpool University Press.

HUGHES, Robert (2003). *Goya*. New York: Alfred A. Knopf.

HULME, Peter (1986). *Colonial Encounters: Europe and the Native Caribbean 1492-1797*. London: Methuen.

HUNEFELDT, Christine (2004). *A Brief History of Peru*. New York: Facts on File.

IWASAKI CAUTI, Fernando (1989). "Aproximaciones hacia una historia social: El comercio ambulatorio en la Lima Colonial (1535-1824)". En: Ghersi, Enrique (ed.): *El comercio ambulatorio en Lima*. Lima: Instituto Libertad y Democracia.

JOVELLANOS, Gaspar Melchor de (1795). *Informe de la Sociedad Económica de esta corte al Real Supremo Consejo de Castilla en el expediente de Ley Agraria*. Madrid: Imprenta de Sancha.

JUAN Y SANTACILIA, Jorge/ULLOA,Antonio de (1953). *Noticias secretas de América*. Buenos Aires: Mar Océano.

Kilgour, Maggie (1990). *From Communion to Cannibalism: Metaphors of Incorporation.* Princeton: Princeton University Press.

Kristeva, Julia (1972). "Bakhtin, das Wort, der Dialog und der Roman". En: *Literaturwissenschaft und Linguistik. Ergebnisse und Perspektiven.* Frankfurt: Athenäum. Tomo III, 345-375.

Laporte, Dominique (1989). *Historia de la mierda.* Trad. Nuria Pérez Lara. Valencia: Pre-Textos.

Lasarte, Pedro (1988). "Apuntes bio-bibliográficos y tres inéditos de Mateo Rosas de Oquendo". En: *Revista de Crítica Literaria Latinoamericana,* 28, 85-99.

— (2006). *Lima satirizada: Mateo Rosas de Oquendo y Juan del Valle y Caviedes (1598-1698).* Lima: Pontificia Universidad Católica.

— (En prensa). *Mateo Rosas de Oquendo: Obra completa y poemas relacionados. Estudio y edición crítica.* Lima: Universidad Ricardo Palma.

Lavalle, Juan Bautista de (1917). *Concejo Provincial de Lima: Ignacio Merino (1817-1917): Edición conmemorativa del primer centenario del nacimiento del eminente pintor peruano.* Lima: Casa Editora M. Moral.

Lazo García, Carlos/Medina Flores, Víctor/Puerta Villagaray, César (2000). "Fases de la reforma borbónica. Perú: 1729-1800". En: *Investigaciones sociales. Revista del Instituto de Investigaciones Histórico Sociales,* 4.5, 23-52.

Lefebvre, Henri (1991). *The Production of Space.* Oxford: Blackwell.

Leguía, Jorge Guillermo (1936). *Lima en el siglo XVIII.* Santiago de Chile: Ercilla.

Leonardini, Nanda (2003). *El grabado en el Perú republicano: Diccionario Histórico.* Lima: Fondo Editorial, Universidad Nacional Mayor de San Marcos.

Lestringant, Frank (1997). *Cannibals: The Discovery and Representation of the Cannibal from Columbus to Jules Verne.* Trad. de Rosemary Morris. Cambridge: Polity Press.

Lewin, Boleslao (ed.) (1958). *Descripción del Virreinato del Perú, crónica inédita de comienzos del siglo XVII.* Rosario: Instituto de Investigaciones Históricas.

Lizárraga, Reginaldo de (1987). *Descripción del Perú, Tucumán, Río de la Plata y Chile.* Ed. de Ignacio Ballesteros. Madrid: Historia 16.

López Pinciano, Alonso (1973). *Philosophía antigua poética.* Ed. de Alfredo Carballo Picazo. 3 vols. Madrid: Consejo Superior de Investigaciones Científicas.

Lorente, Sebastián (1871). *Historia del Perú bajo los Borbones, 1700-1821.* Lima: s.e.

LYNCH, John (1986). *The Spanish American Revolutions 1808-1826*. New York/London: W.W. Norton & Company.

MACPHEETERS, Dean William (1955). "The Distinguished Peruvian Scholar Cosme Bueno 1711-1798". En: *The Hispanic American Historical Review* 35 (4), 484-491.

MAJLUF, Natalia (2006). "Pattern-Book of Nations: Images of Types and Costumes in Asia and Latin America, ca. 1800-1860". En: Majluf, Natalia: *Reproducing Nations: Types and Costumes in Asia and Latin America, ca. 1800-1860*. Nueva York: Americas Society, pp. 15-56.

MARAVALL, José Antonio (2002). *La cultura del barroco*. 9ª. ed. Barcelona: Ariel.

MARKS, Patricia (2007). *Deconstructing Legitimacy: Viceroys, Merchants, and the Military in Late Colonial Peru*. University Park: Pennsylvania State University Press.

MARTÍN, Luis (1968). *The Intellectual Conquest of Peru*. New York: Fordham University Press.

MAZZARA, Richard (1963). "Some picaresque elements in Concolorcorvo's *El Lazarillo de ciegos caminantes*". En: *Hispania* 46 (2), 323-327.

MEEHAN, Thomas/CULL, John (1984). "'El poeta de las adivinanzas': Esteban Terralla y Landa". En: *Revista de Crítica Literaria Latinoamericana* 10 (19), 127-157.

MELÉNDEZ, Mariselle (1999). *Raza, género e hibridez en "El Lazarillo de ciegos caminantes"*. Chapel Hill: University of North Carolina.

MELOT, Michel (1981). *Prints [The Nature and Role of the Print]*. Trans. Helga Harrison & Dennis Corbyn. New York.

MERCURIO PERUANO (1964-1966). 12 vols. Lima: Biblioteca Nacional del Perú.

MERINO, Ignacio/MÉZIN, A. (eds.) (1854). *Lima por dentro y fuera. De Esteban Terralla y Landa. 1797*. Paris: Librería española de A. Mézin.

MIRÓ QUESADA, Aurelio (1966). "Ideas peruanas en Peralta Barnuevo". En: *Caravelle Institut d'études hispaniques, hispano-américaines et luso-brésiliennes de l'université de Toulouse*, 145-151.

— (1962). "Una descripción de Lima en el siglo XVIII". En: *Revista Histórica* 26 (175-185).

MONTROSE, Louis (1993). "The Work of Gender in the Discourse of Discovery". En: Stephen Greenblatt (ed.): *New World Encounters*. Berkeley: University of California Press, 177-217.

MORÁN RAMOS, Luis Daniel (2007). *Sociedad colonial y vida cotidiana en Lima a través de las páginas de "el investigador [del Perú], 1813-1814*. Lima: s.e..

Moreno Cebrián, Alfredo (1981). "Cuarteles, barrios y calles de Lima a fines del siglo XVIII" En: *Jahrbuch für Geschichte Lateinamerikas* 18, 97-162.

Nichols, Madaline W. (1941). "The Historic Gaucho". En: *The Hispanic American Historical Review* 21 (3), 417-424.

Núñez, Estuardo (1971). *Relaciones De Viajeros*. En: *Colección documental de la independencia del Perú*, III tomos. Lima: Comisión Nacional del Sesquicentenario de la Independencia del Perú, I, 148-173.

Orrego, Juan Luis (2000). "La República Oligárquica". En: Hampe Martínez, Teodoro (coord.): *Historia del Perú. Etapa Repúblicana*. Barcelona: Lexus.

Palma, Ricardo (1961). "El poeta de las adivinanzas. (Lectura hecha en el Club Literario en la noche del 13 de mayo de 1874)". En: Palma, Edith (ed.): *Tradiciones peruanas completas*. Madrid: Ediciones Aguilar, 711-762.

Panfichi, Aldo (2009). "La urbanización de Lima, 1535-1900". En: Vega Centeno, Pablo (ed.): *Lima: diversidad y fragmentación de una metrópoli emergente*. Quito: Organización Latinoamericana y del Caribe de Centros Históricos. <http://blog.pucp.edu.pe/media/251/20120112-urbanizacion_temprana_de_lima.pdf>.

Pardo, Tomás (2003). "Physicians' and Inquisitor's Stories. Circumcision and Cryptojudaism in Sixteenth-Eighteenth Century Spain". En: Egmond Florike/Zwijnenberg, Roberts (eds.): *Bodily extremities: Preoccupations with the Human Body in Early Modern European Culture*. Aldershot, Hants/Burlington: Ashgate, 169-194.

Paz y Melia, Antonio (1907). "Cartapacio de diferentes versos a diversos asuntos compuestos o recogidos por Mateo Rosas de Oquendo". En: *Bulletin Hispanique* 8, 154-162;257-278/*Bulletin Hispanique* 9, 154-185.

Pérez Cantó, María Pilar (1985). *Lima en el siglo XVIII, estudio socioeconómico*. Madrid: Ediciones de la Universidad Autónoma de Madrid.

Piel, Jean (1989). "Region et nation en Amérique Latine: le cas du "Norte" argentin (Tucumán, Salta, Jujuy) de 1778 à 1914". En : *Bulletin de l'Institut français d'études andines* 18 (2), 299-350.

Pinnel, Richard (1984). "The Guitarist-Singer of Pre-1900 Gaucho Literature". En: *Latin American Music Review/Revista de Música Latinoamericana* 5 (2), pp. 243-262.

Posse, Abel (1985). *Los perros del paraíso*. Buenos Aires: Emecé Editores.

Pratt, Mary Louise (2008). *Imperial Eyes: Travel Writing and Transculturation*. New York: Routledge.

QUINTILIANUS, Marcus Fabius (2001). *The Orator's Education*. Ed./Trad. de Donald A. Russell. Tomo II (Libro 3-5). Cambridge: Harvard University Press.

RAMOS NÚÑEZ, Carlos (2000-2002). *Historia del derecho civil peruano: siglos* XIX *y* XX. 3 tomos. Lima: Fondo Editorial Pontificia Universidad Católica del Perú.

REYES, Alfonso (1917). "Sobre Mateo Rosas de Oquendo, poeta del siglo XVI". En: *Revista de filología española* 4, 341-370.

RICARD, Robert (1964). *Estudios de literatura religiosa española*. Madrid: Gredos.

ROBLES, José Francisco (2011). "La crítica ilustrada a la realidad americana: el colonialismo ilustrado del funcionario Alonso Carrió de la Vandera en *El Lazarillo de ciegos caminantes* (1775)". En: *Dieciocho, Hispanic Enlightenment* 34 (2), 247-269.

— (2008). "Narración e invención de Concolorcorvo en *El Lazarillo de ciegos caminantes* de Alonso Carrió de la Vandera". En: *Revista de Crítica Literaria Latinoamericana* 34 (67), 85-93.

RODRÍGUEZ MOÑINO, Antonio (1968). *Construcción crítica y realidad histórica en la poesía española de los siglos* XVI *y* XVII. Madrid: Castalia.

ROSAS DE OQUENDO, Mateo (1990). *Sátira hecha por Mateo Rosas de Oquendo a las cosas que pasan en el Pirú, año de 1598. Estudio y edición crítica*. Ed. de Pedro Lasarte. Madison: Hispanic Seminary of Medieval Studies.

ROZAS, Juan Manuel (2003). "Burguillos como heterónimo de Lope". En: *Biblioteca Virtual Universal*. Editorial del Cardo. <http://www.biblioteca.org.ar/libros/89559.pdf>.

SAAVEDRA, Santiago (1988). *Goya y el espíritu de la ilustración (catálogo)*. Madrid: Museo del Prado.

SABIN, Joseph (1868). *A Dictionary of Books Relating to America: From Its Discovery to the Present Time*. New York: J. Sabin.

SAID, Edward W. (1979). *Orientalism*. New York: Vintage Books Edition.

SILVELA, Manuel (1845). *Obras póstumas de D. Manuel Silvela*. Madrid: Establecimiento tipográfico de don Francisco de Paula Mellado.

SMITH, Virginia (2008). *Clean. A History of Personal Hygiene and Purity*. New York: Oxford University Press.

SOLÍS, María del Rosario (2007). "La obra de José Rossi y Rubí en el *Mercurio Peruano*: búsqueda y creación del lector criollo ilustrado". En: *Tinkuy: Boletín de investigación y debate* 6. <http://www.littlm.umontreal.ca/recherche/publications/Tinkuy6FINAL.pdf>.

Soria Luján, Daniel (2001). "La defensa política de la constitución del Perú en el siglo xix (1839 - 1855)". En: *Revista de Estudios Histórico-Jurídicos* 23, 525-545.

Terralla y Landa, Esteban (2011). *Lima por dentro y fuera* (1797). Ed. de Hugo García. Lima: Centro de Estudios Literarios Antonio Cornejo Polar y Universidad Nacional Mayor de San Marcos.

— (1978). *Lima por dentro y fuera* (1797). Ed. de Alan Soons. Exeter: University of Exeter.

— (1854a). *Lima por dentro y fuera* (1797). Lima: Imprenta de Justo Montoya. En: *HathiTrust*. <http://babel.hathitrust.org/cgi/pt?id=yale.39002006156922;view=1up;seq=5>.

— (1854b). *Lima por dentro y fuera*. 1797. Ed. de Ignacio Merino/A. Mézin. Paris: Librería española de A. Mézin.

Todorov, Tzvetan/Bakhtin, Mikhail (1984). *The Dialogical Principle*. Trad. de Wlad Godzich. Minneapolis: University of Minnesota Press.

Trazegnies Granda, Fernando de (2008). "Presencia del código Napoleón en el Perú: Los conflictos entre tradición y modernización". En: *Revista de estudios históricos-jurídicos* 20, 249-271.

Tudisco, Anthony (1958). "America in Some Travelers, Historians, and Political Economists of the Spanish Eighteenth Century". En: *The Americas* 15 (1), 1-22.

Tusell, Javier/Montero García, Feliciano/Marín Arce, José María (1997). *Las derechas en la España contemporánea*. Barcelona: Anthropos.

Ugarte Eléspuru, Juan Manuel (1966). *Ignacio Merino; Francisco Laso*. Lima: Biblioteca Hombres del Perú.

Unanue, Hipólito (1940). *Observaciones sobre el clima de Lima y su influencia en los seres organizados en especial el hombre*. Ed. de Carlos Enrique Paz Soldán. Lima: s.e.

Vaccarino, Giuseppe (1978). *La suciedad*. Trad. de Sara Gnavi Bombocci Pontelli. Buenos Aires: Editorial Calicanto.

Valega, José María (1939). *El Virreinato del Perú: Historia crítica de la época colonial en todos sus aspectos*. Lima: Ediciones Cultura Ecléctica.

Valero Juan, Eva María (2004). "Hacia una historia literaria de Lima, la Ciudad de los Reyes. Introducción a Lima en la tradición literaria del Perú. De la leyenda urbana a la disolución del mito". En: *Ciberayllu*. <http://www.andes.missouri.edu/andes/Especiales/ EVJ_Lima1.html>.

Vargas Ugarte, Rubén (ed.) (1955). *Rosas de Oquendo y otros*. Lima: Tipografía Peruana.

— (1966). *Historia general del Perú: Postrimerías del poder español, 1776-1815*. Lima: Milla Batres.

VÁZQUEZ, Félix (2005). "Representación de las comidas y los comensales en Lima por dentro y fuera". *Monographic Review* 21, 52-62.

VÁZQUEZ DE ESPINOSA, Antonio de (1969). *Compendio y descripción de las Indias Occidentales*. Madrid: Ediciones Atlas.

VIDAL, Hernán (1985). *Socio-historia de la literatura colonial hispanoamericana: tres lecturas orgánicas*. Minneapolis: Institute for the Study of Ideologies and Literature.

WEBER, David J. (2005). *Bárbaros. Spaniards and Their Savages in the Age of Enlightenment*. New Haven: Yale University Press.

WIENER, Charles (1880). *Pérou Et Bolivie: Récit De Voyage Suivi D'études Archéologiques Et Ethnographiques Et De Notes Sur L'écriture Et Les Langues Des Populations Indiennes*. Paris: Hachette.

WILLIAMS, Jerry M. (2009). *Eighteenth-Century Oratory and Poetic Contests in Peru: Bermúdez De La Torre and Peralta Barnuevo: a Critical Edition of Seven Texts*. Newark, Delaware: Juan De La Cuesta.

ZANUTELLI ROSAS, Manuel (1993). "Gobernantes del siglo XVIII". En: Milla Batres, Carlos (ed.) *Compendio histórico del Perú*. Vol. 4. Lima: Milla Batres.

BIBLIOGRAFIA - BRASIL

ANDRADE, Oswald de (2001). "A Sátira na Literatura Brasileira". Em: Cristina Fonseca (ed.) *Juó Bananére: O abuso em blague*. São Paulo: Editora 34.

ARARIPE JÚNIOR, Tristão de Alencar (1910). *Gregório de Matos* (1893). Rio de Janeiro/Paris: Garnier.

ARISTÓTELES (2011). *Poética*. 4ª ed. Lisboa: Fundação Calouste Gulbenkian.

— (1994). *Art of Rhetoric*. Cambridge: Harvard University Press.

BANDEIRA, Manuel (1940). "A Autoria das *Cartas Chilenas*". Em: *Revista do Brasil*, 22.1, pp. 1-25.

BARBOSA, Cônego Januário da Cunha (1841). "Biographia dos brasileiros distinctos por letras, armas, virtudes, etc.". *Revista Trimestral de História e Geographia* ou *Jornal do Instituto Histórico Geographico Brasileiro* 9.3.

BARCHAS, Janine (2002). "The Paratext of *The Travels*: Gulliver's Many Faces". Em: *Gulliver's Travels*. New York: W.W. Norton. pp. 467- 479.

BOSI, Alfredo (1970). *História Concisa da Literatura Brasileira*. São Paulo: Cultrix.

CAMPOS, Haroldo de (1989). *O Sequestro do Barroco. O caso Gregório de Matos*. Salvador: Fundação Casa de Jorge Amado.

CANDIDO, Antonio (1975). *Formação da Literatura Brasileira*. 5ª ed. São Paulo: EdUSP.

Códice Asensio-Cunha I: Matos Da Bahia (século XVII). 1° Tomo, Que contém a vida do Doutor Gregório de Matos Guerra, Poesias Sacras, e obsequiosas a Príncipes, Prelados, Personagens, e outros de distinção, com a mescla de algumas sátiras aos mesmos. Manuscrito setecentista localizado na Biblioteca Celso Cunha da UFRJ.

Códice Asensio-Cunha II: Matos da Bahia (século XVII). 2º Tomo, Que contém várias poesias a clérigo, Frades, e Freiras e algumas obras discretas, e tristes. Manuscrito setecentista localizado na Biblioteca Celso Cunha da UFRJ.

COSTA, Cláudio Manuel da/GONZAGA, Tomás A./ALVARENGA PEIXOTO, Domício Proença Filho (1996). *A Poesia dos Inconfidentes*. Rio de Janeiro: Nova Aguilar.

CURTIUS, E. R. (1990). *European Literature and The Latin Middle Ages*. Princeton: Princeton University Press.

DEGRASVES, Louis (1998). *Chronologie Critique de la Vie et des Œuvres de Montesquieu*. Paris: H Champion.

DUBY, Georges (1982). *As Três Ordens ou o Imaginário do Feudalismo*. Lisboa: Estampa.

EHRARD, Jean (1997). *L'Invention Littéraire au XVIIIe Siècle: Fictions, Idées, Société*. Paris: Presses Universitaires de France.

ELIAS, Norbert (2001). *A Sociedade de Corte. Investigação sobre a Sociologia da Realeza e da Aristocracia de Corte*. Trad. Pedro Süssekind. Rio de Janeiro: Jorge Zahar.

ELLIOTT, Robert C. (1960). *The Power of Satire: Magic, Ritual, Art*. Princeton: Princeton University Press.

FURTADO, Joaci Pereira (1994). *Uma República de Leitores: História e Memória na Recepção das* Cartas Chilenas. Dissertação de mestrado. São Paulo: Universidade de São Paulo. Mimeo.

GENETTE, Gérard (1969). "Frontières du Récit". Em: *Figures II*. Paris: Éditions du Seuil, pp. 49-69.

— (1969). "Vraisamblance et Motivation". Em: *Figures II*. Paris: Éditions du Seuil. pp. 71-99.

GIRALDI, Giovanni Battista (1864). *De' Romanzi, delle Comedie e delle Tragedie*. Ragionamenti di G. G. Cintio. Milano: G. Daelli Editori.

— (1554). *Discorso Intorno de i Romanzi, delle Comedie e delle Tragedie e di Altre Maniere di Poesia*. G. Giolito de Ferrari et fratelli.

GODINHO, Vitorino Magalhães (1977). *Estrutura da Antiga Sociedade Portuguesa*. Lisboa: Arcádia.

GONZAGA, Tomás Antônio (1957). *Cartas Chilenas*. Em: Manuel Rodrigues Lapa (ed.). *Obras Completas de Tomás Antônio Gonzaga*. Rio de Janeiro: Instituto Nacional do Livro.

— (1942). *Tratado de Direito Natural*. Em: Manuel Rodrigues Lapa (ed.). *Obras Completas de Tomás Antônio Gonzaga*. Rio de Janeiro: Companhia Editora Nacional.

GORENDER, Jacob (1980). *O Escravismo Colonial*. 3ª ed. São Paulo: Ática.

GRACIÁN, Baltasar (1998). *El Criticón* (1651-1657). Ed. Emilio Hidalgo-Serna. 10ª ed. Madrid: Editorial Espasa Calpe.

GRASSI, Ernesto (2001). *Rhetoric as Philosophy. The Humanist Tradition*. Carbondale: Southern Illinois University Press.

GRÈVE, Marcel de (1961). *L'Interprétation de Rabelais au XVIe Siècle. Études Rabelaisiennes*, Tomo 3. Genève: Droz.

GRIFFIN, Dustin (1994). *Satire. A Critical Reintroduction*. Lexington: University Press of Kentucky.

HANSEN, João Adolfo (1989). *A Sátira e o Engenho. Gregório de Matos e a Bahia do Século XVII*. São Paulo: Companhia das Letras.

— (2000). *A Sátira e o Engenho*. 2ª ed. Cotia/Campinas: Ateliê Editorial/Editora da Unicamp.

— (2004). *A Sátira e o Engenho. Gregório de Matos e a Bahia do Século XVII*. São Paulo: Companhia das Letras, 1989. 2ª ed. revista. Campinas/São Paulo: Editora da Universidade de Campinas.

— (2003). "Pedra e Cal. Freiráticos na Sátira Luso-Brasileira". Em: *Revista USP* 57, Dossiê Brasil Colônia, pp. 68-85.

— (2006). "Agudezas Seiscentistas". Em: *Floema: Caderno de Teoria e História Literária*. Especial João Adolfo Hansen. Vitória da Conquista, Edições UESB, pp. 85-109.

— (1996). "Razão de Estado". Em: Adauto Novaes (ed.). *Crise da Razão*. São Paulo: Cia das Letras.

— (2007). "Categorias epidíticas da ekphrasis". Em: *Revista USP* 71, pp. 85-105.

HOBBS, Mary (1992). *Early Seventeenth-Century Verse Miscellany Manuscripts*. Worcester: Scholar Press.

KERNAN, Alvin (1959). *The Cankered Muse: Satire of the English Renaissance*. London & New Haven: Yale University Press.

KLOSSOWSKI, Pierre (1967). *Sade Mon Prochain (Précédé de Le philosophe scélérat)*. Paris: Seuil.

KNIGHT, Charles A. (2004). *The Literature of Satire*. New York: Cambridge University Press.

KOSSOVITCH, Leon (1999). "Apresentação". Em: Leon Battista Alberti, *Da Pintura*. 2ª ed. Campinas: Editora da UNICAMP, pp. 9-33.

— (1994). "Contra a Ideia de Renascimento". Em: Adauto Novaes (org.) *Artepensamento*. São Paulo: Companhia das Letras, pp. 59-68.

— (2006). "Tradição Clássica". Em: *Desígnio* 5, pp. 15-21.

LACERDA, Arthur Virmond de (2008). *As Ouvidorias do Brasil Colônia*. 2ª ed. Curitiba: Juruá Editora.

LAPA, Manuel Rodrigues (1942). *Obras Completas de Tomás Antônio Gonzaga*. Rio de Janeiro: INL.

— (1958). *As* Cartas Chilenas: *um Problema Histórico e Filológico*. Rio de Janeiro: MEC-Instituto Nacional do Livro.

MARICHAL, Robert Marichal (1971). "Rabelais et les censures de la Sorbonne". Em: *Études Rabelaisiennes* 9, pp. 134-151.

MARTINS, Wilson (2001). *História da Inteligência Brasileira*. Tomo 1. São Paulo: T. A. Queirós.

MATOS E GUERRA, Gregório de (1968). Em: James Amado e Maria da Conceição Paranhos (eds.). *Obras Completas de Gregório de Matos e Guerra. Crônica do Viver Baiano Seiscentista*. Salvador: Editora Janaína.

— (1981). *Poemas Escolhidos*. José Miguel Wisnik (org.). São Paulo: Cultrix.

MERLIN, Hélène (1994). *Public et Littérature en France au XVII e Siècle*. Paris: Les Belles Lettres.

MINTURNO, Antonio (1725). *L'Arte Poetica*. Napoli: Gennaro Muzio.

MONTESQUIEU, Charles de Secondat (1960). *Lettres Persanes* [1721]. Paul Vernière (trad.). Paris: Garnier.

— (2008). *Persian Letters*. Margaret Mauldon (trad.). Oxford: Oxford University Press.

— (1923). *Cartas Persas*. Mario Barreto (trad.). Rio de Janeiro/Paris: Garnier.

— (1899-1901). *Pensées et fragments inédits de Montesquieu*. Bordeaux: G. Gounouilhou.

MOREIRA, Marcello (2001). "*Litterae Occident:* Apontamentos Bibliográficos sobre Documentos Relativos à Conjuração dos Alfaiates". Em: *Politeia* 1.1, pp. 161-178.

— (2004). "*Litterae Adsunt:* Cultura Escribal e os Profissionais Produtores do Manuscrito Sedicioso na Bahia do Século XVIII (1798)". Em: *Politeia* 4.1, pp. 105-133.

— (2003). "Ut Pictura Poesis: Análise Bibliográfico-Textual de Dois Membros da Tradição de Gregório de Matos e Guerra". Em: *Revista USP* 57, Dossiê Brasil Colônia, pp. 86-103.

— (2011). *Critica Textualis in Caelum Revocata? Uma Proposta de Edição e Estudo da Tradição de Gregório de Matos e Guerra*. São Paulo: EdUSP.

NAVARRO, Martín de Azpilcueta (1570). *Manual de Confessores y Penitentes*. Valladolid: Francisco Fernández de Córdova.

OLIVA, João Ângelo (2003). "Riso Invectivo x Riso Anódino e as Espécies de Iambo, Comédia e Sátira". Em: *Letras Clássicas* 7, pp. 77-98.

OLIVEIRA, Tarquínio J. B. de (1972). *Cartas Chilenas, Fontes Textuais*. São Paulo: Referência.

Ordenações Afonsinas (1792). Livro V. Lisboa: Fundação Calouste Gulbenkian, Fac-Símile da Edição de 1792.
Ordenações Manuelinas (1797). Livro V. Lisboa: Fundação Calouste Gulbenkian, Fac-Símile da Edição de 1797.
PALMERI, Frank (2003). *Satire, History, Novel. Narrative Forms, 1665-1815*. Newark: University of Delaware Press.
POLITO, Ronald (2004). *Um coração maior que o mundo. Tomás Antônio Gonzaga e o Horizonte Luso-Colonial*. São Paulo: Globo.
ROMERO, Sylvio (1980). *História da Literatura Brasileira*. Tomo 2. Rio de Janeiro e Brasília: José Olympio/INL.
SMET, Ingrid A. R. de (1996). *Menippean Satire and the Republic of Letters, 1581-1655*. Genève: Librairie Droz.
SOLLERS, Philippe (2009). *Lettres d'Amour de la Religieuse Portugaise*. Bordeaux: Elytis.
SPAWFORTH, Antony (2008). *Versailles: A Biography of a Palace*. New York: St. Martin's Press.
STAROBINSKI, Jean (1998). *As Máscaras da Civilização*. Ana Lúcia Machado (trad.). São Paulo: Companhia das Letras.
TREVOR-ROPER, Hugh R. (1981). *Religião, Reforma e Transformação Social*. Lisboa: Editorial Presença/Martins Fontes.
VARCHI, Benedetto (1590). *Lezzioni di M. Benedetto Varchi [...] sopra Materie Poetiche e Filosofiche*. Firenze: Filippo Giunti.
VARNHAGEN, Francisco Adolfo de (1850/1945). "Gregório de Matos". Em: *Florilégio da poesia brasileira* (ou *Coleção das mais notáveis com posições dos poetas brasileiros falecidos contendo as biografias de muitos deles, tudo precedido de um ensaio histórico sobre as letras no Brasil*). Tomo 1. 1ª ed. Lisboa: Imprensa Nacional, 1850. 2ª ed. Rio de Janeiro: Academia Brasileira de Letras.
VEGA, Lope de (1965). *Arte Nuevo de Hacer Comedias en Este Tiempo* [1609]. Em: Federico Sánchez Escribano y Alberto Porqueras Mayo (eds.). *Preceptiva Dramática Española (Del Renacimiento y el Barroco)*. Madrid: Gredos.
VILLALOBOS, Enrique (1640). *Manual de Confessores*. Alcalá de Henares: Antonio Vázquez.
WEIMANN, Robert (1984). *Structure and Society in Literary History (Studies in the History and Theory of Historical Criticism)*. Baltimore & London: The Johns Hopkins University Press.
ZOPPIO, Geronimo (1589). *La Poetica sopra Dante di M. Hieronimo Zoppio*. Bologna.

Sobre los autores/
Sobre os autores

María Soledad Barbón es profesora titular de literatura comparada en la Universidad de Massachusetts - Amherst. Es autora de *Peruanische Satire am Vorabend der Unabhängigkeit, 1770-1800* así como de numerosos artículos sobre la literatura y cultura peruanas del siglo xviii.

Hugo García. En 2006 recibió su doctorado en literaturas y culturas latinoamericanas en The Ohio State University. Desde ese mismo año es profesor en Western Washington University. Publicó una edición académica de *Lima por dentro y fuera*, de Esteban Terralla y Landa (Lima: Centro de Estudios Literarios "Antonio Cornejo Polar" y Universidad Nacional Mayor de San Marcos, 2011).

João Adolfo Hansen. Professor Titular de Literatura Brasileira no Departamento de Letras Clássicas e Vernáculas da Faculdade de Filosofia, Letras e Ciências Humanas, Universidade de São Paulo. Autor de estudos sobre as letras luso-brasileiras dos séculos xvi, xvii e xviii e sobre literaturas modernas dos séculos xix, xx e xxi. Autor de *A Sátira e o Engenho. Gregório de Matos e a Bahia do Século XVII*. São Paulo, Companhia das Letras, 1989, 511 p.; 2ª ed. revista, Campinas, Editora da Unicamp, 2004, 517 p.

PEDRO LASARTE. Catedrático de literaturas hispánicas en la Universidad de Boston, es autor de varios libros sobre el período colonial hispanoamericano y numerosos artículos en revistas especializadas. Es también miembro correspondiente de la Academia Peruana de la Lengua.

RICARDO MARTINS VALLE. Doutor em Literatura Brasileira pela Universidade de São Paulo, onde pesquisou acerca de Letras Coloniais de 1996 a 2010, sob a orientação de João Adolfo Hansen. É atualmente Professor Adjunto da Universidade Estadual do Sudoeste da Bahia, onde leciona literatura luso-brasileira do período colonial desde 2005. Organizou, com introdução e notas, para a Editora Hedra, obras brasileiras do período colonial, tais como *História da Província Santa Cruz a que vulgarmente chamam Brasil* (1576), de Pero de Magalhães de Gandavo, e *O Desertor*, poema heroicômico (1774), de Manuel Inácio da Silva Alvarenga, bem como edições brasileiras de obras como *Auto da Barca do Inferno*, de Gil Vicente, e *A vida é sonho*, de Calderón de la Barca.

MARCELLO MOREIRA. Professor Titular de Letras Luso-Brasileiras e de Historiografia e História Literária da Universidade Estadual do Sudoeste da Bahia. Publicou pela Editora da Universidade de São Paulo *Critica Textualis in Caelum Revocata? Uma proposta de edição e estudo da tradição de Gregório de Matos e Guerra*, por que recebeu em 2011 o Prêmio Jabuti. Em 2014, com João Adolfo Hansen, publicou pela Editora Autêntica/CAPES-PROEX/Programa de Pós-Graduação em Literatura Brasileira da Faculdade de Filosofia, Letras e Ciências Humanas da Universidade de São Paulo *Gregório de Matos. Poemas Atribuídos: Códice Asensio-Cunha*, 4 volumes, e *Para que todos entendais. Poesia atribuída a Gregório de Matos e Guerra: letrados, manuscritura, retórica, autoria, obra e público na Bahia dos séculos* XVII *e* XVIII, por que receberam o Grande Prêmio da Crítica da Associação Paulista de Críticos de Arte.

José Francisco Robles. Profesor visitante de lenguas romances en Colgate University. Entre sus intereses están la ciencia, filosofía y literatura en el mundo colonial hispánico, así como también la relación entre producción literaria y conocimiento entre los siglos xvi y xviii en el mundo atlántico.

Élide Valarini Oliver. Professora Titular de Literatura Brasileira e Literatura Comparada na Universidade da Califórnia, Santa Bárbara. Seu último livro *Variações sob a Mesma Luz. Machado de Assis Repensado* foi publicado pela EDUSP-Nankin em 2012.

Félix S. Vásquez. Doctor en literatura latinoamericana por la Universidad de Kentucky. Se especializa en estudios coloniales y la enseñanza de Español con Fines Específicos. Desarrolla su tarea docente en el College of Charleston, Carolina del Sur.

Eduardo Viana da Silva. Doutor em Literatura Luso-Brasileira e especializado em Linguística Aplicada pela Universidade da Califórnia, Santa Barbara (UCSB). Sua tese de doutorado, sob a orientação de Élide Valarini Oliver, aborda as representações do Diabo na narrativa de Canudos. Eduardo leciona português e espanhol na UCSB.

Dexter Zavalza Hough-Snee. Investigador y docente en la Universidad de California en Berkeley, donde actualmente completa el doctorado. Sus publicaciones recientes trazan las relaciones transatlánticas entre sátira, pensamiento económico, filosofía política y cultura visual entre los siglos xvi y xix.